The Last King of Shang
Book 2

The Last King of Shang
Book 2

Based on *Investiture of the Gods* by Xu Zhonglin,
In Easy Chinese, Pinyin and English

Written by Jeff Pepper
Chinese translation by Xiao Hui Wang

Based on chapters 18 through 34 of the original novel

IMAGIN8
PRESS

Published in the United States by Imagin8 Press LLC, Verona, Pennsylvania, USA. For more information, contact us via email at info@imagin8press.com, or visit www.imagin8press.com.

Our books may be purchased directly in quantity at a reduced price. Visit our website www.imagin8press.com for details.

Imagin8 Press, the Imagin8 logo and the sail image are all trademarks of Imagin8 Press LLC.

Written by Jeff Pepper
Chinese translation by Xiao Hui Wang
Book design by Jeff Pepper
Artwork by Next Mars Media, Luoyang, China
Audiobook narration by Junyou Chen

Based on the original 16th century Chinese novel by Xu Zhonglin

ISBN: 978-1959043416
Version 2

Complete Chinese language audio versions of all the books in this series are available for free on YouTube, on the Imagin8 Press channel. Visit www.imagin8press.com to find links to the YouTube audiobooks, as well as information about our other books.

Contents

Acknowledgements and References

We are grateful to the original authors of this story and to the scholars who have translated the book into English before us.

In writing this book we have referred to the original Chinese text as presented in *The Project Gutenberg eBook of Feng Shen Yan Yi*[1], as well as an English translation, *Creation of the Gods I, II, III and IV* translated by Gu Zhizhong[2].

There is also a very good contemporary English version available as a podcast in both audio and written formats, called *Investiture of the Gods* series and written by John Zhu from the Chinese Lore Podcast[3].

And finally, there is a highly abridged English language version, *Investiture of the Gods Feng Shen Yanyi*[4].

All of these are available free online. See the footnotes below for tinyurl.com shortcut links to their websites. These shortcut links are safe and do not use any tracking software.

Also, many thanks to Yu Jin and his team of artists at Next Mars Media for their terrific cover artwork, Junyou Chen for his wonderful audiobook narration, and Tzu Yang and Shahzad Manzoor for their help in translating the poems at the beginning of each chapter.

---

[1] Lu, Xi Xing, *The Project Gutenberg eBook of Feng Shen Yan Yi*, Publisher unknown. 2007-2021. Shortcut link www.tinyurl.com/FengShenBang-01 resolves to https://www.gutenberg.org/files/23910/23910-h/23910-h.htm.

[2] Zhizhong, Gu (translator), *Creation of the Gods I, II, III and IV by Xu Zhonglin*. New World Press, Foreign Languages Press and Hunan People's Publishing House, 1002. Shortcut link www.tinyurl.com/FengShenBang-02 resolves to https://journeytothewestresearch.com/wp-content/uploads/2020/05/fsyy-en-cn.pdf.

[3] Zhu, John, *Investiture of the Gods* podcast series. Shortcut link www.tinyurl.com/FengShenBang-04 resolves to https://chineselore.com/series/series-investiture-of-the-gods/?lcp_page0=1#lcp_instance_0.

[4] Zhonglin, Xu, *Investiture of the Gods Feng Shen Yanyi*. Publisher unknown. Shortcut link www.tinyurl.com/FengShenBang-03 resolves to https://archive.org/details/investitureofthegodsfengshenyixuzhonglin_201908/mode/2up.

About This Book

The book you are about to read is not a word-for-word copy of the original novel, which is a half-million characters long and uses nearly 14,000 different Chinese words, many of which are archaic and unrecognizable to modern readers. We have retold the story in a way that, we hope, will make it accessible to people who are learning to read Chinese. This book uses just 1300 different Chinese words, and uses shorter and more straightforward sentences. We also use far fewer proper nouns compared to the original novel, which has over 430 different named characters!

To make the text easier to read, each proper noun is underlined. Each word that is not in the HSK4 vocabulary (a list of the most commonly used 1200 words in the Chinese language) or used in previous books in the series is highlighted and defined on the page where it's first used. The back of the book has a complete glossary of every word used, except for proper nouns.

To make sure you don't get stuck on an unfamiliar word, each page of Chinese has, on the opposite page, the same text written in phonetic pinyin. If you don't recognize a word in the Chinese text, you can look across to the facing page to see the pinyin. If you still don't recognize the word, you can look up the word in the glossary, or refer to the English translation to get the general meaning of the sentence.

And finally, you can listen to the audio version of the book which is available for free on the Imagin8 Press channel on YouTube, Links to the audiobooks can be found on the Imagin8 Press website.

We've tried to find and squash all errors, but it's unavoidable that some will have slipped through. If you find any mistakes, please let us know by sending us email at info@imagin8press.com. We promise to respond quickly, and we will revise the book to make any changes needed.

We hope you have as much fun reading the book as we had writing it!

Jeff Pepper and Xiao Hui Wang
Pittsburgh, Pennsylvania, USA
September, 2023

The Story So Far

One day Di Zin, the thirty first king of the Shang Dynasty, visited the temple of the snail goddess Nüwa on the occasion of her birthday. Captivated by the beauty of her statue, the king scrawled a love poem on the wall of her temple. This infuriated Nüwa, who assigned three of her demons to punish the king.

Frustrated by his inability to possess the beautiful goddess, the king commanded each of his four grand dukes to deliver a hundred beautiful girls to his harem. One of the grand dukes, Su Hu, refused. A great battle ensued. To resolve the dispute and save his city, Su Hu agreed to give his beautiful daughter Su Daji to the king. But on the way to the capital city of Zhaoge, Daji's soul was extinguished and replaced by one of Nüwa's demons, a thousand year old fox demon.

When the king saw Daji he instantly fell in love with her, not realizing that she had become a demon. He made Daji his chief concubine and became so infatuated with her that he completely forgot about his duties as king. His frustrated ministers tried to get the king to attend to his royal duties, but to no avail.

A Daoist immortal saw this. He visited the king's palace and gave the king a demon-banishing pine sword. Daji became ill, but the king believed that the sword was harmful so he had it burned. Daji quickly recovered.

As Daji's hold over the king became stronger, she invented terrible punishments for those who displeased her. One of her new torture devices was the burning pillar. Anyone accused of disloyalty to the king was tied face-first to the pillar and burned alive while Daji and the king watched.

The queen saw these evil things and tried to convince the king to get rid of Daji. But Daji plotted with the evil minister Fei Zhong to frame the queen, making it appear that she was trying to assassinate the king. Daji then encouraged the king to torture the queen to make her confess. The queen did not confess, but she died from the torture.

When the queen's two teenage sons heard of this, they rose up in protest against the king. But a group of loyal ministers convinced them that it was better for them to flee from Zhaoge. The boys were pursued by soldiers and brought back. The king ordered the boys to be killed, but two immortals looked down from heaven and saw what was happening. They swooped down to rescue the boys.

11

As unrest spread throughout the kingdom, Fei Zhong suggested to the king that he summon all four grand dukes to Zhaoge and execute them. Two of the grand dukes were killed. But Chong Houhu, a friend of Fei Zhong, was spared. So was Ji Chang, a wise and upright man who ruled the province of West Qi.

The killing of the two grand dukes caused a revolt. Four hundred marquises began leading an army of 600,000 soldiers towards Zhaoge.

At one of the mountain passes outside Zhaoge, the wife of the commander of the pass gave birth to a magical baby boy. A Daoist master visited them, told them to name the boy Nezha, and offered to teach him. The boy had vast magical powers but was wild and undisciplined. He killed a yaksa (a nature spirit) and then killed the son of a Dragon King. Nezha also tried to kill his own father, but later reconciled with him. To stop the four Dragon Kings from killing his parents, Nezha sacrificed himself. His soul floated up to heaven.

Nezha then visited his mother in a dream, telling her to build a temple to him in the forest so that the prayers of the people could bring him back to life. His father found the temple and destroyed it. Nezha's master knew that Nezha was needed to assist in the coming war, so he used Daoist magic to bring Nezha back to the living.

As the time of the great war grew near, the leaders of Daoism and Confucianism met on Mount Kunlun to plan their strategy. They selected Jiang Ziya, an elderly and humble Daoist disciple, to lead the revolutionary armies. Jiang Ziya was sent to Zhaoge. He married and settled there, living with his wealthy sworn brother and working as a fortuneteller.

One day outside his fortunetelling shop, he got into a fight with a demon disguised as an old woman. Witnesses thought he was abusing the poor woman, so Jiang Ziya was brought before the king. He showed the king that the old woman was, in fact, a demon. He killed the demon, not knowing that it was Jade Lute, an agent of the goddess Nüwa and a good friend of Daji's demon. Daji became livid with anger and swore to have her revenge.

Daji persuaded the king to create a snake pit where victims could be thrown to their deaths, and a meat forest where their flesh would be hung on tree branches. At night, while the king slept, Daji's demon would slip out and feast on the bodies of the dead.

To get her revenge against Jiang Ziya, Daji convinced the king to order the construction of a great tower, the Deer Terrace, and to put Jiang Ziya in charge of the project. The king showed the plans to Jiang Ziya, who thought that the project was impossible. Seeing that this was a trap set by Daji, he decided to flee Zhaoge as quickly as possible.

Cast of Characters

Shang Royal Family

Chinese	Pinyin	English
帝辛	Dì Xīn	Di Xin, the last king of Shang
苏妲己	Sū Dájǐ	Su Daji, Su Hu's daughter, the king's chief concubine, possessed by a fox demon

Shang Grand Dukes and Marquises

崇侯虎	Chóng Hóuhǔ	Chong Houhu, Grand Duke of the North
鄂崇禹	È Chóngyǔ	E Chongyu, Grand Duke of the South
姜桓楚	Jiāng Huánchǔ	Jiang Huanchu, Grand Duke of the East
崇黑虎	Chóng Hēihǔ	Black Tiger, Marquis of Caozhou, brother of Chong Houhu, brother of Chong Houhu

Shang Ministers

比干	Bǐ Gàn	Bi Gan, Prime Minister
崇应彪	Chóng Yīngbiāo	Chong Yingbiao, son of Chong Houhu
费仲	Fèi Zhòng	Fei Zhong, an evil minister
杨任	Yáng Rèn	Yang Ren, Supreme Minister
尤浑	Yóu Hún	You Hun, an evil minister

Shang Military Leaders

陈桐	Chén Tóng	Chen Tong, commander of Tongguan Pass
陈梧	Chén Wú	Chen Wu, commander of Chuanyun Pass and brother of Chen Tong

韩荣	Hán Róng	Han Rong, commander of Sishui Pass
黄飞彪	Huáng Fēibiāo	Huang Feibiao, brother of Huang Feihu
黄飞虎	Huáng Fēihǔ	Huang Feihu, a general of Zhaoge
黄滚	Huáng Gǔn	Huang Gun, commander of Jiepai Pass, father of Huang Feihu
黄明	Huáng Míng	Huang Ming, brother of Huang Feihu
黄天化	Huáng Tiānhuà	Huang Tianhua, a disciple of Master Pure Void Virtue, son of Huang Feihu
闻仲太师	Wén Zhòng Tài Shī	Wen Zhong, the Grand Tutor
萧银	Xiāo Yín	Xiao Yin, a general at Longtong Pass
余化	Yú Huà	Yu Hua, a general at Sishui Pass
张凤	Zhāng Fèng	Zhang Feng, commander of Longtong Pass, sworn brother of Huang Feihu's father

West Qi Ministers and Military Leaders

伯邑考	Bó Yìkǎo	Bo Yikao, eldest son of Ji Chang
姬昌	Jī Chāng	Ji Chang, former Grand Duke of the West, now King Wu of West Qi
姬发	Jī Fā	Ji Fa, younger son of Ji Chang, later titled King Wu
姜子牙	Jiāng Ziyá	Jiang Ziya, the Prime Minister of West Qi
南宫适	Nángōng Shì	Nangong Kuo, one of Ji Chang's generals
散宜生	Sàn Yíshēng	San Yisheng, the Supreme Minister of West Qi

Immortals and Demons

嫦娥	Cháng'é	Chang'e, the goddess of the moon
胡喜媚	Hú Xǐmèi	Hu Ximei, Nine Headed Pheasant, a demon masquerading as Daji's sister

九头雉鸡	Jiǔ Tóu Zhìjī	Nine Headed Pheasant, a demon
雷震子	Léizhènzi	Thunderbolt, a disciple of Master of Clouds and 100th son of Ji Chang
哪吒	Nǎzhā	Nezha, an immortal, disciple of Fairy Primordial
千年狐妖	Qiānnián Hú Yāo	Thousand Year Old Fox, a demon controlling Daji
清虚道德真君	Qīng Xū Dào Dé Zhēn Jūn	Master Pure Void Virtue, a Daoist immortal
太乙真人	Tàiyǐ Zhēnrén	Fairy Primordial, an immortal on Qianyuan Mountain
云中子	Yún Zhōngzǐ	Master of Clouds, an immortal living on Mt. Zhongnan

Ancients

傅说	Fù Shuō	Fu Hue, an ancient sage
高宗	Gāozōng	Gaozong, temple name of ancient emperor Wu Ding
黄帝	Huángdì	The Yellow Emperor
舜	Shùn	Shun, an ancient emperor
汤王	Tāng Wáng	King Tang, an ancient king
轩辕	Xuānyuán	Xuanyuan, an ancient emperor
尧	Yáo	Yao, an ancient emperor
伊尹	Yī Yǐn	Yi Yin, an ancient farmer and minister to King Tang

Others

黄	Huáng	Huang, a concubine of the king, sister of Huang Feihu
贾夫人	Jiǎ Fūrén	Lady Jia, the wife of Huang Feihu
武吉	Wǔ Jí	Wu Ji (Flying Bear), a woodcutter, disciple of Jiang Ziya
夏招	Xià Zhāo	Xia Zhao, a young Confucian scholar

Zuìhòu Yígè Shāng Wáng

Dì Èr Cè

最后一个商王

第二册

Dì 18 Zhāng

Táolí Zhāogē

Báitiān hé hēiyè, Wèi hé bù tíng de liú.

Zǐyá yígè rén zuòzhe diàoyú, yú gōu zài shuǐmiàn shàng.

Zài fēi xióng mèng zhīqián, tā jiù zài hé biān děngzhe.

Dāng tàiyáng màn man diào zài tā shēnhòu shí, tā xiǎngzhe zìjǐ de bái fà.

第 18 章
逃离朝歌

白天和黑夜，渭河不停地流

子牙一个人坐着钓鱼，鱼钩[1]在水面上

在飞熊[2]梦之前，他就在河边等着

当太阳慢慢掉在他身后时，他想着自己的白发。[3]

---

[1] 钩　　　　　gōu – hook
[2] 熊　　　　　xióng – bear
[3] Each chapter begins with a short poem like this that introduces the main themes of the chapter. These poems have been rewritten to use a simpler vocabulary. The originals can be found in the "Original Poems" section at the back of the book.

Guówáng gěi Jiāng Zǐyá kàn le Lù Tái de shèjì. Tā shuō, "Zhèn xiǎng yào nǐ wèi zhèn zào zhège. Zhè shì yígè hěn kùnnán de gōngzuò, dàn zhèn zhīdào nǐ kěyǐ zuò dào."

Jiāng Zǐyá kànzhe shèjì. Tā xīn xiǎng, "Zhè zuò lóu jiàn bù qǐlái. Dájǐ hé guówáng xiǎng yào kùn zhù wǒ. Wǒ zuì hǎo kuài diǎn líkāi Zhāogē!"

Guówáng kànzhe Jiāng Zǐyá shuō, "Yào duōjiǔ?"

Jiāng Zǐyá yánjiū le Lù Tái de shèjì. Tā xiǎng le yīhuǐ'er. Ránhòu tā huídá shuō, "Zhè shì yígè hěn dà de gōngzuò, bìxià. Zhè jiāng xūyào sānshíwǔ nián, yěxǔ gèng cháng."

Guówáng zhuǎnxiàng Dájǐ, wèn tā zěnme xiǎng. Tā shuō, "Bìxià, rúguǒ yào děngdào wǒmen dōu lǎo le Lù Tái cáinéng zào hǎo hé xiǎngshòu, nà yòu yǒu shénme yòng ne? Wǒ bù xiāngxìn zhège rén. Tā zhǐshì yígè kělián de mófǎ shī, duì zěnme zào dōngxi yīdiǎn dōu bù zhīdào."

"Nǐ shuō dé duì, qīn'ài de," guówáng shuō. Tā zhuǎnxiàng tā de shìwèi, shuō, "Bǎ zhège mófǎ shī dài zǒu. Yòng huǒ zhùzi shā le tā."

"Bìxià," Jiāng Zǐyá mǎshàng shuōdao, "qǐng děng yì děng, tīng wǒ shuō. Zào Lù Tái xūyào xǔduō gōngrén hé hěnduō de qián. Dànshì wángguó yǐjīng méiyǒu qián le. Rénmen zài shòu è, guójiā zài zhànzhēng zhōng, nǐ bǎ suǒyǒu de shíjiān dōu huā zài chuángshàng hé nǐ de fēizi zài yìqǐ. Qǐng búyào zài zhè tiáo lù shàng jìxù zǒu xiàqù le. Zhè jiāng huì huǐ le nǐ hé nǐ de wángguó."

国王给姜子牙看了鹿台的设计。他说，"朕想要你为朕造这个。这是一个很困难的工作，但朕知道你可以做到。"

姜子牙看着设计。他心想，"这座楼建不起来。妲己和国王想要困住我。我最好快点离开朝歌！"

国王看着姜子牙说，"要多久？"

姜子牙研究了鹿台的设计。他想了一会儿。然后他回答说，"这是一个很大的工作，陛下。这将需要三十五年，也许更长。"

国王转向妲己，问她怎么想。她说，"陛下，如果要等到我们都老了鹿台才能造好和享受，那又有什么用呢？我不相信这个人。他只是一个可怜的魔法师[1]，对怎么造东西一点都不知道。"

"你说得对，亲爱的，"国王说。他转向他的侍卫，说，"把这个魔法师带走。用火柱子杀了他。"

"陛下，"姜子牙马上说道，"请等一等，听我说。造鹿台需要许多工人和很多的钱。但是王国已经没有钱了。人们在受饿，国家在战争中，你把所有的时间都花在床上和你的妃子在一起。请不要在这条路上继续走下去了。这将会毁了你和你的王国。"

---

[1] 魔法师　　　mófǎ shī – magician

Guówáng shēngqì jí le. Tā duì tā de shìwèi hǎn dào, "Zhuā zhù zhège shǎguā! Bǎ tā qiè chéng xiǎo kuài!" Kě hái méi děng shìwèi zhuā zhù tā, Jiāng Zǐyá jiù pǎo chū le gōngdiàn. Tā pǎo dào Jiǔlóng qiáo, tiào xià qiáo, xiāoshī zài shuǐ xià. Shìwèimen zhuīzhe tā. Dāng tāmen dào qiáo shàng shí, tāmen dītóu kànzhe shuǐmiàn, dàn tāmen kàn bú dào tā. Tāmen yǐwéi tā yān sǐ le, qíshí Jiāng Zǐyá yǐjīng zài kàn bújiàn de shuǐ yún shàng fēi zǒu le.

Jǐ fēnzhōng hòu, dàchén Yáng Rèn lái dào qiáo shàng. Qián dàchén bèi huǒ zhùzi shāo sǐ hòu, tā bèi guówáng rènmìng wéi dàchén. Yáng Rèn kàndào qiáo shàng de sì gè shìwèi zhèngzài dītóu kànzhe shuǐmiàn. Tā wèn tāmen zài kàn shénme. Tāmen gàosù tā, Jiāng Zǐyá tiào xià qiáo le.

"Tā wèishénme yào zhème zuò?" Yáng Rèn wèn.

Shìwèi shǒulǐng huídá shuō, "Bìxià ràng tā fùzé jiàn yí zuò hěn dà de xīn lóu, míng jiào Lù Tái. Jiāng Zǐyá shuō le fǎnduì guówáng de huà. Suǒyǐ guówáng fēicháng shēngqì. Tā mìnglìng wǒmen bǎ tā qiè chéng xǔduō kuài lái shā sǐ tā. Zhè jiùshì Jiāng Zǐyá wèishénme yào tiào xià qiáo de yuányīn."

"Zhè Lù Tái shì zěnme huí shì?" Yáng Rèn wèn. Shìwèi shǒulǐng gàosù le tā.

Yáng Rèn duì zhè zhǒng qíngkuàng hěn bù gāoxìng. Tā qù jiàn le guówáng, guówáng hé Dájǐ yìqǐ zài Zhāi Xīng Lóu lǐ. Yáng Rèn guì zài guówáng miànqián shuō, "Bìxià, wǒmen guójiā

国王生气极了。他对他的侍卫喊道，"抓住这个傻瓜！把他切成小块！"可还没等侍卫抓住他，姜子牙就跑出了宫殿。他跑到九龙桥，跳下桥，消失在水下。侍卫们追着他。当他们到桥上时，他们低头看着水面，但他们看不到他。他们以为他淹[1]死了，其实姜子牙已经在看不见的水云上飞走了[2]。

几分钟后，大臣杨任来到桥上。前大臣被火柱子烧死后，他被国王任命为大臣。杨任看到桥上的四个侍卫正在低头看着水面。他问他们在看什么。他们告诉他，姜子牙跳下桥了。

"他为什么要这么做？"杨任问。

侍卫首领回答说，"陛下让他负责建一座很大的新楼，名叫鹿台。姜子牙说了反对国王的话。所以国王非常生气。他命令我们把他切成许多块来杀死他。这就是姜子牙为什么要跳下桥的原因。"

"这鹿台是怎么回事？"杨任问。侍卫首领告诉了他。

杨任对这种情况很不高兴。他去见了国王，国王和妲己一起在摘星楼里。杨任跪在国王面前说，"陛下，我们国家

---

[1] 淹   yān – to drown
[2] One of Jiang Ziya's magical abilities is to travel by using water to become invisible. Sometimes this is referred to as 水遁 (shuǐ dùn), or "water escape," though he also uses this trick to simply travel, as he does again later in this chapter.

xiànzài yǒu sān gè dà wèntí. Zài dōngfāng, yǐgù dà hóujué Jiāng Huánchǔ de érzi zhèngzài hé wǒmen zhàndòu. Zài nánfāng, yǐgù dà hóujué È Chóngyǔ de érzi yě zài hé wǒmen zhàndòu. Ér zài běifāng, Wén Zhòng Tài Shī zài běihǎi dǎ le shí nián, hái méi néng dǎ yíng. Zài zhè sān chǎng zhànzhēng zhōng sǐ le hěnduō hǎorén, érqiě dàijià hěn dà. Wǒmen méiyǒu gèng duō de rén le, yě méiyǒu gèng duō de qián le. Bìxià, qǐng tíngzhǐ zhège hěn bèn de jìhuà."

Dàn guówáng bùxiǎng tīngdào zhèxiē. Tā gàosù tā de shìwèi, "Bǎ zhège pàntú dài chū zhèlǐ, bǎ tā de liǎng zhī yǎnjīng dōu wā diào." Shìwèi ànzhào mìnglìng zuò le. Tāmen wā chū le Yáng Rèn de yǎnjīng, ránhòu bǎ yǎnjīng fàng zài pánzi shàng dài huí gěi guówáng.

Jíshǐ guówáng wā le Yáng Rèn de shuāngyǎn, dàn Yáng Rèn réngrán jìxù zuò hǎo zìjǐ de gōngzuò, bāngzhù guówáng. Tiānkōng zhōng, yí wèi míng jiào Qīng Xū Dào Dé Zhēn Jūn de dàoshì xiānrén kàndào le zhè yíqiè. Tā ràng zìjǐ de yígè túdì qù bǎ Yáng Rèn dài dào tā tiānkōng zhōng de shāndòng. Tā de túdì fēi xiàng Zhāi Xīng Lóu. Ránhòu tā zhìzào le yí dà tuán chéntǔ, jiāng Yáng Rèn cáng zài chéntǔ zhōng de shītǐ dài zǒu le.

Guówáng de púrén bǎ fāshēng de shìqing gàosù le guówáng. Guówáng duì Dájǐ shuō, "Zài zhèn yào shā sǐ liǎng wèi wángzǐ de shíhòu, yě fāshēng le zhèyàng de shìqing. Kàn qǐlái zhèxiē tiān zhè zhǒng qíngkuàng jīngcháng fāshēng. Méishénme kěyǐ dānxīn de. Dàn xiànzài zhèn xūyào yǒurén lái fùzé Lù Tái de jiànzào." Tā xuǎnzé le cánrěn de běifāng dà hóujué Chóng Hóuhǔ.

现在有三个大问题。在东方，<mark>已故</mark>[1]大侯爵姜桓楚的儿子正在和我们战斗。在南方，已故大侯爵鄂崇禹的儿子也在和我们战斗。而在北方，闻仲太师在北海打了十年，还没能打赢。在这三场战争中死了很多好人，而且代价很大。我们没有更多的人了，也没有更多的钱了。陛下，请停止这个很笨的计划。"

但国王不想听到这些。他告诉他的侍卫，"把这个叛徒带出这里，把他的两只眼睛都挖掉。"侍卫按照命令做了。他们挖出了杨任的眼睛，然后把眼睛放在盘子上带回给国王。

即使国王挖了杨任的双眼，但杨任仍然继续做好自己的工作，帮助国王。天空中，一位名叫清虚道德真君的道士仙人看到了这一切。他让自己的一个徒弟去把杨任带到他天空中的山洞。他的徒弟飞向摘星楼。然后他制造了一大团尘土，将杨任藏在尘土中的尸体带走了。

国王的仆人把发生的事情告诉了国王。国王对妲己说，"在朕要杀死两位王子的时候，也发生了这样的事情。看起来这些天这种情况经常发生。没什么可以担心的。但现在朕需要有人来负责鹿台的建造。"他选择了残忍的北方大侯爵崇侯虎。

---

[1] 已故　　　yǐ gù – late, deceased

Dàoshì de túdì jiāng Yáng Rèn de shītǐ dài dào le dàoshì de dòng zhōng. Dàoshì jiāng yìdiǎn xiān yào dào rù liǎng zhī yǎn dòng lǐ. Ránhòu tā chuī le yìkǒu xiān qì. "Yáng Rèn, qǐlái!" tā hǎn dào. Yáng Rèn zuò le qǐlái. Zhèshí měi gè yǎn kuàng lǐ dōu yǒu yì zhī xiǎoshǒu. Měi zhī shǒu de shǒuxīn lǐ dōu yǒu yì zhī xiǎo yǎnjīng. Xiànzài Yáng Rèn yòu néng kànjiàn le, dàn tā hái kěyǐ yòng xīn de yǎnjīng kàndào tiāndì zhījiān suǒyǒu de mìmì.

Tā kànzhe zhōuwéi, kàndào le dàoshì. Tā jūgōng shuō, "Xièxiè nǐ, xiānshēng. Qǐng ràng wǒ zuò nǐ de túdì, ràng wǒ yìshēng shìfèng nǐ." Dàoshì tóngyì le. Yáng Rèn gēn zài Qīng Xū Dào Dé Zhēn Jūn de shēnbiān hǎojǐ nián.

Huí dào Zhāogē, Chóng Hóuhǔ dài lái le láizì wángguó gèdì de jǐ qiān míng gōngrén. Tā ràng tāmen rìyè de gōngzuò. Xǔduō gōngrén, zhǔyào shì niánqīng rén hé lǎorén, sǐ zài gōngzuò zhōng. Tāmen de shītǐ bèi rēng jìn le Lù Tái de dìjī lǐ. Hái yǒu xǔduō rén shìzhe táolí zhège guójiā.

Jiāng Zǐyá zài shuǐ yún shàng fēi huí le zìjǐ de jiā. Tā de qīzi jiàn dào tā, shuō, "Huānyíng huí jiā, zhàngfū, dàchén!"

Tā gàosù tā, tā bú zài shì guówáng de dàchén, guówáng xiǎng yào shā sǐ tā. Tā shuō, "Wǒmen xūyào líkāi Zhāogē. Wǒmen qù Xīqí ba. Wǒmen kěyǐ zài nàlǐ děng, zhídào wǒ bāngzhù xīn guówáng de shíhòu."

Dàn tā de qīzi què bù gāoxìng le. Tā shuō, "Zhàngfū, nǐ yīnggāi tīng bìxià de huà, jiànzào zhège Lù Tái. Wǒmen huì yǒu hěnduō qián. Dāng qítā rén dōu zhīdào fēng xiàng nǎ chuī shí, nǐ wèishénmeyào zhèyàng hé guówáng zhēnglùn? Nǐ zhǐbúguò shì yígè

道士的徒弟将杨任的尸体带到了道士的洞中。道士将一点仙药倒入两只眼洞里。然后他吹了一口仙气。"杨任，起来！"他喊道。杨任坐了起来。这时每个眼眶[1]里都有一只小手。每只手的里都有一只小眼睛。现在杨任又能看见了，但他还可以用新的眼睛看到天地之间所有的秘密。

他看着周围，看到了道士。他鞠躬说，"谢谢你，先生。请让我做你的徒弟，让我一生侍奉你。"道士同意了。杨任跟在清虚道德真君的身边好几年。

回到朝歌，崇侯虎带来了来自王国各地的几千名工人。他让他们日夜地工作。许多工人，主要是年轻人和老人，死在工作中。他们的尸体被扔进了鹿台的地基[2]里。还有许多人试着逃离这个国家。

姜子牙在水云上飞回了自己的家。他的妻子见到他，说，"欢迎回家，丈夫，大臣！"

他告诉她，他不再是国王的大臣，国王想要杀死他。他说，"我们需要离开朝歌。我们去西岐吧。我们可以在那里等，直到我帮助新国王的时候。"

但他的妻子却不高兴了。她说，"丈夫，你应该听陛下的话，建造这个鹿台。我们会有很多钱。当其他人都知道风向哪吹时，你为什么要这样和国王争论？你只不过是一个

---

[1] 眼眶　　　yǎnkuàng – eye socket
[2] 地基　　　dìjī – foundation (of a building)

kělián de mófǎ shī, érqiě nǐ shì ge shǎguā. Wǒ bú huì gēnzhe nǐ qù Xīqí de."

"Qīzi bìxū gēnsuí tā de zhàngfu. Wǒmen zài Xīqí huì guò shàng hào shēnghuó, nǐ zài nàlǐ huì yǒu qián, huì xìngfú."

"Bù, wǒ shì Zhāogē rén, wǒ bú huì líkāi de. Wǒ bùxiǎng zài shì nǐ de qīzi le. Líhūn ba."

Jiāng Zǐyá xiě le yì fēng líhūn shū, ná zài shǒu lǐ. Tā duì qīzi shuō, "Zhǐyào zhè líhūn shū zài wǒ shǒu lǐ, wǒmen háishì zhàngfu hé qīzi." Tā lián yì miǎozhōng dōu méiyǒu děng, zhuā zhù le nà líhūn shū. Tā qīngshēng shuō, "Yǔ zhège nǚrén de xīn bǐ, shé yǎo, huángfēng cì dōu bú suàn shénme le."

Jiāng Zǐyá shōushí hǎo dōngxi, líkāi le jiā. Tā xiàng Xīqí zǒu qù. Tā zǒuguò le xǔduō héliú hé dàshān. Zuìhòu, tā lái dào le Líntóng Guān. Zài nàlǐ, tā kàndào le jǐ bǎi gè rén. Tāmen zuò zài dìshàng kū.

"Nǐmen shì shuí, wèishénme zài zhèlǐ?" tā wèn.

Qízhōng yìrén huídá shuō, "Wǒmen dōu láizì Zhāogē. Guówáng mìnglìng Chóng Hóuhǔ fùzé Lù Tái de jiànzào. Tā mìnglìng měi sān gè rén zhōng bìxū yào yǒu liǎng gè rén zuò zhè gōngzuò. Yǐjīng yǒu jǐ wàn rén sǐ le. Rúguǒ wǒmen qù nàlǐ, wǒmen kěnéng yě huì sǐ. Suǒyǐ wǒmen líkāi le Zhāogē. Dàn xiànzài wǒmen bùnéng chū guān, yīnwèi zhǐ

可怜的魔法师，而且你是个傻瓜。我不会跟着你去<u>西岐</u>的。"

"妻子必须跟随她的丈夫。我们在<u>西岐</u>会过上好生活，你在那里会有钱、会幸福。"

"不，我是<u>朝歌</u>人，我不会离开的。我不想再是你的妻子了。离婚¹吧。"

<u>姜子牙</u>写了一封离婚书，拿在手里。他对妻子说，"只要这离婚书在我手里，我们还是丈夫和妻子。"她连一秒钟都没有等，抓住了那离婚书。他轻声说，"与这个女人的心比，蛇咬、黄蜂²刺³都不算什么了。"

<u>姜子牙</u>收拾好东西，离开了家。他向<u>西岐</u>走去。他走过了许多河流和大山。最后，他来到了<u>临潼关</u>。在那里，他看到了几百个人。他们坐在地上哭。

"你们是谁，为什么在这里？"他问。

其中一人回答说，"我们都来自<u>朝歌</u>。国王命令<u>崇侯虎</u>负责<u>鹿台</u>的建造。他命令每三个人中必须要有两个人做这工作。已经有几万人死了。如果我们去那里，我们可能也会死。所以我们离开了<u>朝歌</u>。但现在我们不能出关，因为指

---

¹ 离婚   líhūn – divorce
² 黄蜂   huángfēng – wasp
³ 刺   cì – sting, thorn

huī guān bú huì ràng wǒmen tōngguò de."

"Bié dānxīn," tā shuō, "wǒ huì jiějué zhè jiàn shì de." Tā fàngxià xínglǐ, qù jiàn zhǐhuī guān. Zhǐhuī guān tīngshuō yǒu Zhāogē de guānyuán lái jiàn tā, jiù ràng Jiāng Zǐyá jìnqù. Kěshì tīng le Jiāng Zǐyá de huà hòu, tā shēngqì le.

Tā shuō, "Nǐ búshì cháotíng guānyuán, nǐ zhǐshì yígè kělián de mófǎ shī. Guówáng gěi le nǐ qián hé quán, dàn nǐ què zhuǎnshēn fǎnduì tā. Nǐ shuō nǐ xiǎng bāngzhù zhèxiē rén, dàn wǒ kàndào de zhǐshì yìqún pàntú hé dǎnxiǎo de rén. Ànzhào fǎlǜ wǒ yīnggāi zhuā nǐ, bǎ nǐ sòng huí Zhāogē. Dàn zhè shì wǒmen dì yī cì jiànmiàn, suǒyǐ wǒ huì hǎoxīn de fàng nǐ zǒu. Xiànzài líkāi zhèlǐ."

Jiāng Zǐyá huí dào rénqún zhōng. Tā bǎ zhǐhuī guān shuō de huà gàosù le tāmen. Tāmen dōu kāishǐ kū le. "Qǐng búyào kū," tā gàosù tāmen. "Wǒ kěyǐ bāng nǐmen, dàn nǐmen bìxū yángé ànzhào wǒ shuō de qù zuò. Děngdào wǎnshàng, ránhòu bìshàng yǎnjīng. Nǐmen kěnéng huì tīngdào fēng de shēngyīn. Bié dānxīn. Bìngqiě búyào zhāngkāi yǎnjīng. Rúguǒ nǐmen zhāngkāi yǎnjīng, nǐmen jiù huì sǐ."

Dàng yèwǎn dàolái de shíhòu, rénmen dōu bìshàng yǎnjīng děngzhe. Jiāng Zǐyá xiàng Kūnlún Shān kētóu. Ránhòu tā kāishǐ shuō yìxiē mó yǔ. Yízhèn dàfēng chuī lái. Tā bǎ suǒyǒu de rén dōu dài zǒu le. Fēng dàizhe tāmen guò le Líntóng Guān, chuānguò qítā jǐ gè shānkǒu hé jǐ zuò shān, yìzhí dào le Jīnjī Shān. Ránhòu fēng bǎ tāmen ānquán de fàng zài dìshàng. Jiāng Zǐyá gàosù tāmen, "Nǐmen xiànzài kěyǐ zhāngkāi yǎnjīng le.

挥官[1]不会让我们通过的。”

"别担心，"他说，"我会解决这件事的。"他放下行李[2]，去见指挥官。指挥官听说有朝歌的官员来见他，就让姜子牙进去。可是听了姜子牙的话后，他生气了。

他说，"你不是朝廷官员，你只是一个可怜的魔法师。国王给了你钱和权，但你却转身反对他。你说你想帮助这些人，但我看到的只是一群叛徒和胆小[3]的人。按照法律我应该抓你，把你送回朝歌。但这是我们第一次见面，所以我会好心地放你走。现在离开这里。"

姜子牙回到人群中。他把指挥官说的话告诉了他们。他们都开始哭了。"请不要哭，"他告诉他们。"我可以帮你们，但你们必须严格按照我说的去做。等到晚上，然后闭上眼睛。你们可能会听到风的声音。别担心。并且不要张开眼睛。如果你们张开眼睛，你们就会死。"

当夜晚到来的时候，人们都闭上眼睛等着。姜子牙向昆仑山磕头。然后他开始说一些魔语。一阵大风吹来。它把所有的人都带走了。风带着他们过了临潼关，穿过其他几个山口和几座山，一直到了金鸡山。然后风把他们安全地放在地上。姜子牙告诉他们，"你们现在可以张开眼睛了。

---

[1] 指挥官   zhǐhuī guān – commander
[2] 行李   xínglǐ – luggage
[3] 胆小   dǎn xiǎo – coward

Nǐmen xiànzài zài Xīqí de Jīnjī Shān. Nǐmen xiànzài kěyǐ zǒu le."

Xīqí yóu xīfāng dà hóujué Jī Chāng tǒngzhì. Dàn Jī Chāng shì ge fànrén, bèi guówáng mìnglìng zhù zài Yǒu Lǐ. Suǒyǐ Xīqí yóu Jī Chāng de dà érzi Bó Yìkǎo guǎnlǐ.

Bó Yìkǎo bǎ zhè jǐ bǎi gèrén zhàogù dé hěn hǎo. Tā gěi le tāmen shíwù, zhù de fángzi hé gōngzuò. Tā hái yǔ rénmen tánhuà, tāmen bǎ Zhāogē fāshēng de yíqiè dōu gàosù le tā.

Bó Yìkǎo duì tā de dàchénmen shuō, "Wǒ fùqīn yǐjīng zuò le qī nián de fànrén. Tā de jiārén méiyǒu rén qù kàn tā. Rúguǒ wǒmen bùnéng bāngzhù tā, yào zhè jiǔshíjiǔ gè érzi yòu yǒu shénme yòng ne? Wǒ bìxū qù jiàn tā. Wǒ huì bǎ jiālǐ de sān dà bǎobèi sòng gěi guówáng. Yěxǔ nàge shíhòu, guówáng huì ràng wǒ fùqīn huí jiā."

你们现在在西岐的金鸡山。你们现在可以走了。"

西岐由西方大侯爵姬昌统治。但姬昌是个犯人，被国王命令住在羑里。所以西岐由姬昌的大儿子伯邑考管理。

伯邑考把这几百个人照顾得很好。他给了他们食物、住的房子和工作。他还与人们谈话，他们把朝歌发生的一切都告诉了他。

伯邑考对他的大臣们说，"我父亲已经做了七年的犯人。他的家人没有人去看他。如果我们不能帮助他，要这九十九个儿子又有什么用呢？我必须去见他。我会把家里的三大宝贝送给国王。也许那个时候，国王会让我父亲回家。"

Dì 19 Zhāng

Gěi Guówáng De Lǐwù

Zhōngchén de érzi yīn bàojūn ér sǐ

Yāoguài zhǐ tīng tā fēizi de huà, ér bù tīng tā dàchén de huà

Nìngyuàn bèi yí wàn dāo kǎn sǐ, yě yào bǎohù tā de míngshēng

Lìshǐ huì jiǎng chū tā de shāngxīn gùshì; yǎnlèi xiàng zhēnzhū yíyàng diào xià.

第 19 章
给国王的礼物

忠臣的儿子因国王的狐妖而死

邪恶的国王只和他妃子玩，而不听他大臣的话

宁愿被一万刀砍死，也要保护他的名声

历史会讲出他的伤心故事；眼泪像珍珠一样掉下。

Bó Yìkǎo hé mǔqīn shuō zàijiàn. Ránhòu qù jiàn tā de dìdi Jī Fā, shuō, "Wǒ zài Zhāogē de shíhòu zhàogù hǎo Xīqí. búyào gǎibiàn rènhé shìqing, zhàogù hǎo nǐ de xiōngdìmen."

Ránhòu tā chūfā qiánwǎng Zhāogē. Tā hěn kuài jiù guò le wǔ gè shānkǒu, guò le Huánghé. Zuìhòu, tā lái dào le Zhāogē, zài yìjiā jiǔdiàn lǐ guòyè.

Dì èr tiān, tā qù le guówáng de gōngdiàn. Tā děng le yì zhěng tiān, dàn méiyǒu rén ràng tā jìnqù. Tā bù gǎn zìjǐ jìnqù. Yúshì tā huí dào le jiǔdiàn. Tā zài dì èr tiān, dì sān tiān hé dì sì tiān dōu qù le, dàn réngrán méiyǒu bèi yāoqǐng jìn gōngdiàn. Zhōngyú dào le dì wǔ tiān, dāng tā zài ménkǒu děng de shíhòu, tā kàndào chéngxiàng Bǐ Gàn qímǎ guòlái. Tā guì zài chéngxiàng miànqián.

"Shuí guì zài wǒ miànqián?" Bǐ Gàn wèn.

"Wǒ shì Bó Yìkǎo, zuìrén Jī Chāng de érzi."

Bǐ Gàn xià le mǎ, bāngzhe niánqīng rén zhàn qǐlái, shuō, "Gōngzǐ, qǐng qǐlái. Nǐ zěnme huì zài zhèlǐ?"

"Xiānshēng, wǒ fùqīn dézuì le bìxià, nǐ zài guówáng nàlǐ wèi tā shuōhuà, jiù le tā de mìng. Wǒ de jiārén yǒngyuǎn bú huì wàngjì zhè. Xiànzài wǒ fùqīn yǐjīng zài Yǒu Lǐ zuò le qī nián de fànrén. Wǒmen hěn dānxīn tā. Wǒ lái zhèlǐ shì xiǎng qǐng bìxià ràng wǒ fùqīn huí jiā. Wèi le bàodá, wǒ gěi guówáng dài lái le guìzhòng de lǐ

伯邑考和母亲说再见。然后去见他的弟弟姬发，说，"我在朝歌的时候照顾好西岐。不要改变任何事情，照顾好你的兄弟们。"

然后他出发前往朝歌。他很快就过了五个山口，过了黄河。最后，他来到了朝歌，在一家酒店里过夜。

第二天，他去了国王的宫殿。他等了一整天，但没有人让他进去。他不敢自己进去。于是他回到了酒店。他在第二天、第三天和第四天都去了，但仍然没有被邀请进宫殿。终于到了第五天，当他在门口等的时候，他看到丞相比干骑马过来。他跪在丞相面前。

"谁跪在我面前？"比干问。

"我是伯邑考，罪人姬昌的儿子。"

比干下了马，帮着年轻人站起来，说，"公子[1]，请起来。你怎么会在这里？"

"先生，我父亲得罪[2]了陛下，你在国王那里为他说话，救了他的命。我的家人永远不会忘记这。现在我父亲已经在羑里做了七年的犯人。我们很担心他。我来这里是想请陛下让我父亲回家。为了报答[3]，我给国王带来了贵重的礼

---

[1] 公子   gōngzǐ – prince
[2] 得罪   dézuì – to offend
[3] 报答   bàodá – in return

wù."

"Zhèxiē lǐwù shì shénme?"

"Wǒ dài lái le sì jiàn lǐwù. Shǒuxiān, wǒ dài lái le yí liàng láizì yuǎngǔ Huángdì de shén chē. Tā kěyǐ qù zuòchē rén xiǎng qù de rènhé dìfāng, bù xūyào gǎnchē de rén huò mǎ. Dì èr, wǒ dài le yíkuài mó tǎn, ràng rènhé hē zuì jiǔ de rén tǎng zài shàngmiàn jiù kěyǐ xǐng guòlái. Dì sān, wǒ dài lái le yì zhī huì chànggē tiàowǔ de bái liǎn hóuzi. Tā zhīdào sānqiān bābǎi shǒu gē. Zuìhòu, wèi le guówáng de kuàilè, wǒ dài lái le shí gè měilì de niánqīng nǚrén."

"Zhèxiē dōu shì hěn hǎo de lǐwù, dàn kǒngpà bìxià zǒu dé tài yuǎn le, méiyǒu bànfǎ gǎibiàn tā zìjǐ. Shíjì shàng, zhèxiē lǐwù kěnéng huì ràng shìqing biàn dé gèng huài. Dànshì, wǒ huì gàosù tā, wǒmen jiāng kàn kàn tā huì zuò xiē shénme."

Bǐ Gān dào gōng lǐ gàosù guówáng, Jī Chāng de érzi lái kàn tā. Guówáng mìnglìng niánqīng rén jìn gōng. Bó Yìkǎo zǒu jìnlái, guì dǎo zài dì, ránhòu guìzhe zǒu, zhídào zǒu jìn bǎozuò. Tā méiyǒu cóng dìshàng táiqǐ tóu lái, duì guówáng shuō, "Bìxià, nín de yǒuzuì dàchén de érzi xiǎng yǔ nín tán tán."

"Shuō ba, niánqīng rén," guówáng shuō.

"Wǒmen jiā hěn gǎnxiè nín ràng wǒ fùqīn huózhe. Wǒ xiànzài qǐngqiú nín ràng tā huí dào tā de jiārén shēnbiān, zhèyàng tā jiù kěyǐ zài jiālǐ guò wán tā shēngmìng de zuìhòu jǐ

物。"

"这些礼物是什么？"

"我带来了四件礼物。首先，我带来了一辆来自远古黄帝的神车。它可以去坐车人想去的任何地方，不需要赶车的人或马。第二，我带了一块魔毯[1]，让任何喝醉[2]酒的人躺在上面就可以醒过来。第三，我带来了一只会唱歌跳舞的白脸猴子。它知道三千八百首歌。最后，为了国王的快乐，我带来了十个美丽的年轻女人。"

"这些都是很好的礼物，但恐怕陛下走得太远了，没有办法改变他自己。实际上，这些礼物可能会让事情变得更坏。但是，我会告诉他，我们将看看他会做些什么。"

比干到宫里告诉国王，姬昌的儿子来看他。国王命令年轻人进宫。伯邑考走进来，跪倒在地，然后跪着走，直到走近宝座。他没有从地上抬起头来，对国王说，"陛下，您的有罪大臣的儿子想与您谈谈。"

"说吧，年轻人，"国王说。

"我们家很感谢您让我父亲活着。我现在请求您让他回到他的家人身边，这样他就可以在家里过完他生命的最后几

---

1 毯　　　　tǎn – carpet, blanket
2 醉　　　　zuì – drunk

41

nián. Rúguǒ nín zhèyàng zuò le, nín de réncí jiāng bèi jì zhù yí wàn nián."

Tā shuōhuà de shíhòu, Dájǐ zhàn zài chuānglián hòumiàn tōutōu de kànzhe tā. Tā xǐhuān tā kàndào de. Zhège niánqīng rén zhǎng dé gāodà, yǒu lìqì, piàoliang. Tā cóng chuānglián hòumiàn chūlái, yìzhí zǒu dào guówáng pángbiān. Tā duì guówáng shuō, "Bìxià, wǒ tīng shuō zhège niánqīng rén shì yí wèi dà yīnyuèjiā, shì tánzòu gǔqín de dàshī. " Tā zhuǎnxiàng Bó Yìkǎo, tián tián yíxiào, shuō, "Tīng shuō nǐ gǔqín tán dé hěn hǎo. Nǐ néng wèi wǒ tánzòu yì shǒu gē ma?"

Bó Yìkǎo réngrán kànzhe dìshàng, duì guówáng shuō, "Bìxià, wǒ fùqīn yǐjīng shòukǔ qī nián le. Wǒ de xīn suì le. Qǐngwèn zài zhè zhǒng shíhòu, wǒ zěnme néng xiǎngshòu yīnyuè ne?"

"Yìkǎo," guówáng huídá shuō, "gěi zhèn tánzòu yì shǒu gē. Rúguǒ zhèn xǐhuān, zhèn huì ràng nǐ hé nǐ de fùqīn zìyóu."

Zhè ràng Bó Yìkǎo hěn gāoxìng. Tā gǎnxiè guówáng. Púrén dài lái le gǔqín. Tā zuò zài dìshàng, bǎ gǔqín fàng zài xīgài shàng, kāishǐ tán zòu zhè shǒu gē,

Liǔshù zài zǎoshàng de fēng zhōng yáodòng

Táohuā zài yángguāng xià kāifàng

年。如果您这样做了，您的仁慈[1]将被记住一万年。"

他说话的时候，妲己站在窗帘后面偷偷[2]地看着他。她喜欢她看到的。这个年轻人长得高大，有力气，漂亮。她从窗帘后面出来，一直走到国王旁边。她对国王说，"陛下，我听说这个年轻人是一位大音乐家[3]，是弹奏古琴[4]的大师。"她转向伯邑考，甜甜一笑，说，"听说你古琴弹得很好。你能为我弹奏一首歌吗？"

伯邑考仍然看着地上，对国王说，"陛下，我父亲已经受苦七年了。我的心碎了。请问在这种时候，我怎么能享受音乐呢？"

"邑考，"国王回答说，"给朕弹奏一首歌。如果朕喜欢，朕会让你和你的父亲自由。"

这让伯邑考很高兴。他感谢国王。仆人带来了古琴。他坐在地上，把古琴放在膝盖[5]上，开始弹奏这首歌，

柳树在早上的风中摇动
桃花在阳光下开放

---

[1] 仁慈　　réncí – kindness
[2] 偷偷　　tōutōu – secret
[3] 音乐家　yīnyuèjiā – musician
[4] 古琴　　gǔqín – a plucked seven string instrument, similar to a zither, that according to legend has been played in China for five thousand years.
[5] 膝盖　　xīgài – knee(s)

Bù guānxīn mǎchē xiàng dōng háishì xiàng xī

Cǎo xiàng lǜsè de tǎnzi yíyàng gài zài dàdì

Yīnyuè cóng Bó Yìkǎo shǒuzhǐ jiān chuán lái, xiàng yùshí de dīngdāng, xiàng sēnlín zhōng sōngshù de shēngyīn. Guówáng xǐhuān yīnyuè. Tā duì Dájǐ shuō, "Nǐ shuō dé duì, zhège niánqīng rén tán dé zhēn hǎo."

Dájǐ yě hěn xǐhuān yīnyuè. Dàn tā zhēnzhèng xiǎng yào de shì xiǎngshòu Bó Yìkǎo. Tā juédé tā hěn piàoliang, hěn yǒu lìqì. Ránhòu tā kànzhe guówáng, rènwéi tā yòu lǎo yòu xūruò. Tā duì zìjǐ shuō, "Wǒ bìxū bǎ zhège piàoliang de niánqīng rén liú zài zhèlǐ. Wǒ huì xiǎng bànfǎ bǎ tā nòng dào wǒ de chuángshàng. Wǒ xiǎng tā huì bǐ nàge lǎo guówáng yǒuyìsi dé duō."

Tā duì guówáng shuō, "Bìxià, wǒ yǒu yígè zhǔyì. Nǐ kěyǐ ràng Jī Chāng huí jiā, yīnwèi wǒmen bù xūyào tā. Dàn bǎ Bó Yìkǎo liú zài zhèlǐ. Tā kěyǐ jiào wǒ tánzòu gǔqín, tā yě kěyǐ zài rènhé nǐ xiǎng yào de shíhòu wèi nǐ tánzòu."

"Zhè shì ge hǎo zhǔyì," bèn guówáng shuō, tā tóngyì le.

Dájǐ mìnglìng gōng lǐ de púrén zhǔnbèi yànhuì. Zài yànhuì shàng, tā jǔ qǐ tā de jīnbēi, yícì yòu yícì de gěi guówáng gānbēi, zhídào guówáng hē dé dà zuì, shènzhì zuò bù qǐlái. Dāng tā shuìzháo de shíhòu, tā ràng púrén bǎ tā fàng dào chuángshàng. Ránhòu tā ràng Bó Yìkǎo jiào tā tánzòu gǔqín.

Liǎng rén zuò zài dìshàng, měi rén xīgài shàng dōu fàngzhe yì bǎ gǔqín. Bó Yìkǎo gěi tā

不关心马车向东还是向西

草像绿色的毯子一样盖在大地

音乐从伯邑考手指间传来，像玉石的叮当[1]，像森林中松树的声音。国王喜欢音乐。他对妲己说，"你说得对，这个年轻人弹得真好。"

妲己也很喜欢音乐。但她真正想要的是享受伯邑考。她觉得他很漂亮，很有力气。然后她看着国王，认为他又老又虚弱。她对自己说，"我必须把这个漂亮的年轻人留在这里。我会想办法把他弄到我的床上。我想他会比那个老国王有意思得多。"

她对国王说，"陛下，我有一个主意。你可以让姬昌回家，因为我们不需要他。但把伯邑考留在这里。他可以教我弹奏古琴，他也可以在任何你想要的时候为你弹奏。"

"这是个好主意，"笨国王说，他同意了。

妲己命令宫里的仆人准备宴会。在宴会上，她举起她的金杯，一次又一次地给国王干杯，直到国王喝得大醉，甚至坐不起来。当他睡着的时候，她让仆人把他放到床上。然后她让伯邑考教她弹奏古琴。

两人坐在地上，每人膝盖上都放着一把古琴。伯邑考给她

---

1 叮当　　　　dīngdāng – to tinkle, to jingle

jiǎng le yǒuguān gǔqín de shì, shénme shíhòu tán, shénme shíhòu bù tán, zěnme ná gǔqín, zěnme yòng shǒu tán gǔqín děng děng. Dájǐ tīngzhe, duìzhe tā xiào, hé tā zuò dé hěn jìn.

Bó Yìkǎo zhīdào Dájǐ shì xiǎng gōuyǐn tā, dàn tā zhīdào, gēnzhe tā zǒu, duì tā shì yígè kěpà de cuòwù. Suǒyǐ tā jiānchízhe tā de xīn xiàng bīng yíyàng. Shàngkè shí tā shènzhì méiyǒu kàn Dájǐ yìyǎn.

Dájǐ jiàn zìjǐ hé nàge niánqīng rén méiyǒu rènhé fāzhǎn. Yúshì tā yòu mìnglìng le yígè yànhuì, jiào Bó Yìkǎo zuò zài tā pángbiān. Tā huídá shuō, "Wǒ shì fànrén de érzi. Wǒ bù gǎn zuò zài wánghòu pángbiān. Rúguǒ wǒ zhèyàng zuò le, wǒ jiāng sǐ yí wàn cì!" Tā réngrán zuò zài dìshàng, shènzhì méiyǒu táitóu kàn tā.

Dájǐ hái yǒu yígè zhǔyì. Tā ràng púrén shōu le yànhuì. Ránhòu tā duì tā shuō, "Wǒmen jìxù shàngkè. Dànshì nǐ lí wǒ tài yuǎn le. Wǒ bùnéng zhèyàng xuéxí. Wǒ huì zuò zài nǐ de tuǐ shàng. Nǐ kěyǐ bàozhe wǒ, zhuā zhù wǒ de shǒu. Zhèyàng nǐ jiù kěyǐ jiào wǒ zěnme yòng shǒu tánzòu. Wǒ huì xué dé gèng kuài."

Bó Yìkǎo xiànzài yǒu máfan le. Tā duì zìjǐ shuō, "Wǒ xiǎng, sǐ zài zhèlǐ shì wǒ de mìngyùn. Dànshì wǒ nìngyuàn zuò yígè shòu zūnjìng de guǐ, yě bú yuànyì zuò yígè bú shòu zūnjìng de rén." Ránhòu tā duì tā shuō, "Bìxià, rúguǒ wǒ ànzhào nǐ de yāoqiú qù zuò, wǒ jiù gēn yěshòu méishénme bù yíyàng le. Nǐ shì wánghòu, shì guójiā de mǔqīn, shòudào suǒyǒu rén de zūnjìng. Qǐng búyào zhèyàng jiàngdī zì

讲了有关古琴的事，什么时候弹，什么时候不弹，怎么拿古琴，怎么用手弹古琴等等[1]。妲己听着，对着他笑，和他坐得很近。

伯邑考知道妲己是想勾引[2]他，但他知道，跟着她走，对他是一个可怕的错误。所以他坚持着他的心像冰一样。上课时他甚至没有看妲己一眼。

妲己见自己和那个年轻人没有任何发展。于是她又命令了一个宴会，叫伯邑考坐在她旁边。他回答说，"我是犯人的儿子。我不敢坐在王后旁边。如果我这样做了，我将死一万次！"他仍然坐在地上，甚至没有抬头看她。

妲己还有一个主意。她让仆人收了宴会。然后她对他说，"我们继续上课。但是你离我太远了。我不能这样学习。我会坐在你的腿上。你可以抱着我，抓住我的手。这样你就可以教我怎么用手弹奏。我会学得更快。"

伯邑考现在有麻烦了。他对自己说，"我想，死在这里是我的命运。但是我宁愿做一个受尊敬[3]的鬼，也不愿意做一个不受尊敬的人。"然后他对她说，"陛下，如果我按照你的要求去做，我就跟野兽没什么不一样了。你是王后，是国家的母亲，受到所有人的尊敬。请不要这样降低自

---

1 等等　　　děng děng – and so on, et cetera
2 勾引　　　gōuyǐn – to seduce
3 尊敬　　　zūnjìng – honorable

jǐ. Rúguǒ rénmen zhīdào le zhè jiàn shì, tāmen jiāng yǒngyuǎn bú huì zài zūnjìng nǐ le."

Zhè shí Dájǐ duì Bó Yìkǎo fēicháng shēngqì. Tā mìnglìng tā líkāi gōngdiàn. Nàtiān wǎnshàng wǎn xiē shíhòu, guówáng zài chuángshàng wèn tā shàngkè shàng dé zěnme yàng. Tā huídá shuō, "Wǒ bìxū gàosù nǐ, nàge niánqīng rén méiyǒu xìngqù jiào wǒ tán gǔqín. Tā zhī xiǎng yòng wǒ de shēntǐ lái wèi tā zìjǐ xiǎngshòu. Dāng wǒ zhīdào tā xiǎng zuò shénme de shíhòu, wǒ bǎ tā gǎn zǒu le."

Dì èr tiān zǎoshàng, guówáng mìnglìng púrén jiāng Bó Yìkǎo dài huí gōng zhōng. Tā shuō, "Nǐ zuótiān wèishénme bù gěi wánghòu hǎohǎo shàngkè? Tā háishì bùnéng tánzòu gǔqín."

Niánqīng rén shuō, "Bìxià, xuéxí tánzòu gǔqín shì xūyào shíjiān de."

Guówáng bùxiǎng shuō rènhé yǒuguān gōuyǐn de shìqing. Suǒyǐ tā shuō, "Niánqīng rén, zài gěi zhèn tánzòu yì shǒu gē." Bó Yìkǎo zuò zài dìshàng tán zòuzhe zhè shǒu gē,

Wǒ de zhōngchéng zhídào shàngtiān
Yuàn bìxià chángshēng bùlǎo!
Yuàn fēngyǔ zài héshì de shíhòu dàolái
Yuàn wángguó qiángdà, yǒngyuǎn bú miè

Guówáng xǐhuān zhè shǒu gē, zhǎo bù chū rènhé wèntí. Dájǐ jiàn zhè, shuō, "Bìxià, tīngshuō bái liǎn hóuzi chànggē hěn hǎotīng. Ràng wǒmen tīng tā chànggē ba."

己。如果人们知道了这件事，他们将永远不会再尊敬你了。"

这时妲己对伯邑考非常生气。她命令他离开宫殿。那天晚上晚些时候，国王在床上问她上课上得怎么样。她回答说，"我必须告诉你，那个年轻人没有兴趣教我弹古琴。他只想用我的身体来为他自己享受。当我知道他想做什么的时候，我把他赶走了。"

第二天早上，国王命令仆人将伯邑考带回宫中。他说，"你昨天为什么不给王后好好上课？她还是不能弹奏古琴。"

年轻人说，"陛下，学习弹奏古琴是需要时间的。"

国王不想说任何有关勾引的事情。所以他说，"年轻人，再给朕弹奏一首歌。"伯邑考坐在地上弹奏着这首歌，

> 我的忠诚直到上天
> 愿陛下长生不老！
> 愿风雨在合适的时候到来
> 愿王国强大，永远不灭

国王喜欢这首歌，找不出任何问题。妲己见这，说，"陛下，听说白脸猴子唱歌很好听。让我们听它唱歌吧。"

Púrénmen bǎ hóuzi dài le chūlái. Bó Yìkǎo gěi le tā liǎng kuài mùbǎn, kěyǐ zài tā chànggē shí yòng tāmen lái gěi tā tánzòu. Hóuzi chàng le yì shǒu hǎotīng de gē. Guówáng tīngzhe zhè shǒu gē, wàngjì le zìjǐ de fènnù. Dájǐ tīngzhe, suǒyǒu xié'è de xiǎngfǎ dōu líkāi le tā de shēntǐ. Tā shènzhì wàngjì le zìjǐ shì shuí. Húlíjīng cóng tā de shēntǐ lǐ piāo le chūlái.

Dájǐ bù zhīdào hóuzi bù zhǐshì yì zhī hóuzi. Nà shì yígè yánjiū le yìqiān nián Dào de qiángdà jīnglíng. Tā kànjiàn le húlíjīng. Tā diū xià mùbǎn, gōngjī le Dájǐ. Wánghòu xiàng hòu tiào le qǐlái. Guówáng dǎ xiàng hóuzi, yòng quántóu dǎ sǐ le tā.

Dájǐ kū le qǐlái, shuō, "Nàge niánqīng rén xiǎng yòng hóuzi shā le wǒ!"

"Wǒ shénme dōu méi zuò!" Bó Yìkǎo jiào dào.

"Nǐ zěnme néng zhème shuō ne?" guówáng hǎn dào. "Dàjiā dōu kàndào nǐ de hóuzi xiǎng yào shā sǐ wánghòu!"

"Bìxià, hóuzi shì yědì lǐ de dòngwù. Tāmen bù zǒng shì ànzhào biérén gàosù tāmen de qù zuò. Zhège hóuzi xǐhuān chī shuǐguǒ. Dāng tā kàndào wánghòu miànqián de shuǐguǒ shí, tā xiǎng yào ná nàxiē shuǐguǒ. Lìngwài, xiǎo hóuzi zěnme huì shānghài rén ne? Tā méiyǒu rènhé wǔqì."

Guówáng xiǎng le yīhuǐ'er. Màn man de, tā de fènnù xiāoshī le. Tā duì Dájǐ

仆人们把猴子带了出来。伯邑考给了它两块木板[1]，可以在它唱歌时用它们来给它弹奏。猴子唱了一首好听的歌。国王听着这首歌，忘记了自己的愤怒[2]。妲己听着，所有邪恶的想法[3]都离开了她的身体。她甚至忘记了自己是谁。狐狸精从她的身体里飘了出来。

妲己不知道猴子不只是一只猴子。那是一个研究了一千年道的强大精灵。它看见了狐狸精。它丢下木板，攻击了妲己。王后向后跳了起来。国王打向猴子，用拳头打死了它。

妲己哭了起来，说，"那个年轻人想用猴子杀了我！"

"我什么都没做！"伯邑考叫道。

"你怎么能这么说呢？"国王喊道。"大家都看到你的猴子想要杀死王后！"

"陛下，猴子是野地里的动物。它们不总是按照别人告诉它们的去做。这个猴子喜欢吃水果。当它看到王后面前的水果时，它想要拿那些水果。另外，小猴子怎么会伤害人呢？它没有任何武器。"

国王想了一会儿。慢慢地，他的愤怒消失了。他对妲己

---

[1] 板　　　bǎn – plate, clapper
[2] 愤怒　　fènnù – anger
[3] 想法　　xiǎngfǎ – thought

shuō, "Zhège niánqīng rén shuō dé duì. Hóuzi shì yědì lǐ de dòngwù."

Dájǐ shuō, "Bìxià, nǐ duì zhège rén yìzhí hěn hǎo. Ràng tā zài tán yì shǒu gē. Dàn rúguǒ yǒu rènhé fènnù huò yǒu yìjiàn, nàme nǐ bìxū shā sǐ tā."

"Dāngrán, qīn'ài de," guówáng shuō.

Xiànzài Bó Yìkǎo zhīdào, tā táo búguò Dájǐ rēng chū de wǎng. Tā zuò zài dìshàng yòu tán le yì shǒu gē.

Guówáng zǒng shì duì rénmen hǎo
Tā yǒngyuǎn bú huì duì tāmen cánrěn
Shāo rè de zhùzi bǎ ròu biàn chéng huī
Cháng shé bǎ dùzi dāng shíwù
Dàhǎishàng mǎn shì xuě
Sēnlín lǐ dàochù dōu shì shītǐ
Rénmen hěn è
Dànshì Lù Tái què hěn mǎn
Nóngtián zhèngzài xiāoshī
Dànshì guówáng què chī dé hěn hǎo
Yuàn guówáng chú diào xié'è de dàchén
Wèi guójiā dài lái hépíng

Guówáng hǎn dào, "Shìwèi, zhuā zhù nàge pàntú, shā sǐ tā!"

说，"这个年轻人说得对。猴子是野地里的动物。"

妲己说，"陛下，你对这个人一直很好。让他再弹一首歌。但如果有任何愤怒或有意见，那么你必须杀死他。"

"当然，亲爱的，"国王说。

现在伯邑考知道，他逃不过妲己扔出的网[1]。他坐在地上又弹了一首歌。

> 国王总是对人们好
>
> 他永远不会对他们残忍
>
> 烧热的柱子把肉变成灰
>
> 长蛇把肚子当食物
>
> 大海上满是血
>
> 森林里到处都是尸体
>
> 人们很饿
>
> 但是鹿台却很满
>
> 农田[2]正在消失
>
> 但是国王却吃得很好
>
> 愿国王除掉邪恶的大臣
>
> 为国家带来和平

国王喊道，"侍卫，抓住那个叛徒，杀死他！"

---

[1] 网   wǎng – net
[2] 农田   nóngtián – farm

Bó Yìkǎo quèshuō, "Děng yíxià! Wǒ hái méiyǒu chàng wán zhè shǒu gē." Ránhòu tā chàngdào,

> Yuàn guówáng fàngxià tā de yùwàng
> Yuàn tā chú diào xié'è de wánghòu
> Dāng xié'è búzài shí
> Dàchénmen huì hěn yuànyì fúcóng
> Dāng yùwàng xiāoshī shí
> Wángguó jiāng huì hépíng
> Wǒ búpà sǐ
> Dàn nǐ bìxū shā sǐ xié'è de Dájǐ

Ránhòu tā zhàn le qǐlái, jiāng gǔqín zhíjiē rēng dào le Dájǐ de tóu shàng. Wánghòu tiào kāi, dào zài dì.

"Shìwèi!" guówáng hǎn dào. "Xiǎng yào yòng gǔqín shā sǐ wánghòu shì yì zhǒng kěpà de zuìxíng. Bǎ tā rēng jìn shé kēng lǐ!"

"Děng yì děng," Dájǐ shuō, tā cóng dìshàng zhàn qǐlái. "Bǎ tā jiāo gěi wǒ. Wǒ lái shōushí tā." Tā ràng shìbīngmen bǎ tā de jiǎo hé shǒu dīng zài mùbǎn shàng. Ránhòu tā mìnglìng shìbīngmen yì diǎn yì diǎn de qiè diào tā de ròu. Bó Yìkǎo yìzhí duì tā dà hǎn dà jiào, zhídào sǐqù.

Tā sǐ hòu, Dájǐ duì guówáng shuō, "Wǒ yǒu yígè zhǔyì. Wǒmen bǎ ròu qiè chéng

伯邑考却说，"等一下！我还没有唱完这首歌。"然后他唱道，

愿国王放下他的欲望

愿他除掉邪恶的王后

当邪恶不在时

大臣们会很愿意服从[1]

当欲望消失时

王国将会和平

我不怕死

但你必须杀死邪恶的妲己

然后他站了起来，将古琴直接扔到了妲己的头上。王后跳开，倒在地。

"侍卫！"国王喊道。"想要用古琴杀死王后是一种可怕的罪行。把他扔进蛇坑里！"

"等一等，"妲己说，她从地上站起来。"把他交给我。我来收拾他。"她让士兵们把他的脚和手钉[2]在木板上。然后她命令士兵们一点一点地切掉他的肉。伯邑考一直对她大喊大叫，直到死去。

他死后，妲己对国王说，"我有一个主意。我们把肉切成

---

[1] 服从　　　fúcóng – to obey
[2] 钉　　　　dīng – nail

xiǎo kuài. Ránhòu wǒmen jiù yòng tā zuò ròu bǐng, sòng qù gěi Jī Chāng. Rúguǒ tā chī le bǐng, nà jiù biǎoshì tā zhǐshì yígè rén, nǐ kěyǐ ràng tā huí jiā. Dàn rúguǒ tā jùjué, nà jiù biǎoshì tā shì shèngrén, nǐ jiù yīnggāi shā le tā, bù liú máfan."

Guówáng tóngyì le. Bó Yìkǎo de ròu bèi sòng dào chúfáng, zuò chéng ròu bǐng. Ránhòu tā mìnglìng bǎ ròu bǐng sòng gěi zài Yǒu Lǐ de Jī Chāng.

小块。然后我们就用它做肉饼[1]，送去给姬昌。如果他吃了饼，那就表示他只是一个人，你可以让他回家。但如果他拒绝，那就表示他是圣人，你就应该杀了他，不留麻烦。"

国王同意了。伯邑考的肉被送到厨房，做成肉饼。然后他命令把肉饼送给在羑里的姬昌。

---

[1] 饼   bǐng – pie, patty

Dì 20 Zhāng

Sàn Yíshēng Huìlù Dàchén

Cóng gǔ dào jīn xié'è de dàchén dōu ài qián, shānghài zhōngchéng hé hǎorén

Wèi le huómìng, tāmen qiǎngqiú bǎ jīn hé yín fàng jìn tāmen de bāo lǐ

Tāmen zhǐ xiǎngzhe tāmen zìjǐ, bùxiǎng tāmen guójiā de tòng hé kǔ

Dàn yīqiè dōu kěnéng zài yī miǎo zhōng nèi gǎibiàn, tāmen méiyǒu kànjiàn jiàn yǐjīng xiàng xià

第 20 章
散宜生贿赂大臣

从古到今邪恶的大臣都爱钱，伤害忠诚和好人

为了活命，他们强求把金和银放进他们的包里[1]

他们只想着他们自己，不想他们国家的痛和苦

但一切都可能在一秒钟内改变，他们没有看见剑已经向下。

---

[1] in the original poem, the ministers demanded that coins be put in a 锦缠 (jǐn chán), a special purse made of rich brocade that was used as a tip jar for performers in ancient time.

Jī Chāng zài Yǒu Lǐ dāng fànrén de qī nián lǐ, cónglái bú qù wàimiàn shuōhuà, yě cónglái bú zhǎo rènhé máfan. Tā bǎ shíjiān huā zài le yánjiū suànmìng shàng. Tā xiě le yì běn shū, hòulái bèi jiàozuò "Yì Jīng." Tā hái tōngguò tánzòu gǔqín ràng zìjǐ qīngsōng.

Yǒu yìtiān, tā zài tán gǔqín shí, tīngdào zuì xiàmiàn de qín xián chuán lái yízhèn bùyúkuài de shēngyīn. Nà shì sǐwáng de shēngyīn. Tā tíngzhǐ le tánzòu, yòng jīnbì suànmìng. Jiùshì tōngguò zhè tā zhīdào érzi sǐ le. Tā hái zhīdào, guówáng xiǎng bǎ tā érzi de ròu gěi tā chī.

Bùjiǔ zhīhòu, yígè sòng xiāoxī de rén názhe yì pán ròu bǐng lái le. Tā duì Jī Chāng shuō, "Bìxià dānxīn nǐ de jiànkāng. Tā zuótiān qù dǎliè, shā le yìtóu lù, jiù ràng chúfáng bǎ lù ròu zuò chéng bǐng gěi nǐ chī."

Jī Chāng zhīdào zhè shì yígè xiànjǐng. Rúguǒ tā jùjué chī bǐng, guówáng jiù huì zhīdào tā shì yígè qiángdà de mófǎ shī, bìng huì shā sǐ tā. Yúshì tā duì sòng xiāoxī de rén shuō, "Wǒmen de guówáng shì duōme réncí a! Jǐnguǎn tā dǎliè le yì zhěng tiān yǐjīng hěn lèi le, dàn tā háishì yǒu shíjiān qù xiǎng tā yǒuzuì de dàchén. Bìxià wànsuì!"

Tā chī le yígè ròu bǐng. Ránhòu tā yòu chī le yígè, ránhòu yòu chī le yígè. Sòng xiāoxī de rén kànzhe tā chī bǐng, dàn shénme yě méi shuō. Ránhòu tā líkāi le, huí dào le Zhāogē. Tā qù le gōngdiàn, duì guówáng shuō, "Fànrén Jī Chāng duō cì gǎnxiè nǐ gěi tā de ròu bǐng. Tā chī le sān gè. Ránhòu tā kētóu shuō, 'Bìxià wàn

姬昌在羑里当犯人的七年里，从来不去外面说话，也从来不找任何麻烦。他把时间花在了研究算命上。他写了一本书，后来被叫做《易经》。他还通过弹奏古琴让自己轻松。

有一天，他在弹古琴时，听到最下面的琴弦[1]传来一阵不愉快的声音。那是死亡的声音。他停止了弹奏，用金币算命。就是通过这他知道儿子死了。他还知道，国王想把他儿子的肉给他吃。

不久之后，一个送消息的人拿着一盘肉饼来了。他对姬昌说，"陛下担心你的健康。他昨天去打猎，杀了一头鹿，就让厨房把鹿肉做成饼给你吃。"

姬昌知道这是一个陷阱[2]。如果他拒绝吃饼，国王就会知道他是一个强大的魔法师，并会杀死他。于是他对送消息的人说，"我们的国王是多么仁慈啊！尽管他打猎了一整天已经很累了，但他还是有时间去想他有罪的大臣。陛下万岁！"

他吃了一个肉饼。然后他又吃了一个，然后又吃了一个。送消息的人看着他吃饼，但什么也没说。然后他离开了，回到了朝歌。他去了宫殿，对国王说，"犯人姬昌多次感谢你给他的肉饼。他吃了三个。然后他磕头说，'陛下万

---

[1] 弦   xián – string
[2] 陷阱   xiànjǐng – trap

suì!' Tā zàicì kētóu, ràng wǒ bǎ tā de huà gàosù nǐ."

Guówáng xiàozhe duì Fèi Zhòng shuō, "Suǒyǐ, Jī Chāng chī le zìjǐ érzi de ròu. Kàn qǐlái tā búshì yígè qiángdà de mófǎ shī, zhǐshì yígè pǔtōng rén. Zhèn rènwéi rúguǒ ràng tā huí jiā bú huì yǒu wēixiǎn."

Fèi Zhòng shuō, "Bìxià, qǐng xiǎoxīn. Wǒ juédé Jī Chāng shì xiǎng piàn nín. Tā zhīdào, rúguǒ tā jùjué chī bǐng, nín huì shā le tā. Ràng tā huí jiā shì wēixiǎn de. Xīfāng yǐjīng yǒu máfan le, búyào zài yǒu qítā de máfan le!"

Guówáng shuō, "Méiyǒu rén, jíshǐ shì shèngrén, yě bú huì chī zìjǐ érzi de ròu. Dàn yěxǔ nǐ shì duì de. Zhèn huì bǎ tā liú zài Yǒu Lǐ."

Zhège shíhòu, hé Bó Yìkǎo yìqǐ qiánwǎng Zhāogē de shìbīng hé púrén tīngshuō tāmen de zhǔrén bèi shā le. Nàtiān wǎnshàng, tāmen dōu táo huí le Xīqí. Huí dào jiā hòu, tāmen bǎ Bó Yìkǎo de shì gàosù le tā de dìdi Jī Fā.

Jī Fā kūzhe shuō, "Guówáng zěnme néng zuò chū zhè zhǒng shì? Jǐnguǎn wǒ fùqīn bèi guān le qī nián, dàn wǒmen réngrán duì guówáng zhōngchéng. Dànshì xiànzài guówáng shā le wǒ de gēge. Guówáng hé tā wángguó lǐ de rén zhījiān de niǔdài yǐjīng duàn le."

Zhè shí, Jī Fā de yì míng jiāngjūn zhàn le qǐlái, dàshēng hǎn dào, "Wǒmen yīnggāi zhàndòu le! Wǒmen bìxū dài jūnduì qù Zhāogē, chú diào zhège xié'è de guówáng, gěi wǒmen de guójiā dài lái hépíng!"

Dàn yígè jiào Sàn Yíshēng de dàchén zhàn qǐlái shuō, "Gōngzǐ, nǐ yīnggāi kǎn xià nà

岁！'他再次磕头，让我把他的话告诉你。"

国王笑着对<u>费仲</u>说，"所以，<u>姬昌</u>吃了自己儿子的肉。看起来他不是一个强大的魔法师，只是一个<u>普通</u>[1]人。朕认为如果让他回家不会有危险。"

<u>费仲</u>说，"陛下，请小心。我觉得<u>姬昌</u>是想骗您。他知道，如果他拒绝吃饼，您会杀了他。让他回家是危险的。西方已经有麻烦了，不要再有其他的麻烦了！"

国王说，"没有人，即使是圣人，也不会吃自己儿子的肉。但也许你是对的。朕会把他留在<u>羑里</u>。"

这个时候，和<u>伯邑考</u>一起前往<u>朝歌</u>的士兵和仆人听说他们的主人被杀了。那天晚上，他们都逃回了<u>西岐</u>。回到家后，他们把<u>伯邑考</u>的事告诉了他的弟弟<u>姬发</u>。

<u>姬发</u>哭着说，"国王怎么能做出这种事？尽管我父亲被关了七年，但我们仍然对国王忠诚。但是现在国王杀了我的哥哥。国王和他王国里的人之间的纽带已经断了。"

这时，<u>姬发</u>的一名将军站了起来，大声喊道，"我们应该战斗了！我们必须带军队去<u>朝歌</u>，除掉这个邪恶的国王，给我们的国家带来和平！"

但一个叫<u>散宜生</u>的大臣站起来说，"公子，你应该砍下那

---

[1] 普通   pǔtōng – ordinary

gè rén de tóu. Tā shì ge shǎguā, huì gěi wǒmen dài lái hěn dà de máfan."

Jī Fā shuō, "Wǒ wèishénme yào kǎn xià wǒ de jiāngjūn de tóu?"

Sàn Yíshēng shuō, "Xiǎng xiǎng nǐ fùqīn Jī Chāng. Tā yǐjīng bèi guān le qī nián, dàn tā réngrán duì guówáng zhōngchéng, tā hái huózhe. Rúguǒ nǐ dài jūnduì qù Zhāogē, guówáng huì zài wǒmen de jūnduì dào chéngshì zhīqián shā le tā."

Dāng dàchénmen xiǎngdào zhè de shíhòu, fángjiān biàn dé ānjìng le. Ránhòu Sàn Yíshēng jìxù shuō, "Nǐmen zhīdào Jī Chāng suànguò mìng, gàosùguò wǒmen tā yào zuò qī nián de fànrén. Tā gàosùguò wǒmen búyào ràng rén qù jiù tā. Dànshì nǐ gēge bù tīng, xiànzài tā sǐ le. Tā bù yīnggāi qù Zhāogē. Tā yīnggāi yòng bùtóng de fāngfǎ zuòshì. Tā yīnggāi huìlù xié'è de dàchén Fèi Zhòng. Zhèyàng, Fèi Zhòng jiù huì hé guówáng tán, bìng bāngzhù fàng le Jī Chāng. Zhǐyào Jī Chāng zìyóu le, wǒmen jiù kěyǐ zǔzhī yì zhī jūnduì, qù dǎ guówáng."

Jī Fā duì Sàn Yíshēng shuō, "Dàchén, nǐ shuō dé búcuò. Gàosù wǒ, wǒmen xiànzài gāi zěnme bàn?"

"Xuǎn chū nǐ de liǎng gè zuì hǎo de dàchén. Ràng tāmen chuān shàng shēngyì rén de yīfu. Qízhōng yìrén yào gěi Fèi Zhòng sòng shàng guìzhòng de lǐwù. Lìng yígè rén yào bǎ guìzhòng de lǐwù sòng gěi lìng yígè jiào Yóu Hún de dàchén. Tāmen liǎ dōu néng ràng guówáng tīng tāmen de huà. Tōngguò huìlù tāmen liǎ, nǐ jiāng huì dédào bǎozhèng guówáng huì qù zuò wǒmen xiǎng yào zuò de shì."

Jī Fā tóngyì le. Yúshì, tā de liǎng gè dàchén ná le dài dào Zhāogē qù de guìzhòng lǐwù. Tāmen guò le wǔ guān, guò le Huánghé, lái dào Zhāogē. Tāmen méiyǒu zhù

个人的头。他是个傻瓜，会给我们带来很大的麻烦。"

姬发说，"我为什么要砍下我的将军的头？"

散宜生说，"想想你父亲姬昌。他已经被关了七年，但他仍然对国王忠诚，他还活着。如果你带军队去朝歌，国王会在我们的军队到城市之前杀了他。"

当大臣们想到这的时候，房间变得安静了。然后散宜生继续说，"你们知道姬昌算过命，告诉过我们他要做七年的犯人。他告诉过我们不要让人去救他。但是你哥哥不听，现在他死了。他不应该去朝歌。他应该用不同的方法做事。他应该贿赂邪恶的大臣费仲。这样，费仲就会和国王谈，并帮助放了姬昌。只要姬昌自由了，我们就可以组织一支军队，去打国王。"

姬发对散宜生说，"大臣，你说得不错。告诉我，我们现在该怎么办？"

"选出你的两个最好的大臣。让他们穿上生意人的衣服。其中一人要给费仲送上贵重的礼物。另一个人要把贵重的礼物送给另一个叫尤浑的大臣。他们俩都能让国王听他们的话。通过贿赂他们俩，你将会得到保证国王会去做我们想要做的事。"

姬发同意了。于是，他的两个大臣拿了带到朝歌去的贵重礼物。他们过了五关，过了黄河，来到朝歌。他们没有住

zài dàchénmen zhù de bīnguǎn lǐ. Ér shì zhù zài shēngyì rén zhù de xiǎo jiǔdiàn lǐ.

Dì èr tiān wǎnshàng, qízhōng de yí wèi dàchén qù jiàn Fèi Zhòng. Fèi Zhòng duì tā shuō, "Nǐ shì shuí, zhème wǎn le, nǐ wèishénme huì zài zhèlǐ?"

Dàchén huídá shuō, "Xiānshēng, qǐng yuánliàng wǒ zhème wǎn lái zhèlǐ. Nǐ duì wǒmen hěn hǎo, nǐ jiù le wǒmen shīfu Jī Chāng de mìng. Wǒmen gǎnxiè nǐ. Wǒ yǒu yìxiē xiǎo lǐwù yào sòng gěi nǐ. Wǒ hái dài lái le Xīqí de dàchén Sàn Yíshēng de yì fēng xìn."

Dàchén jiāng Sàn Yíshēng de xìn jiāogěi le Fèi Zhòng. Xìn shàng shuō,

Fèi Zhòng dàchén. Hěn duìbùqǐ, wǒ cónglái méiyǒu jiànguò nǐ. Dànshì wǒmen Xīqí suǒyǒu de rén dōu gǎnxiè nǐ de bāngzhù. Wǒmen de shīfu Jī Chāng hěn bèn de shuō le yìxiē ràng bìxià shēngqì de huà. Dàn yīnwèi nǐ de bāngzhù, tā hái huózhe, zhù zài Yǒu Lǐ. Qǐng shōuxià zhèxiē xiǎo lǐwù, tāmen shì wǒmen duì nǐ de gǎnxiè. Yě qǐng nǐ xiǎng xiǎng wǒmen de shīfu, tā lǎo le, bìng le, tā xiǎng huí jiā. Rúguǒ nǐ néng hé guówáng shuō shuō zhè jiàn shì, wǒmen huì gǎnxiè nǐ yí wàn nián.

Fèi Zhòng kàn le kàn lǐwù, lǐmiàn yǒu liǎng qiān sìbǎi liǎng huángjīn hé sì gè báiyù bì. "Zhèxiē lǐwù hěn guìzhòng!" tā xīn xiǎng. Tā ràng dàchén huí Xīqí. Tā shuō tā xūyào yìdiǎn shíjiān ràng tā kǎolǜ zěnme bāngzhù fàng le Jī Chāng.

Jiù zài tóngshí, lìng yí wèi dàchén yǔ Yóu Hún jìnxíng le xiāngtóng de jiànmiàn. Liǎng wèi dàchén hěn mǎnyì de huí le Xīqí.

Fèi Zhòng hé Yóu Hún dōu duì huìlù gǎndào fēicháng gāoxìng, dànshì tāmen dāngrán méiyǒu hùxiāng zhījiān shuō rènhé yǒuguān jiànmiàn huò huìlù de shìqing.

在大臣们住的宾馆里。而是住在生意人住的小酒店里。

第二天晚上，其中的一位大臣去见费仲。费仲对他说，"你是谁，这么晚了，你为什么会在这里？"

大臣回答说，"先生，请原谅我这么晚来这里。你对我们很好，你救了我们师父姬昌的命。我们感谢你。我有一些小礼物要送给你。我还带来了西岐的大臣散宜生的一封信。"

大臣将散宜生的信交给了费仲。信上说，

> 费仲大臣。很对不起，我从来没有见过你。但是我们西岐所有的人都感谢你的帮助。我们的师父姬昌很笨地说了一些让陛下生气的话。但因为你的帮助，他还活着，住在羑里。请收下这些小礼物，它们是我们对你的感谢。也请你想想我们的师父，他老了、病了，他想回家。如果你能和国王说说这件事，我们会感谢你一万年。

费仲看了看礼物，里面有两千四百两黄金和四个白玉币。"这些礼物很贵重！"他心想。他让大臣回西岐。他说他需要一点时间让他考虑怎么帮助放了姬昌。

就在同时，另一位大臣与尤浑进行了相同的见面。两位大臣很满意地回了西岐。

费仲和尤浑都对贿赂感到非常高兴，但是他们当然没有互相之间说任何有关见面或贿赂的事情。

Jǐ tiān hòu, guówáng zhèng qīngsōng de hé Fèi Zhòng, Yóu Hún xiàqí. Guówáng yíng le suǒyǒu de bǐsài. Zhīhòu tāmen jǔxíng le yì chǎng yànhuì. Guówáng shuō, "Tīngshuō Jī Chāng chī le tā érzi de ròu. Suǒyǐ, tā dāngrán búshì mófǎ shī."

Fèi Zhòng shuō, "Bìxià, nín zhīdào wǒ cónglái bú xìnrèn Jī Chāng. Wǒ ràng wǒ de yìxiē rén qù Yǒu Lǐ kànzhe tā. Tāmen gàosù wǒ, Jī Chāng duì nín shì zhōngchéng de. Tā zài měi gè yuè de yī hào hé shíwǔ hào wèi nín shāoxiāng. Tā wèi nín de jiànkāng hé wángguó de hépíng qídǎo. Qī nián lái, tā cónglái méiyǒu shuōguò nín de huàihuà."

Guówáng zhuǎn tóu wèn Yóu Hún, "Nà nǐ juédé Jī Chāng zěnme yàng?"

Yóu Hún tīngdào le Fèi Zhòng de huà. Xiànzài tā zhīdào, Fèi Zhòng yě shōu le huìlù. Tā zhīdào tā xūyào zuò gèng duō de shìqing lái dédào tā gānggāng shōu dào de huìlù. Yúshì tā duì guówáng shuō, "Wǒ yě tīngshuō Jī Chāng yìzhí duì bìxià zhōngchéng. Qī nián lái, tā méiyǒu zuò rènhé shānghài guójiā de shìqing. Érqiě, wǒ rènwéi Jī Chāng kěyǐ bāngzhù wǒmen yíngdé wǒmen zài dōngbù hé nánbù de zhànzhēng. Yěxǔ nín kěyǐ ràng tā zuò wángyé, ràng tā zhǐhuī hóujué de jūnduì. Zhǐyào dōngbiān hé nánbiān de pànluàn fènzi tīngshuō le zhè, jiù huì fàngxià wǔqì huí jiā."

Guówáng hěn gāoxìng tīngdào tā zuì xìnrèn de liǎng wèi dàchén dōu tóngyì zhè yìdiǎn. Yúshì tā mìnglìng fàng le Jī Chāng, bìngqiě ràng Jī Chāng lái jiàn tā. Yígè sòng xiāoxī de rén qù Yǒu Lǐ gàosù le Jī Chāng.

几天后，国王正轻松地和费仲、尤浑下棋。国王赢了所有的比赛。之后他们举行了一场宴会。国王说，"听说姬昌吃了他儿子的肉。所以，他当然不是魔法师。"

费仲说，"陛下，您知道我从来不信任姬昌。我让我的一些人去羑里看着他。他们告诉我，姬昌对您是忠诚的。他在每个月的一号和十五号为您烧香。他为您的健康和王国的和平祈祷。七年来，他从来没有说过您的坏话。"

国王转头问尤浑，"那你觉得姬昌怎么样？"

尤浑听到了费仲的话。现在他知道，费仲也收了贿赂。他知道他需要做更多的事情来得到他刚刚收到的贿赂。于是他对国王说，"我也听说姬昌一直对陛下忠诚。七年来，他没有做任何伤害国家的事情。而且，我认为姬昌可以帮助我们赢得我们在东部和南部的战争。也许您可以让他做王爷[1]，让他指挥[2]侯爵的军队。只要东边和南边的叛乱分子[3]听说了这，就会放下武器回家。"

国王很高兴听到他最信任的两位大臣都同意这一点。于是他命令放了姬昌，并且让姬昌来见他。一个送消息的人去羑里告诉了姬昌。

---

[1] 王爷　　　　wángyé – prince
[2] 指挥　　　　zhǐhuī – to command
[3] 叛乱分子　　pànluàn fèn zi – rebel

Jī Chāng duì Yǒu Lǐ de rénmen shuō le zàijiàn, qiánwǎng Zhāogē qù jiàn guówáng. Tā chuānzhe báisè yīfu jìn le gōngdiàn, yīnwèi tā shì fànrén. Tā xiàng guówáng kētóu, shuō, "Ànzhào zuìrén Jī Chāng fàn de zuìxíng, yīnggāi bèi shā sǐ, dàn bìxià què xuǎnzé le ràng wǒ huí jiā zàicì jiàn wǒ de jiārén. Yuàn nǐ huó yí wàn nián!"

Guówáng huídá shuō, "Jī Chāng, nǐ zuò le qī nián de fànrén, què cónglái méiyǒu shuōguò yí jù fǎnduì zhèn de huà. Nǐ shì yí wèi zhōngchéng de dàchén. Zhèn ràng nǐ huí jiā. Zhèn yě rènmìng nǐ wéi wángyé, shì suǒyǒu hóujué de shǒulǐng, suǒyǐ nǐ kěyǐ yòng tāmen de jūnduì lái bǎohù wángguó. Zhèlǐ jiāng yǒu yì chǎng wèi nǐ jǔxíng de dà yànhuì. Yànhuì jiéshù hòu, nǐ kěyǐ zài jiēdào shàng yóuxíng sān tiān." Jī Chāng zàicì kētóu.

Jiē xiàlái de liǎng tiān, Jī Chāng zài jiēdào shàng yóuxíng. Dì èr tiān wǎn xiē shíhòu, tā kàndào yí dàqún qímǎ de rén cóng lìng yígè fāngxiàng guòlái. Tā kàndào shì Huáng Fēihǔ jiāngjūn qí zài tā de dà niú shēnshàng. Jī Chāng xiàmǎ, xiàng Huáng Fēihǔ jūgōng. Huáng Fēihǔ xià le niú, xiàng Jī Chāng jūgōng, yāoqǐng tā wǎnshàng wǎn xiē shíhòu dào tā jiā qù.

Liǎng gè rén chīhē le yīhuǐ'er. Ránhòu Huáng Fēihǔ duì Jī Chāng shuō, "Wǒ de péngyǒu, wǒ kàn nǐ jīntiān hěn kāixīn. Dàn nǐ bìxū kàn kàn fāshēng le shénme! Wǒmen de guówáng zhěngtiān hé Fèi Zhòng zhèyàng de xié'è dàchén hējiǔ liáotiān. Tā zhěnggè wǎnshàng dōu zài hé tā de fēizimen wán. Tā shā sǐ le xǔduō zhōngchéng de dàchén. Tā bǎ rén rēng jìn le shé kēng. Nǐ bìxū wèi zhè zuò diǎn shénme! Bié zài zài jiēdào shàng yóuxíng

姬昌对羑里的人们说了再见，前往朝歌去见国王。他穿着白色衣服进了宫殿，因为他是犯人。他向国王磕头，说，"按照罪人姬昌犯的罪行，应该被杀死，但陛下却选择了让我回家再次见我的家人。愿你活一万年！"

国王回答说，"姬昌，你做了七年的犯人，却从来没有说过一句反对朕的话。你是一位忠诚的大臣。朕让你回家。朕也任命你为王爷[1]，是所有侯爵的首领，所以你可以用他们的军队来保护王国。这里将有一场为你举行的大宴会。宴会结束后，你可以在街道上游行[2]三天。"姬昌再次磕头。

接下来的两天，姬昌在街道上游行。第二天晚些时候，他看到一大群骑马的人从另一个方向过来。他看到是黄飞虎将军骑在他的大牛身上。姬昌下马，向黄飞虎鞠躬。黄飞虎下了牛，向姬昌鞠躬，邀请他晚上晚些时候到他家去。

两个人吃喝了一会儿。然后黄飞虎对姬昌说，"我的朋友，我看你今天很开心。但你必须看看发生了什么！我们的国王整天和费仲这样的邪恶大臣喝酒聊天。他整个晚上都在和他的妃子们玩。他杀死了许多忠诚的大臣。他把人扔进了蛇坑。你必须为这做点什么！别再在街道上游行

---

[1] Now that the king has named Ji Chang as a prince, the original book sometimes refers to him as Prince Wen. But to avoid confusion we will continue to call him Ji Chang.

[2] 游行　　　　yóuxíng – parade

le. Mǎshàng huí Xīqí, zuò diǎn shénme, bāng bāng nǐ de guójiā!"

Jī Chāng gǎnjué zìjǐ gāng cóng mèng zhōng xǐng lái. Tā xiàng Huáng Fēihǔ jūgōng, gǎnxiè tā. Jī Chāng shuō, "Xièxiè nǐ, wǒ de péngyǒu. Wǒ mǎshàng jiù zǒu. Dànshì wǒ zěnyàng cáinéng huí jiā ne?"

Huáng Fēihǔ huídá shuō, "Wǒ kěyǐ bāng nǐ. Chuānshàng jūnduì guānyuán de yīfu. Názhe zhèxiē hǔfú," tā gěi le tā yìxiē hǔfú. "Nǐ jiù néng shùnlì tōngguò wǔ zuò shānkǒu le."

Jī Chāng zàicì jūgōng gǎnxiè Huáng Fēihǔ. Nàtiān wǎnshàng, Huáng Fēihǔ mìnglìng tā de rén dǎkāi chéng mén. Jī Chāng hé yì xiǎo qún shìbīng zài hēi'àn de bǎohù xià líkāi le zhè zuò chéngshì.

了。马上回西岐，做点什么，帮帮你的国家！"

姬昌感觉自己刚从梦中醒来。他向黄飞虎鞠躬，感谢他。姬昌说，"谢谢你，我的朋友。我马上就走。但是我怎样才能回家呢？"

黄飞虎回答说，"我可以帮你。穿上军队官员的衣服。拿着这些虎符[1]，"他给了他一些虎符。"你就能顺利通过五座山口了。"

姬昌再次鞠躬感谢黄飞虎。那天晚上，黄飞虎命令他的人打开城门。姬昌和一小群士兵在黑暗的保护下离开了这座城市。

---

[1] 符　　　fú – a tally. Tiger tallies, called hǔfú (虎符) were used in ancient China as a way for kings and emperors to authorize and delegate the power to generals to command and dispatch an army. The tiger was a symbol of courage.

Dì 21 Zhāng

Fēi Xíng Wǔ Guān

Huáng jiù le Jī Chāng, gěi le tā hǔfú shǐ tā líkāi le guówáng de tǔdì

Yóu hé Fèi qǐngqiú guówáng zǔzhǐ tā, dàn qí zhǔ dédào le cóng yún shànglái de bāngzhù

Hǎo rén dàduō zài zhège shìjiè shàng huó bùjiǔ, dàn xiànzài fēilóng dài lái jíxiáng de xiāoxī

Jī Chāng tǔchū tā érzi de ròu, dàn tián xiāng de wèidào liú zài tā de zuǐ lǐ.

第 21 章
飞行五关

黄救了姬昌，给了他虎符使他离开了国王的土地

尤和费请求国王阻止他，但齐主得到了从云上来的帮助

好人大多在这个世界上活不久，但现在飞龙带来吉祥[1]的消息

姬昌吐出他儿子的肉，但甜香的味道留在他的嘴里。

---

[1] 吉祥　　　　jíxiáng - auspicious

Jī Chāng nàtiān wǎnshàng méiyǒu huí jiǔdiàn. Jiǔdiàn de guānyuán zài děng tā. Jiàn tā méiyǒu chūxiàn, tāmen qù gàosù le Fèi Zhòng.

Fèi Zhòng qù jiàn guówáng, dàn tā hěn hàipà. Tā qù le Zhāi Xīng Lóu, zài guówáng miànqián yícì yòu yícì de kētóu. Ránhòu tā shuō, "Bìxià, wǒ bìxū gàosù nín, Jī Chāng zhǐ zài chéngshì jiēdào shàng yóuxíng le liǎng tiān. Xiànzài tā zǒu le. Méiyǒu rén zhīdào tā zài nǎlǐ, dàn wǒ rènwéi tā yǐjīng líkāi le zhè zuò chéngshì."

Guówáng fēicháng shēngqì. Tā shuō, "Nǐ gàosù zhèn, zhèn yīnggāi ràng tā zuò wángyé, yuánliàng tā de zuìxíng!"

Fèi Zhòng jìxù kētóu. Tā dīzhe tóu shuō, "Bìxià, shuí néng dǒng rénxīn? Nín zhīdào zhè jù huà, 'hǎishuǐ gān le kěyǐ kàn jiàn dǐ, dàn jíshǐ yígè rén sǐ le, yě méiyǒu rén néng zhīdào tā xīnlǐ zài xiǎng shénme.' Fànrén Jī Chāng líkāi bú dào yìtiān. Hái yǒu shíjiān zhuā zhù tā. Nín kěyǐ ràng shìbīng bǎ tā dài huí Zhāogē, ránhòu nín kěyǐ kǎn xià tā de tóu."

Guówáng mìnglìng sānqiān míng qímǎ de shìbīng qù zhuā zhù Jī Chāng. Shìbīngmen cóng xīmén líkāi le zhè zuò chéngshì.

Xiànzài Jī Chāng bìng bù zhāojí. Tā yǐjīng guò le Huánghé, zhèng qímǎ xiàng dì yī gè shānkǒu zǒu qù. Tā màn man de qízhe mǎ xiàng xī zǒu, xiǎngshòuzhe měihǎo de tiānqì. Tūrán, tā tīngdào shēnhòu chuánlái xǔduō mǎpí de shēngyīn. Zhuǎnguò shēn, tā kàndào yì tuán chéntǔ shēng dào kōngzhōng. "Ó, bùhǎo le!" tā duì zìjǐ shuō. "Wǒ zhēnshì tài bèn le. Nà yídìng shì guówáng de jūnduì. Rúguǒ tāmen zhuā zhù le wǒ, wǒ jiùshì yí gè sǐrén le." Ránhòu tā kāishǐ yòng zuì kuài de sùdù qímǎ xiàng xī,

姬昌那天晚上没有回酒店。酒店的官员在等他。见他没有出现，他们去告诉了费仲。

费仲去见国王，但他很害怕。他去了摘星楼，在国王面前一次又一次地磕头。然后他说，"陛下，我必须告诉您，姬昌只在城市街道上游行了两天。现在他走了。没有人知道他在哪里，但我认为他已经离开了这座城市。"

国王非常生气。他说，"你告诉朕，朕应该让他做王爷，原谅他的罪行！"

费仲继续磕头。他低着头说，"陛下，谁能懂人心？您知道这句话，'海水干了可以看见底，但即使一个人死了，也没有人能知道他心里在想什么。'犯人姬昌离开不到一天。还有时间抓住他。您可以让士兵把他带回朝歌，然后您可以砍下他的头。"

国王命令三千名骑马的士兵去抓住姬昌。士兵们从西门离开了这座城市。

现在姬昌并不着急。他已经过了黄河，正骑马向第一个山口走去。他慢慢地骑着马向西走，享受着美好的天气。突然，他听到身后传来许多马匹的声音。转过身，他看到一团尘土升到空中。"哦，不好了！"他对自己说。"我真是太笨了。那一定是国王的军队。如果他们抓住了我，我就是一个死人了。"然后他开始用最快的速度骑马向西，

guówáng de jūnduì jǐn gēn zài tā de hòumiàn.

Ér jiù zài tóngshí, Zhōngnán Shān shàng, Yún Zhōngzǐ zhèng zuò zài tā de shāndòng wài. Tā dītóu kàn, zhǐ jiàn yì zhī jūnduì zài zhuīzhe Jī Chāng. Tā mǎshàng ràng tā de yígè túdì qù bǎ Léizhènzi jiào lái. Jǐ fēnzhōng hòu, Léizhènzi lái le, tā gěi tā de shīfu kētóu.

"Túdì," Yún dàshī shuō, "nǐ fùqīn yǒu wēixiǎn. Nǐ yídìng yào kuài qù jiù tā!"

"Wǒ fùqīn? Tā shì shuí?" Léizhènzi wèn.

"Nǐ bú jìdé le ma? Tā shì xīfāng dà hóujué Jī Chāng. Xiànzài kuài qù Hǔer Yá zhǎo wǔqì, ránhòu zài huílái jiàn wǒ."

Léizhènzi líkāi le shāndòng, qiánwǎng Hǔer Yá. Tā kànzhe zhōuwéi, dàn méiyǒu kàndào rènhé wǔqì. Tā zhèng yào líkāi shí, wéndào le hěn xiāng de wèidào. Tā gēnzhe wèidào ér qù. Tā lái dào yìtiáo cóng shān shàng liú xiàlái de xiǎo xī pángbiān. Zhè shì yígè měilì de dìfāng. Zhōuwéi dōu shì shùmù hé cǎo. Húlí hé lù zài shùlín zhōng zǒuláizǒuqù, niǎoer zài tóu shàng fēiguò. Tái qǐtóu, tā kàndào shùzhī shàng guàzhe liǎng kē hóng xìng. Tā bǎ liǎng kē xìngzi cóng shùzhī shàng cǎi le xiàlái.

"Wǒ chī yígè, lìng yígè gěi wǒ de shīfu," tā xiǎng. Dànshì tā chī le yígè yǐhòu, shízài shì tài hào chī le, suǒyǐ zài hái méiyǒu láidéjí tíngzhǐ zhī

国王的军队紧跟在他的后面。

而就在同时，终南山上，云中子正坐在他的山洞外。他低头看，只见一支军队在追着姬昌。他马上让他的一个徒弟去把雷震子叫来。几分钟后，雷震子来了，他给他的师父磕头。

"徒弟，"云大师说，"你父亲有危险。你一定要快去救他！"

"我父亲？他是谁？"雷震子问。

"你不记得了吗？他是西方大侯爵姬昌。现在快去虎儿崖找武器，然后再回来见我。"

雷震子离开了山洞，前往虎儿崖。他看着周围，但没有看到任何武器。他正要离开时，闻¹到了很香的味道。他跟着味道而去。他来到一条从山上流下来的小溪²旁边。这是一个美丽的地方。周围都是树木和草。狐狸和鹿在树林中走来走去，鸟儿在头上飞过。抬起头，他看到树枝上着两颗红杏³。他把两颗杏子从树枝上采了下来。

"我吃一个，另一个给我的师父，"他想。但是他吃了一个以后，实在是太好吃了，所以在还没有来得及停止之

---

¹ 闻　　　wén – smell
² 溪　　　xī – stream
³ 杏　　　xìng – apricot

qián, tā bǎ liǎng gè dōu chīdiào le.

Guò le yīhuǐ'er, "pā" de yígè hěn xiǎng de shēngyīn, tā de zuǒ bì xià tūrán chūxiàn le yì zhī cháng cháng de chìbǎng. Ránhòu yòu shì yígè hěn xiǎng de "pā" de shēngyīn, tā de yòu bì xià chūxiàn le lìng yì zhī chìbǎng. Ránhòu tā de shēntǐ kāishǐ fāshēng biànhuà. Tā de liǎn biànchéng le shēnlán sè, tóufà biànchéng le hóngsè, yáchǐ biàn cháng, yǎnjīng biàn dà. Tā de shēntǐ biàn chéng le èrshí chǐ gāo.

Tā zhàn zài nàlǐ, bù zhīdào fāshēng le shénme shì. Jiù zài zhè shí, yígè túdì zǒu guòlái duì tā shuō, "Xiōngdì, shīfu mìnglìng nǐ mǎshàng qù jiàn tā."

Léizhènzǐ huí dào le shīfu de shāndòng. Tā dīzhe tóu, cháng cháng de chìbǎng tuō zài dìshàng. Yún Zhōngzǐ kàndào le tā. "Tài hǎo le, tài hǎo le!" tā shuō. "Gēn wǒ lái."

Tāmen yìqǐ zǒu dào fùjìn de táo huāyuán. Yún dàshī ná qǐ yì gēn jīnsè de dà bàng. Tā bǎ tā gěi le Léizhènzǐ, kāishǐ jiāo tā zěnme shǐyòng tā. Léizhènzǐ xuéhuì le zěnme shàngxià zuǒyòu huī bàng, zěnme xiàng sēnlín zhōng de lǎohǔ yíyàng zhuǎnshēn, yǐjí zěnme xiàng lóng yíyàng cóng hǎizhōng tiàochū. Bàng zài kōngzhōng fēi, kōngqì zhōng chōngmǎn le míngliàng de guāng.

Jiéshù hòu, Yún dàshī zài zuǒ chìbǎng xiě xià le yígè "fēng" zì, zài yòu chìbǎng xiě xià le yígè "léi" zì. Ránhòu tā gàosù tā de túdì, "Zhè liǎng gè zì huì ràng nǐ fēiguò tiānkōng. Xiànzài kuài qù, bāng nǐ fùqīn táolí zhuī tā de shìbīng.

前，他把两个都吃掉了。

过了一会儿，"啪¹"的一个很响的声音，他的左臂下突然出现了一只长长的翅膀²。然后又是一个很响的"啪"的声音，他的右臂下出现了另一只翅膀。然后他的身体开始发生变化。他的脸变成了深蓝色，头发变成了红色，牙齿变长，眼睛变大。他的身体变成了二十尺高。

他站在那里，不知道发生了什么事。就在这时，一个徒弟走过来对他说，"兄弟，师父命令你马上去见他。"

雷震子回到了师父的山洞。他低着头，长长的翅膀拖³在地上。云中子看到了他。"太好了，太好了！"他说。"跟我来。"

他们一起走到附近的桃花园。云大师拿起一根金色的大棒。他把它给了雷震子，开始教他怎么使用它。雷震子学会了怎么上下左右挥棒，怎么像森林中的老虎一样转身，以及怎么像龙一样从海中跳出。棒在空中飞，空气中充满了明亮的光。

结束后，云大师在左翅膀写下了一个"风"字，在右翅膀写下了一个"雷"字。然后他告诉他的徒弟，"这两个字会让你飞过天空。现在快去，帮你父亲逃离追他的士兵。

---

¹ 啪   pā – popping sound
² 翅膀   chìbǎng – wing
³ 拖   tuō – to drag

Bāng tā guò wǔ guān. Dàn nǐ bùnéng shānghài rènhé shìbīng. Dāng nǐ wánchéng hòu, huí dào zhèlǐ, wánchéng nǐ de xuéxí."

Léizhènzǐ fēikuài de dào le dìshàng. Tā kàndào yígè chuānzhe hēisè chènshān de rén qízhe yì pǐ fēi pǎo de mǎ, jǐ qiān gè shìbīng zài zhuīzhe tā. Tā duì nà rén hǎn dào, "Nǐ shì xīfāng dà hóujué ma?"

Jī Chāng tái qǐ tóu, kàndào yì zhī hěn dà de niǎo názhe yì gēn jīnsè de bàng. Tā xiàhuài le, dàn háishì hǎn dào, "Nǐ shì shuí? Nǐ zěnme zhīdào wǒ de míngzì?"

Léizhènzǐ guì dǎo zài dì, kētóu. "Fùqīn, yuánliàng wǒ, wǒ búshì yào gùyì xià nǐ de."

Jī Chāng yǒu hěnduō érzi, dàn méiyǒu yígè shì zhège yàngzi. Tā huídá shuō, "Nǐ wèishénme jiào wǒ fùqīn? Wǒ bú rènshí nǐ."

"Wǒ jiào Léizhènzǐ. Qī nián qián nǐ zài sēnlín lǐ zhǎodào le wǒ, ràng wǒ chéngwéi nǐ de érzi. Xiànzài nǐ yǒu wēixiǎn. Wǒ kěyǐ bāng nǐ guò wǔ zuò shānkǒu, ānquán huí dào Xīqí."

"Hǎo ba. Dàn nǐ bùnéng shānghài huò shā sǐ rènhé shìbīng. Wǒ yǐjīng yùdào le hěnduō máfan, wǒ bù xīwàng nǐ bǎ shìqing biàn dé gèng huài."

"Dāngrán. Wǒ shīfu yě gēn wǒ shuōguò yíyàng de huà." Ránhòu léizhènzǐ fēi shàng le tiānkōng. Tā wǎng huí fēi xiàng jūnduì, lái dào tāmen miànqián. Tā huīzhe jīn bàng, hǎn dào, "Zhànzhù!"

Shìbīngmen tíng le xiàlái. Tāmen zhōng de yìxiē rén wǎng huí zǒu le. Dàn liǎng wèi jiāngjūn shuō, "Gōngjī!" Ránhòu chōng xiàng Léizhènzǐ.

帮他过五关。但你不能伤害任何士兵。当你完成后，回到这里，完成你的学习。"

雷震子飞快地到了地上。他看到一个穿着黑色衬衫的人骑着一匹飞跑的马，几千个士兵在追着他。他对那人喊道，"你是西方大侯爵吗？"

姬昌抬起头，看到一只很大的鸟拿着一根金色的棒。他吓坏了，但还是喊道，"你是谁？你怎么知道我的名字？"

雷震子跪倒在地，磕头。"父亲，原谅我，我不是要故意吓你的。"

姬昌有很多儿子，但没有一个是这个样子。他回答说，"你为什么叫我父亲？我不认识你。"

"我叫雷震子。七年前你在森林里找到了我，让我成为你的儿子。现在你有危险。我可以帮你过五座山口，安全回到西岐。"

"好吧。但你不能伤害或杀死任何士兵。我已经遇到了很多麻烦，我不希望你把事情变得更坏。"

"当然。我师父也跟我说过一样的话。"然后雷震子飞上了天空。他往回飞向军队，来到他们面前。他挥着金棒，喊道，"站住！"

士兵们停了下来。他们中的一些人往回走了。但两位将军说，"攻击！"然后冲向雷震子。

Dì 22 Zhāng

Dà Hóu Jué Huí Lái

Chī liǎo er zi hòu Jī Chāng huí le jiā, tā de yǎnlèi zài yě gān bùliǎo

Dàn zhè bù huì gǎibiàn tā shì shéi, tā réngrán duì tā de guówáng zhōngchéng

Méiyǒu rén néng shuō chū shàngtiān xiě le shénme, dàn zuì'è zǒng shì dài lái xuè hé huī

Dìqiú shàng fāshēng shénme bìng bù chóng yào, shàngtiān juédìng shéi bìxū líkāi yǐjí shénme shíhòu líkāi.

第 22 章
大侯爵回来

吃了儿子后姬昌回了家，他的眼泪再也干不了

但这不会改变他是谁，他仍然对他的国王忠诚

没有人能说出上天写了什么，但罪恶总是带来血和灰

地球上发生什么并不重要，上天决定谁必须离开以及什么
时候离开。

Léizhènzǐ kàndào liǎng wèi jiāngjūn xiàng tā zǒu lái. Tā jǔ qǐ tā de jīn bàng, duì tāmen shuō, "Wǒ de péngyǒumen, qǐng tíng xiàlái. Wǒ jiào Léizhènzǐ. Wǒ shì xīfāng dà hóujué Jī Chāng dì yìbǎi gè, yěshì zuìxiǎo de érzi. Tā yìshēng dōu shì zhōngchéng de dàchén. Tā duì fùmǔ xiàoshùn, duì péngyǒu hěn zhōngchéng, tā jiānchí fǎlǜ, nǔlì chéngwéi guówáng de hǎo chénmín. Dàn guówáng shǐ tā bèi guān le qī nián. Zuìjìn, guówáng fàng le tā, bìng yǔnxǔ tā huí jiā. Nà nǐmen wèishénme yào zhuī tā, bìngqiě xiǎng yào zhuā zhù tā ne? Wǒ de péngyǒumen, nǐmen bù xūyào ràng dàjiā lái kàn nǐmen de yǒnggǎn. Huí jiā ba, ràng wǒmen ānjìng yíxià."

Qízhōng yí wèi jiāngjūn dà xiào, shuō, "Nǐ zhège nánkàn de yěshòu! Nǐ de huà shì shǎguā de huà!" Ránhòu tā chōng xiàng Léizhènzǐ, yòng jiàn gōngjī tā.

Léizhènzǐ yòng tā de jīn bàng qīngsōng dǎngzhù le jiàn. Ránhòu tā shuō, "Qǐng tíng xiàlái. Wǒ hěn yuànyì hé nǐ zhàndòu, dàn wǒ shīfu hé wǒ fùqīn dōu gàosù wǒ búyào shānghài nǐmen huò nǐmen de shìbīng. Zài nǐ zàicì gōngjī wǒ zhīqián, qǐng kàn zhège."

Jiāngjūnmen kànzhe Léizhènzǐ tiàoqǐ fēi xiàng tiānkōng. Tā fēi xià lái dào fùjìn yí zuò shān de yìbiān. Tā bǎ tā de jīn bàng huī xiàng lìng yí zuò shān. Suízhe yígè hěn xiǎng de shēngyīn, shān bèi kǎn chéng liǎng bàn. Tā duì jiāngjūnmen shuō, "Nǐmen juédé nǐmen de tóu bǐ nà zuò shān hái yìng ma?"

Zhè jiùshì jiāngjūnmen xūyào kàndào hé tīngdào de yíqiè. Tāmen zhuǎnshēn dàizhe shìbīng

雷震子看到两位将军向他走来。他举起他的金棒，对他们说，"我的朋友们，请停下来。我叫雷震子。我是西方大侯爵姬昌第一百个、也是最小的儿子。他一生都是忠诚的大臣。他对父母孝顺[1]，对朋友很忠诚，他坚持法律，努力成为国王的好臣民[2]。但国王使他被关了七年。最近，国王放了他，并允许他回家。那你们为什么要追他，并且想要抓住他呢？我的朋友们，你们不需要让大家来看你们的勇敢。回家吧，让我们安静一下。"

其中一位将军大笑，说，"你这个难看的野兽！你的话是傻瓜的话！"然后他冲向雷震子，用剑攻击他。

雷震子用他的金棒轻松挡[3]住了剑。然后他说，"请停下来。我很愿意和你战斗，但我师父和我父亲都告诉我不要伤害你们或你们的士兵。在你再次攻击我之前，请看这个。"

将军们看着雷震子跳起飞向天空。他飞下来到附近一座山的一边。他把他的金棒挥向另一座山。随着一个很响的声音，山被砍成两半。他对将军们说，"你们觉得你们的头比那座山还硬吗？"

这就是将军们需要看到和听到的一切。他们转身带着士兵

---

[1] 孝顺　　　xiàoshùn – filial (obedience and loyalty to a parent)
[2] 臣民　　　chénmín – subject of a ruler
[3] 挡　　　　dǎng – to block

men huí le Zhāogē. Léizhènzǐ huí dào fùqīn shēnbiān, shuō, "Wǒ hé jiāngjūnmen tánguò le, ràng tāmen huí Zhāogē. Tāmen xiànzài jiù líkāi. Xiànzài gāi dài nǐ huí Xīqí le."

"Xièxiè nǐ," Jī Chāng shuō. "Kěshì wǒ de mǎ ne? Qī nián lái, tā yìzhí shì wǒ zhōngchéng de púrén."

"Fùqīn, mǎ bù zhòngyào. Suí tā qù ba."

Jī Chāng shāngxīn de pāi pāi mǎ de tóu. Tā shuō, "Wǒ bùxiǎng bǎ nǐ liú zài zhèlǐ, dàn shìbīngmen kěnéng huì zàicì huílái. Xiànzài qù zhǎo lìng yígè zhǔrén ba." Ránhòu tā pá shàng le Léizhènzǐ de bèi, bìshàng yǎnjīng. Tā gǎnjuédào fēng chuī zài liǎnshàng, Léizhènzǐ tiào shàng tiānkōng, zài kōngzhōng hěn kuài de fēixíng. Jǐ fēnzhōng hòu, tāmen fēiguò le suǒyǒu wǔ zuò shānkǒu, lái dào le Jīnjī Shān. Léizhènzǐ lái dào dìshàng, shuō, "Fùqīn, wǒmen dào le. Wǒ bìxū bǎ nǐ liú zài zhèlǐ. Zhàogù hǎo zìjǐ. Wǒ huì zàijiàn dào nǐ de."

Jī Chāng kàn le kàn zhōuwéi. Tā shuō, "Kěshì érzi, wǒmen hái méi dào Xīqí chéng. Wǒmen hái zài yuǎnlí chéngshì de shānshàng. Nǐ wèishénme yào bǎ wǒ liú zài zhèlǐ?"

Léizhènzǐ huídá shuō, "Fùqīn, wǒ bìxū bǎ nǐ liú zài zhèlǐ. Wǒ shīfu ràng wǒ zhǐ dài nǐ guò wǔ zuò shānkǒu. Shèngxià de lù nǐ bìxū zìjǐ zǒu. Dāng wǒ de mófǎ gèng qiángdà de shíhòu, wǒ huì hé nǐ zài yìqǐ de." Tā guì xiàlái, xiàng fùqīn kētóu. Ránhòu tā tiào shàng tiānkōng, fēi huí Zhōngnán Shān.

Jī Chāng méiyǒu mǎ kěyǐ qí, tā zhuǎnshēn kāishǐ xiàng xī zǒu. Tā zǒu le yì zhěng tiān.

们回了朝歌。雷震子回到父亲身边，说，"我和将军们谈过了，让他们回朝歌。他们现在就离开。现在该带你回西岐了。"

"谢谢你，"姬昌说。"可是我的马呢？七年来，它一直是我忠诚的仆人。"

"父亲，马不重要。随它去吧。"

姬昌伤心地拍拍马的头。他说，"我不想把你留在这里，但士兵们可能会再次回来。现在去找另一个主人吧。"然后他爬上了雷震子的背，闭上眼睛。他感觉到风吹在脸上，雷震子跳上天空，在空中很快地飞行。几分钟后，他们飞过了所有五座山口，来到了金鸡山。雷震子来到地上，说，"父亲，我们到了。我必须把你留在这里。照顾好自己。我会再见到你的。"

姬昌看了看周围。他说，"可是儿子，我们还没到西岐城。我们还在远离城市的山上。你为什么要把我留在这里？"

雷震子回答说，"父亲，我必须把你留在这里。我师父让我只带你过五座山口。剩下的路你必须自己走。当我的魔法更强大的时候，我会和你在一起的。"他跪下来，向父亲磕头。然后他跳上天空，飞回终南山。

姬昌没有马可以骑，他转身开始向西走。他走了一整天。

Tā shìge lǎorén, dāng yìtiān jiéshù shí, tā yǐjīng hěn lèi le. Tā zài lù biān de yìjiā jiǔdiàn tíng le xiàlái, chī le diǎn wǎnfàn, shàngchuáng shuìjiào le. Dàn dào le zǎoshàng, tā fāxiàn zìjǐ méiyǒu dài qián. Tā méiyǒu bànfǎ fù shíwù hé fángjiān de qián.

Diànyuán shì ge niánqīng rén, fēicháng shēngqì. Tā shuō, "Nǐ zěnme néng zhù zài zhèlǐ chī wǒmen de shíwù, què bú fù qián ne?"

Jī Chāng huídá shuō, "Duìbùqǐ, niánqīng rén, wǒ shēnshàng méiyǒu qián. Wǒ suǒyǒu de qián dōu zài Xīqí chéng. Qǐng ràng wǒ líkāi. Wǒ hěn yuànyì zài duǎn shíjiān nèi bǎ qián fù gěi nǐ."

Diànyuán shēngqì de shuō, "Nǐ kěnéng bù zhīdào, dàn nǐ shì zài Xīqí. Zhèlǐ méiyǒu rén huì tōu biérén de dōngxi. Xīfāng dà hóujué yòng réncí lái tǒngzhì, dànshì wǒmen bìxū fúcóng fǎlǜ. Zhèlǐ de měigè rén dōu shēnghuó zài hépíng yǔ xìngfú zhōng. Xiànzài, nǐ bìxū fù qián, fǒuzé wǒ huì dài nǐ qù jiàn dàchén."

Jiù zài zhè shí, jiǔdiàn lǎobǎn lái le, xiǎng zhīdào nà liǎng gè rén wèishénme yào zhēnglùn. Tā zǐxì kàn le kàn nà kèrén, fāxiàn tā zhèng shì xīfāng dà hóujué Jī Chāng. Jiǔdiàn lǎobǎn kētóu shuō, "Diànxià, qǐng yuánliàng wǒmen. Wǒmen yǒu yǎnjīng, dàn méiyǒu kàndào nǐ. Wǒ shì zhè jiā xiǎo jiǔdiàn de lǎobǎn. Zhè jiǔdiàn shì wǒjiā chuán xiàlái de, yǒu yìbǎi duō nián le. Qǐng zuò xiàlái hē diǎn chá."

Jī Chāng hěn gāoxìng. Tā shuō, "Xiānshēng, wǒ hěn gāoxìng jiàn dào nǐ. Nǐ yǒu yì pǐ

他是个老人，当一天结束时，他已经很累了。他在路边的一家酒店停了下来，吃了点晚饭，上床睡觉了。但到了早上，他发现自己没有带钱。他没有办法付食物和房间的钱。

店员[1]是个年轻人，非常生气。他说，"你怎么能住在这里吃我们的食物，却不付钱呢？"

姬昌回答说，"对不起，年轻人，我身上没有钱。我所有的钱都在西岐城。请让我离开。我很愿意在短时间内把钱付给你。"

店员生气地说，"你可能不知道，但你是在西岐。这里没有人会偷别人的东西。西方大侯爵用仁慈来统治，但是我们必须服从法律。这里的每个人都生活在和平与幸福中。现在，你必须付钱，否则我会带你去见大臣。"

就在这时，酒店老板来了，想知道那两个人为什么要争论。他仔细看了看那客人，发现他正是西方大侯爵姬昌。酒店老板磕头说，"殿下，请原谅我们。我们有眼睛，但没有看到你。我是这家小酒店的老板。这酒店是我家传下来的，有一百多年了。请坐下来喝点茶。"

姬昌很高兴。他说，"先生，我很高兴见到你。你有一匹

---

[1] 店员   diànyuán – clerk

mǎ kěyǐ ràng wǒ qí dào chéng lǐ ma? Dāngrán, wǒ huílái shí huì fù qián gěi nǐ."

"Diànxià, wǒmen búshì yǒu qián rén, wǒmen méiyǒu mǎ. Dànshì wǒmen yǒu yì tóu lǎo lǘ. Nǐ kěyǐ qí lǘ qù, wǒ huì hé nǐ yìqǐ qù, bǎozhèng nǐ ānquán dào chéng lǐ."

Jī Chāng tīngdào zhè huà hěn gāoxìng. Hěn kuài, tā hé jiǔdiàn lǎobǎn líkāi le jiǔdiàn, kāishǐ xiàng xī xíng. Tāmen zǒu le jǐ tiān, cái lái dào Xīqí chéng. Nà shì wǎnqiū. Shùmù cóng lǜsè biànchéng le hóngsè, lěngfēng chuīguò. Jī Chāng yǐjīng líkāi le qī nián, tā hěn xiǎng tā de jiārén.

Xīqí chéng lǐ, Jī Chāng de mǔqīn zhèng zuò zài jiālǐ. Tā gǎndào yízhèn qíguài de fēng cóng chuānghù chuī jìnlái. Tā suàn le mìng, zhīdào érzi yào huílái le. Hěn kuài, tā gàosù le tā de sūnzimen hé dàchénmen. Tāmen dōu cóng chéng lǐ chūlái, zài lùshàng děngzhe Jī Chāng de dàolái.

Hěn kuài, Jī Chāng jiù qízhe jiǔdiàn lǎobǎn de lǘ lái le. Tā de érzi Jī Fā zhàn chūlái. Tā shuō, "Fùqīn, nǐ bèi guān le qī nián. Nǐ de háizimen méiyǒu zuò rènhé shì lái bāngzhù nǐ. Wǒmen bìng bùbǐ yǒuzuì de rén gèng hǎo. Qǐng yuánliàng wǒmen. Wǒmen hěn gāoxìng zàicì jiàndào nǐ!"

Jī Chāng kāishǐ kū le. Tā shuō, "Wǒ de péngyǒumen, wǒ de érzi men, wǒ cónglái méi xiǎngguò wǒ huì huí jiā zài jiàndào nǐmen! Wǒ hěn kāixīn, dàn tóngshí yě gǎndào yǒudiǎn nánguò."

马可以让我骑到城里吗？当然，我回来时会付钱给你。"

"殿下，我们不是有钱人，我们没有马。但是我们有一头老驴[1]。你可以骑驴去，我会和你一起去，保证你安全到城里。"

姬昌听到这话很高兴。很快，他和酒店老板离开了酒店，开始向西行。他们走了几天，才来到西岐城。那是晚秋。树木从绿色变成了红色，冷风吹过。姬昌已经离开了七年，他很想他的家人。

西岐城里，姬昌的母亲正坐在家里。她感到一阵奇怪的风从窗户吹进来。她算了命，知道儿子要回来了。很快，她告诉了她的孙子们和大臣们。他们都从城里出来，在路上等着姬昌的到来。

很快，姬昌就骑着酒店老板的驴来了。他的儿子姬发站出来。他说，"父亲，你被关了七年。你的孩子们没有做任何事来帮助你。我们并不比有罪的人更好。请原谅我们。我们很高兴再次见到你！"

姬昌开始哭了。他说，"我的朋友们，我的儿子们，我从来没想过我会回家再见到你们！我很开心，但同时也感到有点难过。"

---

1 驴　　　　　lǘ – donkey

Dàchén Sàn Yīshēng shàng qián shuō, "Gǔ shí, Tāng Wáng bèi guān zài Xiàtái duō nián. Dāng tā zhōngyú huòdé zìyóu shí, tā tǒngyī le zhěnggè guójiā, chéngwéi Shāng Cháo de dì yī wèi guówáng. Xiànzài nǐ yòu huí jiā le, yěxǔ nǐ huì xiàng Tāng Wáng yíyàng, nǐ zài Yǒu Lǐ de rìzi yě huì xiàng tā zài Xiàtái de rìzi yíyàng."

Jī Chāng quèshuō, "Nǐ de huà duì wǒ méiyǒu yìdiǎn yìsi. Yígè zhōngchéng de chénmín, yídìng búhuì zuò zhèyàng de shìqing. Wǒ shì zuìrén, dàn bìxià duì wǒ hěn réncí, zhí bǎ wǒ guān le qī nián. Xiànzài tā fàng le wǒ, rènmìng wǒ wéi wángyé, bìng mìnglìng wǒ yǔ pànluàn fènzi zhàndòu. Wǒ yǒngyuǎn búhuì fǎnduì wǒmen de guówáng. Wǒ qǐng nǐ yǒngyuǎn búyào zài shuō zhèyàng de huà le."

Tā huí dào jiālǐ jiàn qīzi hé mǔqīn, ránhòu chuānshàng guānyuán de cháng yī. Tā qízhe mǎchē zǒu zài jiēdào shàng, xiàng Xīqí chéng de rénmen wènhǎo. Chéng lǐ de rén dōu chūlái jiàn tā. Tāmen chànggē, tiàowǔ, hǎnzhe tā de míngzì.

Tā kànzhe rénmen, xiǎngdào le zìjǐ de érzi Bó Yīkǎo. Tā jìdé chīguò tā érzi de ròu. Tā dào zài dìshàng, hǎnjiàozhe. Tā de liǎn biàn dé xiàng zhǐ yíyàng bái. Ránhòu tā de dùzi fāchū le qíguài de shēngyīn. Tā zhāng kāi zuǐ, tǔchū le yíkuài ròu. Ròu diào zài dìshàng. Ránhòu tā zhǎngchū le sì zhī jiǎo hé liǎng zhī cháng ěrduǒ, biànchéng le yì zhī tùzi. Tùzi xiàng xī pǎo qù, bújiàn le.

大臣散宜生上前说，"古时，汤王被关在夏台多年。当他终于获得自由时，他统一[1]了整个国家，成为商朝的第一位国王[2]。现在你又回家了，也许你会像汤王一样，你在羑里的日子也会像他在夏台的日子一样。"

姬昌却说，"你的话对我没有一点意思。一个忠诚的臣民，一定不会做这样的事情。我是罪人，但陛下对我很仁慈，只把我关了七年。现在他放了我，任命我为王爷，并命令我与叛乱分子战斗。我永远不会反对我们的国王。我请你永远不要再说这样的话了。"

他回到家里见妻子和母亲，然后穿上官员的长衣。他骑着马车走在街道上，向西岐城的人们问好。城里的人都出来见他。他们唱歌，跳舞，喊着他的名字。

他看着人们，想到了自己的儿子伯邑考。他记得吃过他儿子的肉。他倒在地上，喊叫着。他的脸变得像纸一样白。然后他的肚子发出了奇怪的声音。他张开嘴，吐出了一块肉。肉掉在地上。然后它长出了四只脚和两只长耳朵，变成了一只兔子[3]。兔子向西跑去，不见了[4]。

---

[1] 统一　　　　tǒngyī – to unite

[2] King Jie (桀) was the last ruler of the Xia Dynasty, which was the first dynasty in China. It was said that he drank day and night with his concubines and made a lake of wine large enough to float full sized boats. Chen Tang (成汤) led an uprising against Jie. Tang was exiled to Xiatai but was later released, Tang then led an army that deposed Jie and established the Shang dynasty in the 16th century B.C.

[3] 兔子　　　　tùzǐ – rabbit

[4] According to the *Book of Documents* (书经, shū jīng), one of the five classics of ancient Chinese literature, when Ji Chang vomited up his son's flesh he created rabbits on earth. The Chinese words for rabbit (兔) and vomit (吐) are both pronounced tù.

Jī Chāng kànjiàn tùzǐ táopǎo le. Ránhòu tā yòu tǔchū le sān kuài ròu. Tāmen yě biànchéng le tùzi, xiàng xī pǎo qù.

Dàchénmen dài tā qù kàn yīshēng, yīshēng ràng tā xiūxí jǐ tiān. Xiūxí hòu, tā jiàn le tā de dàchénmen, bìng gàosù tāmen tā bèi guān qǐlái, ránhòu bèi guówáng fàng le yǐjí zài Léizhènzǐ hé jiǔdiàn lǎobǎn de bāngzhù xià táo huí Xīqí de zhěnggè gùshì. "Qǐng bǎozhèng jiǔdiàn lǎobǎn ná dào gòu yòng de qián, gǎnxiè tā bāngzhù wǒ," tā shuō.

Ránhòu dàchén Sàn Yíshēng zài yícì xiǎng yào ràng Jī Chāng fǎnduì guówáng. Tā shuō, "Dàrén, xiànzài wángguó sān fēn zhī èr de guótǔ hé sìbǎi míng hóujué dōu zài fǎnduì guówáng. Xiànzài nǐ huí jiā le, jiù xiàng lóng huí hǎi huò hǔ huí shān yíyàng. Xiànzài shì wǒmen zhàn chūlái de shíhòu le."

Tā de yí wèi jiāngjūn shuō, "Dàrén, wǒmen xiànzài xūyào xíngdòng. Wǒmen yǒu sìshí wàn shìbīng hé liùshí míng jiāngjūn. Yào gōngjī shānkǒu, bāowéi Zhāogē, kǎn xià Dájǐ hé Fèi Zhòng de tóu. Wǒmen kěyǐ rènmìng yí wèi xīn guówáng, wèi wángguó dài lái hépíng."

Dàn Jī Chāng yòu yícì jùjué fǎnduì guówáng. Tā shuō, "Nǐmen liǎ dōu shì zhōngchéng de chénmín, dàn xiànzài nǐmen dōu xiàng zuìrén yíyàng shuōhuà. Nǐmen zěnme néng wàngjì guówáng shì wángguó de shǒulǐng? Dàchén bìxū duì guówáng zhōngchéng, jiù xiàng érzi bìxū xiàoshùn fùqīn yíyàng. Wǒ méiyǒu jīngguò kǎolǜ jiù shuō le fǎnduì guówáng de huà, guówáng nàyàng chéngfá wǒ shì duì de. Xiànzài wǒ gǎnxiè guówáng ràng wǒ huí jiā. Wǒ xīwàng pàn

姬昌看见兔子逃跑了。然后他又吐出了三块肉。它们也变成了兔子，向西跑去。

大臣们带他去看医生，医生让他休息几天。休息后，他见了他的大臣们，并告诉他们他被关起来、然后被国王放了以及在雷震子和酒店老板的帮助下逃回西岐的整个故事。"请保证酒店老板拿到够用的钱，感谢他帮助我，"他说。

然后大臣散宜生再一次想要让姬昌反对国王。他说，"大人，现在王国三分之二的国土和四百名侯爵都在反对国王。现在你回家了，就像龙回海或虎回山一样。现在是我们站出来的时候了。"

他的一位将军说，"大人，我们现在需要行动[1]。我们有四十万士兵和六十名将军。要攻击山口，包围朝歌，砍下妲己和费仲的头。我们可以任命一位新国王，为王国带来和平。"

但姬昌又一次拒绝反对国王。他说，"你们俩都是忠诚的臣民，但现在你们都像罪人一样说话。你们怎么能忘记国王是王国的首领？大臣必须对国王忠诚，就像儿子必须孝顺父亲一样。我没有经过考虑就说了反对国王的话，国王那样惩罚我是对的。现在我感谢国王让我回家。我希望叛

---

[1] 行动　　　　xíngdòng – to act

luàn fènzi fàngxià wǔqì. Qǐng tíngzhǐ zhèyàng de tánhuà, wǒ xīwàng wǒ zàiyě búhuì tīngdào nǐ zhèyàng shuōhuà le."

Jiāngjūn huídá shuō, "Nàme nǐ érzi Bó Yìkǎo ne? Tā qù Zhāogē zhǐshì wèi le bāng nǐ, nǐ zhīdào guówáng duì tā zuò le shénme. Wǒmen bìxū yǒu yígè xīn de guówáng!"

"Bù, shì wǒ érzi zìjǐ zàochéng de. Wǒ gàosùguò tā, wǒ jiāng zuò qī nián de fànrén, wǒ gàosùguò tā búyào lái kàn wǒ. Tā bù fúcóng wǒ de mìnglìng. Tā bù míngbái qíngkuàng. Zhè jiùshì tā diū le shēngmìng de yuányīn. Xiànzài wǒ huílái le, wǒ de gōngzuò shì bāngzhù Xīqí de rénmen guòshàng gèng hǎo de shēnghuó, ér búshì fāqǐ zhànzhēng."

Sàn Yíshēng hé jiāngjūn tīng le tā de huà. Tāmen xiàng Jī Chāng kētóu.

"Xiànzài," Jī Chāng jìxù shuō, "wǒ xiǎng zài chéngnán jiànzào yízuò xīn lóu, míng jiào Língtái. Kěyǐ yòng lái suànmìng, kàndào jiānglái. Zhè jiāng bāngzhù Xīqí rén. Dàn wǒ dānxīn tā tài guì le."

"Qǐng búyào dānxīn," Sàn Yíshēng shuō. "Nǐ duì rénmen hěn hǎo. Tāmen hěn gǎnjī nǐ, bìng hěn yuànyì bāngzhù jiàn zhè lóu. Rúguǒ nǐ yuànyì, nǐ kěyǐ fù gěi tāmen yínzi, ràng tāmen suíbiàn lái qù."

Zhè ràng Jī Chāng hěn kāixīn. Tā zuò xiàlái, xiě xià le jiāngyào tiē zài chéng mén shàng de tōngzhī.

乱分子放下武器。请停止这样的谈话，我希望我再也不会听到你这样说话了。"

将军回答说，"那么你儿子伯邑考呢？他去朝歌只是为了帮你，你知道国王对他做了什么。我们必须有一个新的国王！"

"不，是我儿子自己造成的。我告诉过他，我将做七年的犯人，我告诉过他不要来看我。他不服从我的命令。他不明白情况。这就是他丢了生命的原因。现在我回来了，我的工作是帮助西岐的人们过上更好的生活，而不是发起战争。"

散宜生和将军听了他的话。他们向姬昌磕头。

"现在，"姬昌继续说，"我想在城南建造一座新楼，名叫灵台。可以用来算命，看到将来。这将帮助西岐人。但我担心它太贵了。"

"请不要担心，"散宜生说。"你对人们很好。他们很感激你，并很愿意帮助建这楼。如果你愿意，你可以付给他们银子，让他们随便来去。"

这让姬昌很开心。他坐下来，写下了将要贴在城门上的通知。

Dì 23 Zhāng

Fēi Xióng Zhī Mèng

Jī Chāng shì guówáng de zhōngchéng púrén, tā zhōngchéng de chénmín hěn gāoxìng wèi tā gōngzuò

Tāmen jiàn Língtái, tā bǎ qián fàng jìn tāmen de kǒudài lǐ

Xīqí yǒuzhe hěn qiáng de gēndǐ, ér wángcháo què bèi yān zài hǎi xià

Bùyòng tǎolùn Mèngjīn de mìngyùn, yīqiè dōu zài fēi xióng de mèng lǐ.

第 23 章
飞熊之梦

姬昌是国王的忠诚仆人，他忠诚的臣民很高兴为他工作

他们建灵台，他把钱放进他们的口袋[1]里

西岐有着很强的根底，而王朝却被淹在海下

不用讨论孟津的命运，一切都在飞熊的梦里。

---

[1] 口袋　　　kǒudài – pocket

Jī Chāng de tōngzhī shàng xiězhe:

Xīqí shì yípiàn hépíng de tǔdì, dàn zhèlǐ jīngcháng fāshēng hóngshuǐ hé gānhàn. Wǒmen xūyào yì zhǒng bànfǎ lái liǎojiě tiānqì qíngkuàng. Yīnwèi zhège yuányīn, wǒ xīwàng zài chéngshì xībian de dìfāng zào yígè Língtái. Zhège gōngzuò xūyào hěnduō gōngrén. Rúguǒ yǒurén xiǎng zuò zhège gōngzuò, wǒ jiù fù gěi nǐ yì qián yínzi. Nǐ kěyǐ rènhé shíhòu kāishǐ huò líkāi. Rúguǒ nǐ bùxiǎng zuò zhège gōngzuò, wǒ búhuì mìnglìng nǐ huò qítā rènhé rén qù zuò zhè shì.

Chéng lǐ de rén dú le tōngzhī. Tāmen hěn gāoxìng zhīdào yào jiàn Língtái, tāmen gèng gāoxìng de shì zhīdào tāmen de gōngzuò jiāng huì dédào yínzi. Xǔduō gōngrén dōu zhàn chūlái, zài duǎn duǎn shí gè yuè nèi, zhège gōngzuò jiù wánchéng le.

Língtái jiànchéng hòu, Jī Chāng kàn chū yīnyáng bú tài duì. Língtái yìbiān xūyào yígè shuǐchí. Tā bǎ zhè jiàn shì gàosù le Sàn Yīshēng. Bùjiǔ zhīhòu, yìqún gōngrén kāishǐ wèi shuǐchí wā dòng. Zài tāmen wā de shíhòu, tāmen fāxiàn le yí jù mái zài dìxià de kūlóu. Tāmen bǎ kūlóu de shì gàosù le Jī Chāng. Tā gàosù gōngrénmen qù bǎ kūlóu mái dào bié de dìfāng qù.

Zhè shí, yǐjīng shì wǎnshàng le. Jī Chāng zài Língtái chī le wǎnfàn, ránhòu tā juédìng bù huí tā de gōngdiàn, érshì zài Língtái de yígè fángjiān lǐ guòyè.

Nàtiān wǎnshàng, tā zuò le yígè qíguài de mèng. Mèng zhōng, yì zhī dà báihǔ cóng dōngnán fāngxiàng fēi le guòlái. Tā chōng jìn le Jī Chāng shuìjiào de fángjiān. Ránhòu Língtái hòu

姬昌的通知上写着：

西岐是一片和平的土地，但这里经常发生洪水和干旱
[1]。我们需要一种办法来了解天气情况。因为这个原
因，我希望在城市西边的地方造一个灵台。这个工作需
要很多工人。如果有人想做这个工作，我就付给你一钱
银子。你可以任何时候开始或离开。如果你不想做这个
工作，我不会命令你或其他任何人去做这事。

城里的人读了通知。他们很高兴知道要建灵台，他们更高
兴的是知道他们的工作将会得到银子。许多工人都站出
来，在短短十个月内，这个工作就完成了。

灵台建成后，姬昌看出阴阳不太对。灵台一边需要一个水
池。他把这件事告诉了散宜生。不久之后，一群工人开始
为水池挖洞。在他们挖的时候，他们发现了一具[2]埋在地下
的骷髅。他们把骷髅的事告诉了姬昌。他告诉工人们去把
骷髅埋到别的地方去。

这时，已经是晚上了。姬昌在灵台吃了晚饭，然后他决定
不回他的宫殿，而是在灵台的一个房间里过夜。

那天晚上，他做了一个奇怪的梦。梦中，一只大白虎从东
南方向飞了过来。它冲进了姬昌睡觉的房间。然后灵台后

---

[1] 干旱　　　　gānhàn - drought
[2] 具　　　　　jù – (measure word for dead bodies, coffins and tools)

miàn chuán lái "Hōng!" de yígè hěn xiǎng de shēngyīn, yí dào míngliàng de báiguāng shè xiàng tiānkōng.

Jī Chāng cóng mèng zhōng xǐng lái. Tā xiǎng le xiǎng, què bù zhīdào zhè shì shénme yìsi. Zǎoshàng, tā wèn Sàn Yíshēng mèng de shì.

"Diànxià," Sàn Yíshēng shuō, "zhè shì yígè fēicháng hǎo de mèng. Mèng zhōng de dòngwù búshì lǎohǔ. Nà shì yì zhī fēi xióng. Zhè biǎoshì yí wèi dàshī huì hěn kuài lái dào zhèlǐ, wèi nǐ zuòshì. Nà míngliàng de báiguāng shì Xīqí jiānglái de hépíng xìngfú."

Jī Chāng xiè le Sàn Yíshēng. Ránhòu tā huí dào zìjǐ de gōngdiàn, xiǎngzhe shuí huì shì nà wèi dàshī.

Tóngshí, ràng wǒmen huí dào Jiāng Zǐyá nàlǐ. Tā bāngzhù le nàxiē xiǎng yào líkāi Zhāogē de rén yǐhòu, jiù qù le sēnlín lǐ de yì jiàn xiǎo máowū lǐ zhù le xiàlái. Xiǎo máowū fùjìn yǒu yī tiáo hé. Měitiān, tā zuò zài dìshàng, bèi kàozhe liǔshù, diàoyú. Tā yìbiān diàoyú, yìbiān niànzhe dàojiào jīngwén, tā de xīn yìzhí zài Dào shàng.

Yǒu yìtiān, dāng tā zhèngzài niàn dàojiào jīngwén hé diàoyú shí, tā tīngdào fùjìn yǒu yí gè rén. Nà rén chàngzhe zhè shǒu gē,

面传来"轰！"的一个很响的声音，一道明亮的白光射向天空。

姬昌从梦中醒来。他想了想，却不知道这是什么意思。早上，他问散宜生梦的事。

"殿下，"散宜生说，"这是一个非常好的梦。梦中的动物不是老虎。那是一只飞熊。这表示一位大师会很快来到这里，为你做事。那明亮的白光是西岐将来的和平幸福。"

姬昌谢了散宜生。然后他回到自己的宫殿，想着谁会是那位大师。

同时，让我们回到姜子牙那里。他帮助了那些想要离开朝歌的人以后，就去了森林里的一间小茅屋¹里住了下来。小茅屋附近有一条河。每天，他坐在地上，背靠²着柳树，钓鱼。他一边钓鱼，一边念³着道教经文⁴，他的心一直在道上。

有一天，当他正在念道教经文和钓鱼时，他听到附近有一个人。那人唱着这首歌，

---

¹ 茅屋   máowū – hut, cottage
² 靠   kào – against, depend on
³ 念   niàn – to recite
⁴ 经文   jīng wén – scripture

Zǒuguò shān zǒuguò lǐng

Kōngzhōng dōu shì wǒ fǔtóu de shēngyīn

Fǔtóu yìzhí yǔ wǒ zài yìqǐ

Wǒ yòng tā lái kǎn shāohuǒ mùtou

Tùzi zài dì lǐ pǎo

Niǎo'er zài shù shàng gēchàng

Wǒ zhǐshì yígè kuàilè de kǎn mùtou rén

Wǒ méiyǒu qián, dàn wǒ bù bǎ tā fàng zài xīn shàng

Wǒ mài diào wǒ de mùtou lái mǎi shíwù

Wǒ yǒu mǐfàn, shūcài hé hào jiǔ

Wǎnshàng wǒ shuì zài shù xià

Wǒ de shēnghuó hěn hǎo, wǒ méiyǒu rènhé fánnǎo

Gē chàng wán hòu, kǎn mùtou de rén zǒu dào Jiāng Zǐyá miànqián. Tā bǎ shāohuǒ de mùtou diū zài dìshàng, zuò le xiàlái. Tā shuō, "Xiānshēng, wǒ jīngcháng kàndào nǐ zài zhèlǐ diàoyú. Wǒ kěyǐ hé nǐ liáo liáo tiān ma?"

Jiāng Zǐyá dá dào, "Dāngrán kěyǐ! Jiù xiàng lǎo gùshì lǐ yíyàng, yígè diàoyú rén hé yígè kǎn mùtou rén zhījiān de liáotiān!"

走过山走过岭[1]

空中都是我斧头的声音

斧头一直与我在一起

我用它来砍烧火木头

兔子在地里跑

鸟儿在树上歌唱

我只是一个快乐的砍木头人

我没有钱，但我不把它放在心上

我卖掉我的木头来买食物

我有米饭、蔬菜[2]和好酒

晚上我睡在树下

我的生活很好，我没有任何烦恼[3]

歌唱完后，砍木头的人走到姜子牙面前。他把烧火的木头丢在地上，坐了下来。他说，"先生，我经常看到你在这里钓鱼。我可以和你聊聊天吗？"

姜子牙答道，"当然可以！就像老故事里一样，一个钓鱼人和一个砍木头人之间的聊天！[4]"

---

[1] 岭　　　　lǐng – hill

[2] 蔬菜　　　shūcài – vegetable

[3] This song is strikingly similar to the song of the woodcutter who Sun Wukong meets in Chapter 1 of *Journey to the West* (see our book, *The Rise of the Monkey King*).

[4] This conversation is very similar to the one between the fisherman and the woodcutter in Chapter 10 of *Journey to the West* (see our book, *The Emperor in Hell*). There are many stories and songs in Chinese folklore about a fisherman and a woodcutter discussing the meaning of life. Although education was valued in ancient China, Daoism stressed the value of living in simplicity and harmony with nature. Thus, educated people may talk at length without getting anywhere, but simple people such as these can quickly get to the heart of the matter.

Kǎn mùtourén shuō, "Xiānshēng, wǒ jiào Wǔ Jí. Qǐng gàosù wǒ nǐ de guì míng, nǐ cóng nǎlǐ lái?"

"Wǒ jiào Jiāng Zǐyá, dàn yǒu de shíhòu yě jiào fēi xióng."

Wǔ Jí dà xiào. "Wǒ de péngyǒu, dà shèngrén huì yǒu liǎng gè míngzì. Dàn nǐ shénme dōu búshì. Nǐ zhǐshì yígè zhěngtiān zuòzhe diàoyú de lǎorén. Nǐ ràng wǒ xiǎngqǐ le nàge zhěngtiān děngzhe tùzi pǎo lái zá zài shù shàng de rén. Zài wǒ kàn lái, nǐ bú xiàng yígè dà shèngrén."

Ránhòu kǎn mùtou rén zǐxì kàn le Jiāng Zǐyá de yú xiàn. Tā yòu xiào le, shuō, "Wǒ de péngyǒu, nǐ kàn qǐlái hěn lǎo, dàn nǐ zhèxiē nián shénme yě méi xuédào. Kàn kàn zhège yú gōu!" Tā jǔ qǐ shǒuzhōng de yú gōu. Zhè zhǐshì yì gēn zhí de tiě piàn. "Nǐ kěyǐ diào yìbǎi nián, dàn nǐ shénme yě diào bú dào. Ràng wǒ gàosù nǐ yīnggāi zěnme zuò. Shǒuxiān, bǎ zhè gēn zhēn shāo hóng, ránhòu bǎ tā wān chéng gōuzi. Ránhòu zài shàngmiàn fàng yìdiǎn ròu. Děng yú lái yǎo, ránhòu mǎshàng bǎ yú cóng shuǐ lǐ lā chūlái."

Jiāng Zǐyá zhǐshì duìzhe kǎn mùtou rén xiào le xiào. Tā shuō, "Wǒ de péngyǒu, nǐ zhǐ zhīdào gùshì de yíbàn. Wǒ duì diàoyú bù gǎnxìngqù. Wǒ zài děngzhe diào yí wèi hóujué, huòzhě yí wèi guówáng."

"Suǒyǐ, nǐ xiǎng zuò hóujué huòzhě zuò guówáng? Nǐ duì wǒ lái shuō jiù xiàng yì zhī hóu

砍木头人说，"先生，我叫<u>武吉</u>。请告诉我你的贵名，你从哪里来？"

"我叫<u>姜子牙</u>，但有的时候也叫<u>飞熊</u>。"

<u>武吉</u>大笑。"我的朋友，大圣人会有两个名字。但你什么都不是。你只是一个整天坐着钓鱼的老人。你让我想起了那个整天等着兔子跑来砸在树上的人。在我看来，你不像一个大圣人。"

然后砍木头人仔细看了<u>姜子牙</u>的鱼线[1]。他又笑了，说，"我的朋友，你看起来很老，但你这些年什么也没学到。看看这个鱼钩！"他举起手中的鱼钩。这只是一根直的铁片。"你可以钓一百年，但你什么也钓不到。让我告诉你应该怎么做。首先，把这根针烧红，然后把它弯[2]成钩子。然后在上面放一点肉。等鱼来咬，然后马上把鱼从水里拉出来。"

<u>姜子牙</u>只是对着砍木头人笑了笑。他说，"我的朋友，你只知道故事的一半。我对钓鱼不感兴趣。我在等着钓一位侯爵，或者一位国王。"

"所以，你想做侯爵或者做国王？你对我来说就像一只猴

---

1 线   xiàn – line
2 弯   wān – to bend

zi."

"Hǎo ba, wǒ kěnéng kàn qǐlái bú xiàng hóujué huò guówáng. Dànshì nǐ de liǎnsè kàn qǐlái yě bú tài hǎo. Nǐ de zuǒ yǎn yǒudiǎn lǜ, yòu yǎn yǒudiǎn hóng. Zhè gàosù wǒ, nǐ jīntiān yào zài chéng lǐ shā yígè rén."

Wǔ Jí zhàn le qǐlái. Tā shuō, "Wǒmen zhǐshì zài yǒuhǎo de liáotiān. Nǐ wèishénme tūrán duì wǒ shuō zhème kěpà de huà?" Ránhòu tā ná qǐ shāohuǒ de mùtou, zhuǎnshēn zǒu kāi le.

Kǎn mùtou rén lái dào le chéngshì. Tā zǒuguò jíshì, xiǎng yào mài diào tā de shāohuǒ mùtou. Jiù zài zhè shí, Jī Chāng zhèng zǒuguò jíshì qiánwǎng Língtái. Shìwèi qímǎ zài tā de qiánmiàn, hǎn dào, "Ràngkāi! Ràngkāi!" Wǔ Jí máng zhuǎnshēn ràngkāi. Tā bèi shàng hái bēizhe yì kǔn shāohuǒ mùtou. Yì gēn cháng cháng de shāohuǒ mùtou yǒu yìtóu hěn jiān. Jiù zài Wǔ Jí zhuǎnshēn de shíhòu, nà gēn cháng cháng de shāohuǒ mùtou dǎ zài yì míng shìwèi de tóu shàng, tā mǎshàng jiù sǐ le.

Qítā shìwèi mǎshàng zhuā zhù le kǎn mùtou rén. Jī Chāng tíng xià le mǎ. Tā dītóu wèn kǎn mùtou rén, "Nǐ wèishénme yào zhèyàng zuò?"

Wǔ Jí shuō, "Wǒ búshì gùyì yào shā nàge shìwèi de. Wǒ xiǎng yào ràngkāi. Wǒ de mùtou huàngdòng le yíxià, dǎ dào le nàge shìwèi."

"Duìbùqǐ, nǐ shā le rén. Xiànzài nǐ bìxū fùchū shēngmìng de dàijià. Zhè jiùshì Xīqí zhèlǐ de fǎlǜ."

子。"

"好吧，我可能看起来不像侯爵或国王。但是你的脸色看起来也不太好。你的左眼有点绿，右眼有点红。这告诉我，你今天要在城里杀一个人。"

武吉站了起来。他说，"我们只是在友好地聊天。你为什么突然对我说这么可怕的话？"然后他拿起烧火的木头，转身走开了。

砍木头人来到了城市。他走过集市，想要卖掉他的烧火木头。就在这时，姬昌正走过集市前往灵台。侍卫骑马在他的前面，喊道，"让开！让开！"武吉忙转身让开。他背上还背着一捆[1]烧火木头。一根长长的烧火木头有一头很尖[2]。就在武吉转身的时候，那根长长的烧火木头打在一名侍卫的头上，他马上就死了。

其他侍卫马上抓住了砍木头人。姬昌停下了马。他低头问砍木头人，"你为什么要这样做？"

武吉说，"我不是故意要杀那个侍卫的。我想要让开。我的木头晃动了一下，打到了那个侍卫。"

"对不起，你杀了人。现在你必须付出生命的代价。这就是西岐这里的法律。"

---

[1] 捆   kǔn – (measure word for bundles and bunches)
[2] 尖   jiān – sharp point

Tā mìnglìng tā de rén zài dìshàng huà yígè dà quān. Tā mìnglìng Wǔ Jí liú zài quānzi lǐ, zhídào tā bèi shā sǐ de shíhòu. Zhè shì Xīqí nàlǐ de xíguàn. Jìrán Jī Chāng kěyǐ tōngguò suànmìng zhīdào yíqiè, nàme méiyǒu rén, jíshǐ shì fànrén, yě bù gǎn shìzhe táolí zhège quānzi. Tāmen zhīdào zìjǐ huì bèi zhuā zhù, duì tāmen láishuō shìqing huì gèng huài.

Wǔ Jí zài quānzi lǐ děng le sān tiān. Tā xiǎngdào le zàijiā děng tā de mǔqīn. Tā kāishǐ kū le. Jiù zài zhè shí, Sàn Yíshēng lùguò, kàndào kǎn mùtou rén zài kū. Tā shuō, "Nǐ wèishénme kū? Xīqí zhèlǐ de xíguàn shì shārén yào fùchū shēngmìng de dàijià. Kū búhuì gǎibiàn zhè yìdiǎn."

Wǔ Jí huídá shuō, "Xiānshēng, qǐng yuánliàng wǒ. Wǒ zhīdào wǒ bìxū fùchū shēngmìng de dàijià. Zhè búshì wǒ kū de yuányīn. Wǒ xiǎngqǐ le zàijiā děng wǒ de kělián de mǔqīn. Dāng wǒ bèi shā sǐ hòu, jiāng méiyǒu rén zhàogù tā. Tā jiāng sǐ zài jiālǐ, tā de gǔtou jiāng búhuì bèi mái diào. Xiǎngdào zhèlǐ, wǒ de xīn jiù suì le."

Sàn Yíshēng xiǎng le yíxià zhè shì. Ránhòu tā shuō, "Bié kū. Zhè jiàn shì wǒ huì hé diànxià tán tán de. Yěxǔ nǐ kěyǐ huí jiā, zhàogù nǐ mǔqīn yíduàn shíjiān, ránhòu zài huílái shòu sǐ." Wǔ Jí kētóu gǎnxiè.

Sàn Yíshēng qù le Língtái, hé Jī Chāng tán le zhè jiàn shì. Jī Chāng tóngyì ràng kǎn mùtou rén huí jiā yí duàn shíjiān. Yúshì Wǔ Jí bèi yǔnxǔ chūchéng huí jiā.

Dāng tā huí dào jiā shí, tā de mǔqīn shuō, "Wǒ qīn'ài de háizi! Nǐ qù nǎle? Wǒ pà nǐ zài shānshàng bèi lǎohǔ chī le. Wǒ yǐjīng hǎo jǐ tiān méi néng chī dōngxi, méi néng shuìjiào le."

他命令他的人在地上画一个大圈。他命令武吉留在圈子里，直到他被杀死的时候。这是西岐那里的习惯。既然姬昌可以通过算命知道一切，那么没有人，即使是犯人，也不敢试着逃离这个圈子。他们知道自己会被抓住，对他们来说事情会更坏。

武吉在圈子里等了三天。他想到了在家等他的母亲。他开始哭了。就在这时，散宜生路过，看到砍木头人在哭。他说，"你为什么哭？西岐这里的习惯是杀人要付出生命的代价。哭不会改变这一点。"

武吉回答说，"先生，请原谅我。我知道我必须付出生命的代价。这不是我哭的原因。我想起了在家等我的可怜的母亲。当我被杀死后，将没有人照顾她。她将死在家里，她的骨头将不会被埋掉。想到这里，我的心就碎了。"

散宜生想了一下这事。然后他说，"别哭。这件事我会和殿下谈谈的。也许你可以回家，照顾你母亲一段时间，然后再回来受死。"武吉磕头感谢。

散宜生去了灵台，和姬昌谈了这件事。姬昌同意让砍木头人回家一段时间。于是武吉被允许出城回家。

当他回到家时，他的母亲说，"我亲爱的孩子！你去哪了？我怕你在山上被老虎吃了。我已经好几天没能吃东西、没能睡觉了。"

Wǔ Jí jiāng shìqing de jīngguò gàosù le tā. Tā gàosù tā yùjiàn nàge yòng zhí zhēn diàoyú de lǎorén. Ránhòu tā gàosù tā lǎorén suànmìng de shì, yǐjí jíshì shàng shārén de shì.

Tā duì tā shuō, "Wǒ de háizi, nà búshì pǔtōng de diàoyú rén. Tā shì yí wèi dà shèngrén. Nǐ bìxū huí dào tā shēnbiān, qiú tā jiù nǐ de mìng."

Wǔ Jí gǎnxiè le mǔqīn. Ránhòu tā jiù qù zhǎo Jiāng Zǐyá le.

武吉将事情的经过告诉了她。他告诉她遇见那个用直针钓鱼的老人。然后他告诉她老人算命的事，以及集市上杀人的事。

她对他说，"我的孩子，那不是普通的钓鱼人。他是一位大圣人。你必须回到他身边，求他救你的命。"

武吉感谢了母亲。然后他就去找姜子牙了。

Dì 24 Zhāng

Cóng Diàoyú Rén Dào Chéngxiàng

Jiāng Ziyá líkāi le mángluàn de Zháogē, xiūxí zài zhè lǜ shuǐ huán shān dì dìfāng

Tā dú Dào shū dǎfā shíjiān, sāntiáo jīnyú duìzhe tā xiào

Kōngzhōng dōu shì niǎo er de gēshēng, tā tīng dào le xīliú de shēngyīn

Zǎoshang de lùshuǐ gài mǎn le huāyuán, děngzhe Jī Chāng de dàolái.

第 24 章
从钓鱼人到丞相

姜子牙离开了忙乱的朝歌，休息在这绿水环山的地方

他读道书打发[1]时间，三条金鱼对着他笑

空中都是鸟儿的歌声，他听到了溪流的声音

早上的露水[2]盖满了花园，等着姬昌的到来。

---

[1] 打发　　　 dǎfā – to pass (time)
[2] 露水　　　 lùshuǐ – dew

Wǔ Jí qù le tā zhīqián jiàndào diàoyú rén de xī biān. Nàlǐ, zuò zài yì kē shù xià de zhèng shì Jiāng Zǐyá. Wǔ Jí tōutōu de zǒu dào tā shēnhòu. Jiāng Zǐyá tóu yě bù huí, shuō, "Nǐ bú jiùshì wǒ qián jǐ tiān yùdào de nàge kǎn mùtou de rén ma?"

"Shìde, xiānshēng," Wǔ Jí shuō, "Wǒ jiùshì."

"Nàtiān nǐ shārén le ma?"

Wǔ Jí dǎo zài dìshàng kū le qǐlái. Tā bǎ nàtiān chéng lǐ fāshēng de yíqiè gàosù le Jiāng Zǐyá. Ránhòu tā shuō, "Qiūtiān dào le, wǒ bìxū huí chéng lǐ. Wǒ huì yīnwèi shā le nàge rén ér bèi shā sǐ. Méiyǒu rén kěyǐ zhàogù wǒ de mǔqīn, wǒ dānxīn tā hěn kuài jiù huì sǐqù. Wǒ qiú qiú nǐ, qiú qiú nǐ jiù jiù wǒmen ba!"

Jiāng Zǐyá shuō, "Zhè shì nǐ de mìngyùn. Mìngyùn shì hěn nán gǎibiàn de. Nǐ shā le rén, suǒyǐ xiànzài nǐ bìxū fùchū shēngmìng de dàijià. Wǒ néng zuò shénme ne?" Dàn Wǔ Jí háishì jìxù kūzhe. Zuìhòu, Jiāng Zǐyá shuō, "Hǎo ba, wǒ lái jiù nǐ. Dàn nǐ bìxū chéngwéi wǒ de túdì."

Wǔ Jí kētóu tóngyì le. Jiāng Zǐyá jìxù shuō, "Jìrán nǐ shì wǒ de túdì, wǒ bìxū bāng nǐ. Huí jiā zài chuáng biān wā yígè sì chǐ shēn de dòng. Jīn wǎn jiù shuì zài lǐmiàn. Gàosù nǐ de mǔqīn zài nǐ shēnshàng rēng jǐ lì mǐ. Jiù zhèyàng. Nǐ búhuì zài yǒu máfan le."

Wǔ Jí pǎo huí jiā gàosù mǔqīn. "Wǒmen bìxū ànzhào shèngrén de huà qù zuò!" tā shuō. Wǔ Jí ànzhào tā shīfu de huà wā le yígè dòng, mǔqīn wǎng tā shēnshàng rēng le xiē mǐ, nàtiān wǎnshàng tā jiù shuì zài dòng lǐ. Yě jiù zài nàtiān wǎnshàng, Jiāng Zǐ

武吉去了他之前见到钓鱼人的溪边。那里，坐在一棵树下的正是姜子牙。武吉偷偷地走到他身后。姜子牙头也不回，说，"你不就是我前几天遇到的那个砍木头的人吗？"

"是的，先生，"武吉说，"我就是。"

"那天你杀人了吗？"

武吉倒在地上哭了起来。他把那天城里发生的一切告诉了姜子牙。然后他说，"秋天到了，我必须回城里。我会因为杀了那个人而被杀死。没有人可以照顾我的母亲，我担心她很快就会死去。我求求你，求求你救救我们吧！"

姜子牙说，"这是你的命运。命运是很难改变的。你杀了人，所以现在你必须付出生命的代价。我能做什么呢？"但武吉还是继续哭着。最后，姜子牙说，"好吧，我来救你。但你必须成为我的徒弟。"

武吉磕头同意了。姜子牙继续说，"既然你是我的徒弟，我必须帮你。回家在床边挖一个四尺深的洞。今晚就睡在里面。告诉你的母亲在你身上扔几粒米。就这样。你不会再有麻烦了。"

武吉跑回家告诉母亲。"我们必须按照圣人的话去做！"她说。武吉按照他师父的话挖了一个洞，母亲往他身上扔了些米，那天晚上他就睡在洞里。也就在那天晚上，姜子

yá shuō le jǐ jù mó yǔ, gài zhù Wǔ Jí de xīngxīng, ràng tiānshàng kàn bú dào tā.

Dì èr tiān, Wǔ Jí huílái le. Jiāng Zǐyá shuō, "Wǒ búyào nǐ bǎ suǒyǒu de shíjiān dōu huā zài kǎn mùtou shàng. Měitiān xiàwǔ nǐ bìxū xuéxí bīngfǎ. Rúguǒ nǐ zhèyàng zuò, nǐ jiāng chéngwéi dàchén. Jì zhù gǔrén shuō de, 'Méiyǒu rén shēng chūlái jiùshì jiāngjūn huò dàchén; yígè rén bìxū nǔlì gōngzuò cáinéng zài shēnghuó zhōng qǔdé chénggōng.' "

Jiù zài tóngshí, Sàn Yíshēng zhèngzài xiǎngzhe nàge kǎn mùtou rén. Tā duì Jī Chāng shuō, "Nǐ hái jìdé nàge kǎn mùtou de rén, nàge shā sǐ shìwèi de rén ma? Wǒ ràng tā huí jiā zhàogù tā de mǔqīn. Dàn tā hái méiyǒu huílái. Wǒ xiǎng zhīdào tā zěnme le."

Jī Chāng suàn le mìng. Tā shuō, "A, wǒ míngbái le. Kǎn mùtou rén tiào jìn yígè hěn shēn de shuǐ kēng lǐ yān sǐ le. Suǒyǐ tā sǐ le. Wǒmen xiànzài bù xūyào zuò rènhé qítā shìqing le."

Dōngtiān lái le yòu qù, chūntiān lái le. Yǒu yìtiān, Jī Chāng shuō, tā xiǎng chūchéng xiǎngshòu hǎo tiānqì. Tā qímǎ chū le dōng mén, péizhe tā de shì tā de dàchén hé jǐ bǎi míng shìbīng. Tāmen qímǎ shí kàndào le gèzhǒng yánsè de huāduǒ, gāo gāo de cǎo hé měilì de niǎo'er. Nóngmín zài nóngtián lǐ gōngzuò, niánqīng nǚhái zài cǎi cháyè.

Guò le yīhuǐ'er, tāmen lái dào le yí zuò xiǎoshān shàng. Jī Chāng jiàn tā de shìbīng bǐ tā xiān dào, yǐjīng shā le xǔduō lù, húlí hé lǎohǔ. Tāmen de xuè bǎ dì biàn

牙说了几句魔语，盖住武吉的星星，让天上看不到它。

第二天，武吉回来了。姜子牙说，"我不要你把所有的时间都花在砍木头上。每天下午你必须学习兵法[1]。如果你这样做，你将成为大臣。记住古人说的，'没有人生出来就是将军或大臣；一个人必须努力工作才能在生活中取得成功。'"

就在同时，散宜生正在想着那个砍木头人。他对姬昌说，"你还记得那个砍木头的人，那个杀死侍卫的人吗？我让他回家照顾他的母亲。但他还没有回来。我想知道他怎么了。"

姬昌算了命。他说，"啊，我明白了。砍木头人跳进一个很深的水坑里淹死了。所以他死了。我们现在不需要做任何其他事情了。"

冬天来了又去，春天来了。有一天，姬昌说，他想出城享受好天气。他骑马出了东门，陪着他的是他的大臣和几百名士兵。他们骑马时看到了各种颜色的花朵，高高的草和美丽的鸟儿。农民在农田里工作，年轻女孩在采茶叶。

过了一会儿，他们来到了一座小山上。姬昌见他的士兵比他先到，已经杀了许多鹿、狐狸和老虎。它们的血把地变

---

[1] 兵法　　　bīngfǎ – the art of war. The Chinese title of Sun Tzu's famous book is 孙子兵法 (sūnzi bīngfǎ), *Master Sun's Art of War*.

chéng le hóngsè. Jī Chāng kàndào zhè, hěn bù gāoxìng. Tā duì tā de dàchén shuō, "Zhè shì búduì de. Yào zhīdào gǔ huángdì Fúxī bù chī ròu. Fúxī shuō, 'Rén è le chī ròu, kě le jiù hē xuě. Dàn wǒ zhǐ chī gǔwù, yīnwèi wǒ xīwàng suǒyǒu shēngwù dōu néng hépíng de shēnghuó.' Wǒmen zài zhèlǐ, xiǎngshòu měilì de tiānqì. Dāng dòngwù yīnwèi wǒmen ér shòukǔ shí, wǒmen zěnme néng zìjǐ zài xiǎngshòu ne?"

Sàn Yíshēng jūgōng. Tā gàosù shìbīngmen búyào zài shā dòngwù le.

Guò le yīhuǐ'er, tāmen kàndào yìxiē rén zuò zài xī biān hējiǔ chànggē. Tāmen zhōng de yìxiē rén chàngzhe zhè shǒu gē,

> Jì zhù shā le bàojūn de Tāng Wáng
> Zhè shì shàngtiān hé rénmen de yìyuàn
> Liùbǎi nián qián
> Tāng Wáng gěi zhè piàn tǔdì dài lái le hépíng
> Jīntiān wǒmen yòu duō le yígè bàojūn
> Tā xǐhuān jiǔ, nǚrén hé shārén
> Dāng tā de rénmen shòu è shí
> Lù Tái dàochù dōu shì xuě
> Wǒ xǐ ěr bù tīng quán hé qián
> Měitiān wǒ zuò zài xī biān diàoyú

成了红色。姬昌看到这，很不高兴。他对他的大臣说，
"这是不对的。要知道古皇帝伏羲不吃肉[1]。伏羲说，'人
饿了吃肉，渴了就喝血。但我只吃谷物[2]，因为我希望所有
生物[3]都能和平地生活。'我们在这里，享受美丽的天气。
当动物因为我们而受苦时，我们怎么能自己在享受呢？"

散宜生鞠躬。他告诉士兵们不要再杀动物了。

过了一会儿，他们看到一些人坐在溪边喝酒唱歌。他们中
的一些人唱着这首歌，

记住杀了暴君的汤王[4]

这是上天和人们的意愿[5]

六百年前

汤王给这片土地带来了和平

今天我们又多了一个暴君

他喜欢酒、女人和杀人

当他的人们受饿时

鹿台到处都是血

我洗耳不听权和钱

每天我坐在溪边钓鱼

---

[1] Fuxi (伏羲) is a mythical emperor, the brother and husband of the goddess Nüwa. It is
said that he created humanity and invented music, hunting, fishing and cooking.
[2] 谷物　　　gǔwù – grain
[3] 生物　　　shēngwù – creature
[4] This is Cheng Tang, the first king of the Shang Dynasty and mentioned in Chapter 22. He
overthrew King Jie, a tyrant and the last king of the Xiao Dynasty.
[5] 意愿　　　yìyuàn – will (decision)

Měitiān wǎnshàng wǒ dōu yánjiū xīngxīng

Wǒ méiyǒu rènhé dānxīn de shēnghuózhe

Zhídào wǒ de tóufà biàn bái.

"Nà shǒu gē xiě dé hěn hǎo!" Jī Chāng shuō. "Qù kàn kàn shì shuí xiě de." Tā de yí wèi jiāngjūn qízhe mǎ lái dào nà qún chànggē rén de miànqián, wèn tāmen zhè shǒu gē shì shuí xiě de.

Qízhōng yì rén gàosù tā, "Zhè shǒu gē shì yígè diàoyú de lǎorén xiě de. Tā zhù zài dàyuē sānshíwǔ lǐ wài de yì tiáo xiǎo xī pángbiān. Tā měitiān dōu zài nàlǐ diàoyú. Wǒmen tīngdào tā zài nàlǐ chàng zhè shǒu gē."

Jī Chāng duì Sàn Yīshēng shuō, "Nǐ tīngdào 'Wǒ xǐ ěr bù tīng quán hé qián' Zhè jù huà le ma? Zhè ràng wǒ xiǎngqǐ le yígè guānyú gǔ shí Yáo huángdì de gùshì. Tā yǒu yígè érzi, dàn nà érzi shénme dōu bùxíng. Suǒyǐ tā zài zhǎo yí wèi hǎorén chéngwéi xià yígè huángdì. Yǒu yìtiān, tā fāxiàn yígè rén zuò zài xī biān, zài shuǐ lǐ wán jīn sháozi. Tā wèn nàge rén zài zuò shénme. Nà rén shuō, 'Wǒ yǐjīng yuǎnlí le míngshēng, qián hé jiā. Wǒ zhǐ xiǎng zhù zài sēnlín lǐ.' Yáo shuō, 'Xiānshēng, wǒ shì huángdì. Wǒ kàn nǐ shìge hǎorén. Wǒ bù xīwàng wǒ shénme dōu bùxíng de érzi chéngwéi xià yígè huángdì. Nǐ yuànyì jiēshòu zhè fèn gōngzuò ma?' Nà rén mǎshàng tiào jìn xī lǐ, kāishǐ zài shuǐ lǐ xǐ ěrduo."

Sàn Yīshēng xiào le qǐlái, liǎng gè rén jìxù qímǎ xiǎngshòu tiānqì. Hěn kuài, tāmen lái dào yì qún kǎn mùtou rén miànqián, tāmen chàngzhe zhè shǒu gē:

每天晚上我都研究星星

我没有任何担心地生活着

直到我的头发变白。

"那首歌写得很好！"姬昌说。"去看看是谁写的。"他的一位将军骑着马来到那群唱歌人的面前，问他们这首歌是谁写的。

其中一人告诉他，"这首歌是一个钓鱼的老人写的。他住在大约三十五里外的一条小溪旁边。他每天都在那里钓鱼。我们听到他在那里唱这首歌。"

姬昌对散宜生说，"你听到'我洗耳不听权和钱这句话了吗'？这让我想起了一个关于古时尧皇帝的故事。他有一个儿子，但那儿子什么都不行。所以他在找一位好人成为下一个皇帝。有一天，他发现一个人坐在溪边，在水里玩金勺子[1]。他问那个人在做什么。那人说，'我已经远离了名声、钱和家。我只想住在森林里。'尧说，'先生，我是皇帝。我看你是个好人。我不希望我什么都不行的儿子成为下一个皇帝。你愿意接受这份工作吗？'那人马上跳进溪里，开始在水里洗耳朵。"

散宜生笑了起来，两个人继续骑马享受天气。很快，他们来到一群砍木头人面前，他们唱着这首歌：

---

[1] 勺子　　　　shǎozi – spoon, ladle

125

Dāng lóng zài kōngzhōng shēng qǐ shí, yún chūxiàn
Dāng lǎohǔ lái shí, fēng chuī qǐ
Dànshì méiyǒu rén lái jiàn wǒ
Jìdé zài nóngtián lǐ gōngzuò de Yī Yǐn
Tā děngzhe Tāng Wáng zhǎodào tā
Jìdé Fù Yuè, yòu qióng yòu bèi rénmen wàngjì
Tā děngzhe Gāozōng Wáng mèng jiàn tā
Cóng gǔ dào jīntiān, yǒuxiē rén chéngwéi le yǒumíng de rén
Ér qítā rén réngrán bèi rénmen wàngjì, méiyǒu qián
Wǒ yìshēng dōu shēnghuó zài xī biān
Zài yángguāng xià xiūxi
Dāng guówáng hé hóujué dǎo xià shí
Wǒ xiàozhe táitóu kàn tiānkōng
Děngzhe cōngmíng de tǒngzhìzhě.

Jī Chāng xiǎng zhè yòu shì yì shǒu hǎo gē. Tā ràng tā de jiāngjūn qù wèn shì shuí xiě de. Kǎn mùtou rén gàosù jiāngjūn, zhè shǒu gē shì zhù zài xiǎo xī fùjìn de yí wèi diàoyú de lǎorén xiě de.

"Wǒmen yīnggāi qù kàn kàn zhège diàoyú de lǎorén," Jī Chāng shuō. Dàn jiù zài zhè shí, lái le yígè kǎn mùtou de rén. Tā bēizhe shāohuǒ mùtou, chàngzhe zhè shǒu

当龙在空中升起时，云出现

当老虎来时，风吹起

但是没有人来见我

记得在农田里工作的<u>伊尹</u>[1]

他等着<u>汤</u>王找到他

记得<u>傅说</u>，又穷又被人们忘记[2]

他等着<u>高宗</u>王梦见他

从古到今天，有些人成为了有名的人

而其他人仍然被人们忘记、没有钱

我一生都生活在溪边

在阳光下休息

当国王和侯爵倒下时

我笑着抬头看天空

等着聪明的统治者。

<u>姬昌</u>想这又是一首好歌。他让他的将军去问是谁写的。砍木头人告诉将军，这首歌是住在小溪附近的一位钓鱼的老人写的。

"我们应该去看看这个钓鱼的老人，"<u>姬昌</u>说。但就在这时，来了一个砍木头的人。他背着烧火木头，唱着这首

---

[1] According to legend, Yi Yin was a farmer living in obscurity. King Tang had to ask him five times to join his government. He became a high official in Tang's government.

[2] Gaozong (高宗) was the temple name of Emperor Wu Ding (武丁) of the Shang Dynasty. He dreamed that he would meet a sage named Yue, and sent officials throughout the land to find him. Fu Yue was discovered in a woodshed and became Chancellor in Wu Ding's government.

gē,

Chūntiān lǐ, shuǐ bù tíng de liú
Chūntiān lǐ, lǜ cǎo měilì
Wǒ kàn le dàn méiyǒu kànjiàn jīnyú
Shìjiè bú rènshí wǒ
Tāmen rènwéi wǒ zhǐshì yígè diàoyú de rén
Zhěngtiān zuò zài xī biān.

"Zhè yídìng jiùshì wǒmen yào zhǎo de shèngrén!" Jī Chāng shuō.

Sàn Yíshēng què kànzhe kǎn mùtou rén shuō, "Diànxià, zhè kě búshì shèngrén. Zhè shì Wǔ Jí, shì qùnián zài jíshì shàng shā le nǐ shìwèi de nàge rén."

Jī Chāng shuō, "Bù kěnéng. Wǒ suànguò mìng shuō kǎn mùtou rén qùnián shā le tā zìjǐ." Dàn tā yě tóngyì zhège rén shì Wǔ Jí. Tā mìnglìng zhuā kǎn mùtou rén. Ránhòu tā shēngqì de shuō, "Nǐ zěnme gǎn táopǎo, xiǎng yào táo kāi nǐ de mìngyùn!"

Wǔ Jí dǎo zài dìshàng, xiàng Jī Chāng kētóu. Tā shuō, "Diànxià, wǒ yìzhí shìge hǎorén. Nǐ fàng wǒ zìyóu de shíhòu, wǒ qù jiàn le yígè jiào Jiāng Zǐyá de diàoyú de lǎorén. Tāmen yě jiào tā fēi xióng. Tā shōu wǒ wéi túdì, ràng wǒ yǒnggǎn de shēnghuó hé gōngzuò. Xiānshēng, jíshǐ shì chóng yě xiǎngzhe yào huó dé yuè cháng yuè hǎo. Rén bù yīnggāi yě zhèyàng zuò ma?"

Jī Chāng hé Sàn Yíshēng shāngliang le yíxià. Ránhòu tā fàng kāi le Wǔ Jí, ràng tā dài tā

歌，

> 春天里，水不停地流
> 春天里，绿草美丽
> 我看了但没有看见金鱼
> 世界不认识我
> 他们认为我只是一个钓鱼的人
> 整天坐在溪边。

"这一定就是我们要找的圣人！"姬昌说。

散宜生却看着砍木头人说，"殿下，这可不是圣人。这是武吉，是去年在集市上杀了你侍卫的那个人。"

姬昌说，"不可能。我算过命说砍木头人去年杀了他自己。"但他也同意这个人是武吉。他命令抓砍木头人。然后他生气地说，"你怎么敢逃跑，想要逃开你的命运！"

武吉倒在地上，向姬昌磕头。他说，"殿下，我一直是个好人。你放我自由的时候，我去见了一个叫姜子牙的钓鱼的老人。他们也叫他飞熊。他收我为徒弟，让我勇敢地生活和工作。先生，即使是虫¹也想着要活得越长越好。人不应该也这样做吗？"

姬昌和散宜生商量了一下。然后他放开了武吉，让他带他

---

¹ 虫　　　　chóng – insect, worm

129

men qù jiàn nàge diàoyú de lǎorén. Tāmen dōu qímǎ qù xī biān, dàn dāng tāmen dào de shíhòu, diàoyú de lǎorén búzài nàlǐ. Tāmen qù le zài fùjìn de tā de xiǎo fángzi, dàn nánhái púrén shuō diàoyú de lǎorén bú zài jiā, tā bù zhīdào tā de zhǔrén shénme shíhòu huílái.

Sàn Yīshēng duì Jī Chāng shuō, "Diànxià, wǒ juédé wǒmen zuò cuò le. Yào zhīdào, gǔ shí de huángdì qù jiàn dà shèngrén de shíhòu, tāmen búshì suíbiàn qù de. Tāmen yào xuǎn yígè hǎo rìzi, tāmen xǐzǎo, tāmen bù chī ròu. Wǒmen yīnggāi huí jiā, yòng zhèngquè de fāngfǎ zuò zhèxiē shìqing."

Jī Chāng tóngyì zhège jìhuà. Tāmen huí dào le chéngshì. Jī Chāng mìnglìng tā de dàchénmen huā sān tiān shíjiān wèi dì èr cì qù xī biān zuò zhǔnbèi. Dì sì tiān, tāmen chuānshàng zuì hǎo de cháng yī, huíqù xī biān. Jī Chāng zuòshàng le mǎchē.

Dāng tāmen zǒu jìn xiǎo xī shí, Jī Chāng gàosù dàjiā tíng xiàlái děngzhe. Tā cóng mǎchē shàng xiàlái, jìng jìng de zǒu dào xiǎo xī biān. Tā kàndào Jiāng Zǐyá zuò zài xī biān diàoyú. Jī Chāng jìng jìng de zhàn zài tā shēnhòu. Jiāng Zǐyá zài chàng zhè shǒu gē,

> Fēng cóng xībian chuī lái
> Báiyún zài tiānkōng zhōng fēiwǔ
> Niándǐ wǒ huì zài nǎlǐ?
> Shīfu lái, wǔ fènghuáng chànggē
> Hěn shǎo yǒu rén zhēnzhèng zhīdào wǒ shì shuí.

Dāng tā chàng wán, Jī Chāng qīngshēng shuō, "Nǐ zhēn de xìngfú ma?"

Jiāng Zǐyá zhuǎnguò shēn, kàndào le wángyé. Tā guì dǎo zài dì, shuō, "Diànxià,

们去见那个钓鱼的老人。他们都骑马去溪边，但当他们到的时候，钓鱼的老人不在那里。他们去了在附近的他的小房子，但男孩仆人说钓鱼的老人不在家，他不知道他的主人什么时候回来。

散宜生对姬昌说，"殿下，我觉得我们做错了。要知道，古时的皇帝去见大圣人的时候，他们不是随便去的。他们要选一个好日子，他们洗澡，他们不吃肉。我们应该回家，用正确的方法做这些事情。"

姬昌同意这个计划。他们回到了城市。姬昌命令他的大臣们花三天时间为第二次去溪边做准备。第四天，他们穿上最好的长衣，回去溪边。姬昌坐上了马车。

当他们走近小溪时，姬昌告诉大家停下来等着。他从马车上下来，静静地走到小溪边。他看到姜子牙坐在溪边钓鱼。姬昌静静地站在他身后。姜子牙在唱这首歌，

风从西边吹来
白云在天空中飞舞
年底我会在哪里？
师父来，五凤凰唱歌
很少有人真正知道我是谁。

当他唱完，姬昌轻声说，"你真的幸福吗？"

姜子牙转过身，看到了王爷。他跪倒在地，说，"殿下，

qǐng yuánliàng wǒ, wǒ bù zhīdào nǐ zài zhèlǐ."

Jī Chāng bāng tā zhàn qǐlái, shuō, "Wǒ yìzhí zài zhǎo nǐ. Wǒ yǐqián láiguò zhèlǐ yícì, dàn wǒ bìng méiyǒu zhǔnbèi hǎo jiàn nǐ. Xiànzài wǒ yǐjīng zhǔnbèi hǎo le, nǐ yě zài zhèlǐ. Wǒ hěn gāoxìng jiàn dào nǐ."

"Diànxià, wǒ shìge lǎorén. Wǒ yìdiǎn dōu bù zhīdào zěnme zuò dàchén huò jiāngjūn. Nǐ bù yīnggāi làngfèi shíjiān lái jiàn wǒ."

Sàn Yíshēng shuō, "Zhèxiē rìzi, guójiā yǒu máfan. Wǒmen de guówáng zhěng tiān hējiǔ, hé fēizimen wán. Tā duì tā wángguó de rénmen bǐ duì gǒu hái yào huài. Tā shā sǐ le sì wèi dà hóujué zhōng de liǎng wèi. Xǔduō hóujué dōu qǐlái fǎnduì tā. Wǒ zhǔrén jīntiān dàizhe lǐwù lái le, xīwàng nǐ néng bāngzhù tā guǎnlǐ guójiā." Ránhòu tā bǎ lǐwù fàng zài Jiāng Zǐyá miànqián de dìshàng. "Qǐng," tā shuō, "shàng diànxià de mǎchē, gēn wǒmen huí tā de gōngdiàn."

Dàn Jiāng Zǐyá què bú yuànyì shàng mǎchē. Tā shuō, "Wǒ shì yígè dīxià de rén, wǒ zěnme néng zuò diànxià de mǎchē?"

Jī Chāng hé Sàn Yíshēng xiǎng ràng tā zuò mǎchē, dōu bèi tā jùjué le. Zuìhòu, tāmen wèn Jiāng Zǐyá shì búshì yuànyì qí shàng lā mǎchē de mǎ. Tā tóngyì le. Jiù zhèyàng, tāmen dōu qímǎ huí le gōngdiàn.

Tāmen dào le gōngdiàn, Jī Chāng rènmìng Jiāng Zǐyá wéi Xīqí chéngxiàng. Jiāng Zǐyá kāishǐ zuò chéngxiàng shí yǐjīng bāshí suì le. Tā de gōngzuò zuò dé hěn hǎo. Xīqí hépíng, rénmen xìngfú.

Jiāng Zǐyá xīn gōngzuò de xiāoxi chuán dào le fùjìn yígè shānkǒu de zhǐhuīguān nàlǐ. Tā ràng sòng xiāoxi de rén qù Zhāogē, gàosù guówáng Xīqí fāshēng de shìqing.

请原谅我，我不知道你在这里。"

姬昌帮他站起来，说，"我一直在找你。我以前来过这里一次，但我并没有准备好见你。现在我已经准备好了，你也在这里。我很高兴见到你。"

"殿下，我是个老人。我一点都不知道怎么做大臣或将军。你不应该浪费时间来见我。"

散宜生说，"这些日子，国家有麻烦。我们的国王整天喝酒，和妃子们玩。他对他王国的人们比对狗还要坏。他杀死了四位大侯爵中的两位。许多侯爵都起来反对他。我主人今天带着礼物来了，希望你能帮助他管理国家。"然后他把礼物放在姜子牙面前的地上。"请，"他说，"上殿下的马车，跟我们回他的宫殿。"

但姜子牙却不愿意上马车。他说，"我是一个低下的人，我怎么能坐殿下的马车？"

姬昌和散宜生想让他坐马车，都被他拒绝了。最后，他们问姜子牙是不是愿意骑上拉马车的马。他同意了。就这样，他们都骑马回了宫殿。

他们到了宫殿，姬昌任命姜子牙为西岐丞相。姜子牙开始做丞相时已经八十岁了。他的工作做得很好。西岐和平，人们幸福。

姜子牙新工作的消息传到了附近一个山口的指挥官那里。他让送消息的人去朝歌，告诉国王西岐发生的事情。

Dì 25 Zhāng

Móguǐ Yànhuì

Lù Tái shì wèi shénxiān jiànzào, dàn zhǐyǒu móguǐ lái cānjiā yànhuì

Pǔtōng rén bùnéng táolí pǔtōng de shìjiè, pǔtōng rén zěnme néng kànchuān pǔtōng rén de xiànjǐng?

Rúguǒ nǐ xiǎng piàn yīgè cōngmíng rén, nǐ de è xíng zhǐ huì ràng shìqíng biàn dé gèng huài

Zhǐyǒu xiàng guówáng zhèyàng de shǎguā cái huì tīng Dájǐ dehuà, shā sǐ hǎorén.

第 25 章
魔鬼宴会

鹿台是为神仙建造，但只有魔鬼来参加宴会

普通人不能逃离普通的世界[1]，普通人怎么能看穿普通人的陷阱？

如果你想骗一个聪明人，你的恶行只会让事情变得更坏

只有像国王这样的傻瓜才会听妲己的话，杀死好人。

---

[1] In the original poem, this line reads "Muddy bones cannot escape the muddy world." Muddy bones (濁骨) means an ordinary person, as opposed to a saintly person who is clear (清) and beyond worldly things.

Sòngxìn rén qí le jǐ tiān de mǎ cái dào shǒudū. Tā xiàng chéngxiàng, yěshì guówáng de shūshu Bǐ Gàn bàogào le zhè shì. Bǐ Gàn mǎshàng qù Zhāi Xīng Lóu jiàn guówáng.

"Bìxià," Bǐ Gàn shuō, "wǒ gānggāng tīngshuō xīfāng dà hóujué Jī Chāng rènmìng Jiāng Zǐyá wéi chéngxiàng. Zhè hěn bù hǎo. Nǐ zhīdào dōngfāng dà hóujué hé nánfāng dà hóujué yǐjīng zài fǎnduì wǒmen le. Zài běifāng, Wén Tàishī zhèng mángzhe yǔ nàlǐ de pànluàn fènzi zhàndòu. Rúguǒ Jī Chāng yě qǐlái fǎnduì wǒmen, wǒmen jiù yǒu dà máfan le."

Guówáng tīng le. Dàn hái méi děng tā shuōhuà, yígè shìcóng jìnlái gàosù guówáng, běifāng dà hóujué Chóng Hóuhǔ yào jiàn tā. Guówáng ràng shìcóng bǎ tā dài jìnlái.

"Bìxià," Chóng Hóuhǔ shuō, "nín mìnglìng wǒ zào Lù Tái. Wǒ hěn gāoxìng de gàosù nín, jīngguò liǎng nián sì gè yuè, zhège gōngzuò yǐjīng wánchéng le."

"Tài hǎo le!" guówáng shuō. "Yīnwèi nǐ zài zhèlǐ, zhèn bùdé bù gàosù nǐ yìxiē shìqing. Zhèn gānggāng tīngshuō Jī Chāng rènmìng Jiāng Zǐyá wéi Xīqí chéngxiàng. Zhèn gāi zěnme bàn ne?"

Chóng Hóuhǔ xiào zhè shuō. "Bìxià, búyòng dānxīn tā. Wǒ rènshí nàge rén. Tā jiù xiàng jǐng dǐ de qīngwā. Tā zhīdào de hěn shǎo, tā méiyǒu bànfǎ zuò rènhé shānghài wǒmen de shìqing. Rúguǒ nín ràng nín de jūnduì qù hé tā zhàndòu, suǒyǒu de hóujué dōuhuì xiàohuà nín de."

送信人骑了几天的马才到首都。他向丞相、也是国王的叔叔比干报告了这事。比干马上去摘星楼见国王。

"陛下，"比干说，"我刚刚听说西方大侯爵姬昌任命姜子牙为丞相。这很不好。你知道东方大侯爵和南方大侯爵已经在反对我们了。在北方，闻太师正忙着与那里的叛乱分子战斗。如果姬昌也起来反对我们，我们就有大麻烦了。"

国王听了。但还没等他说话，一个侍从进来告诉国王，北方大侯爵崇侯虎要见他。国王让侍从把他带进来。

"陛下，"崇侯虎说，"您命令我造鹿台。我很高兴地告诉您，经过两年四个月，这个工作已经完成了。"

"太好了！"国王说。"因为你在这里，朕不得不告诉你一些事情。朕刚刚听说姬昌任命姜子牙为西岐丞相。朕该怎么办呢？"

崇侯虎笑这说。"陛下，不用担心他。我认识那个人。他就像井[1]底的青蛙[2][3]。他知道的很少，他没有办法做任何伤害我们的事情。如果您让您的军队去和他战斗，所有的侯爵都会笑话您的。"

---

[1] 井　　　　jǐng – well
[2] 青蛙　　　qīngwā – frog
[3] There is a popular Chinese folk tale of a conceited frog who lived at the bottom of a well. The frog thought he knew everything about the world, but in fact he only knew what little he could see by looking up at the sky from the well.

"Nǐ shì duì de," guówáng shuō. "Xiànzài, zhèn xiǎng kàn kàn Lù Tái. Zhèn huì dài wánghòu yìqǐ qù kàn kàn. Nǐ hé Bǐ Gàn kěyǐ zài nàlǐ hé wǒmen jiànmiàn."

Bù yīhuǐ'er, guówáng hé Dájǐ zuò yù mǎchē qiánwǎng Lù Tái, shēnhòu gēnzhe jǐshí míng púrén hé nǚ shìcóng. Zhè zhēn de shì yí zuò měilì de lóu. Lóu hěn gāo, lán sè de dǐng. Lóu nèi yǒu jǐ gè dàdiàn. Měi gè dàdiàn de tiānhuābǎn shàng dōu fàng yǒu míngliàng de báisè zhēnzhū, suǒyǐ tā kàn qǐlái xiàng yèwǎn mǎn shì xīngxīng de tiānkōng. Dàdiàn lǐ de yíqiè dōu shì yòng yù hé jīn zuò chéng de.

Guówáng hěn xǐhuān tā. Dàn Bǐ Gàn xiǎngdào de zhǐshì wèi zhège gōngzuò fùchū de jí dà shùliàng de qián, yǐjí suǒyǒu wèi zào tā ér sǐ de gōngrén. Tā xiǎng, "Qiáng shàng de huà shì yòng rénmen de xuě huà de, dàdiàn shì yòng sǐrén de línghún jiànzào de."

Guówáng mìnglìng jǔbàn yígè yīnyuè hé wǔdǎo de yànhuì. Tā duì Dájǐ shuō, "Qīn'ài de, nǐ hái jìdé nǐ duì zhèn shuō de huà ma? Nǐ shuō Lù Tái jiànchéng hòu, shénxiān huì cóng tiānshàng xiàlái, lái nàlǐ jiàn zhèn. Xiànzài Lù Tái wánchéng le. Nǐ juédé shénxiān shénme shíhòu huì lái?"

Dájǐ duì shénxiān dāngrán wánquán bù liǎojiě, gèng bù zhīdào gāi zěnme jiàolái tāmen. Tā zhème shuō, shì wèi le piàn guówáng zào Lù Tái. Tā xūyào yìxiē shíjiān lái xiǎng chū yígè jìhuà. "Bìxià," tā duì tā shuō, "shénxiān xiànzài bùnéng lái. Tāmen huì zài mǎnyuè hé tiānqíng de shíhòu lái."

"Wǔ tiān hòu huì yǒu mǎnyuè," tā huídá shuō. "Nà wǒmen huíqù ba, ránhòu qù jiàn shénxiān." Tā duì Dájǐ yǒu hěn qiáng de yùwàng, suǒyǐ tā bǎ tā dài dào tā

"你是对的，"国王说。"现在，朕想看看鹿台。朕会带王后一起去看看。你和比干可以在那里和我们见面。"

不一会儿，国王和妲己坐御马车前往鹿台，身后跟着几十名仆人和女侍从。这真的是一座美丽的楼。楼很高，蓝色的顶。楼内有几个大殿。每个大殿的天花板[1]上都放有明亮的白色珍珠，所以它看起来像夜晚满是星星的天空。大殿里的一切都是用玉和金做成的。

国王很喜欢它。但比干想到的只是为这个工作付出的极大数量的钱，以及所有为造它而死的工人。他想，"墙上的画是用人们的血画的，大殿是用死人的灵魂建造的。"

国王命令举办一个音乐和舞蹈的宴会。他对妲己说，"亲爱的，你还记得你对朕说的话吗？你说鹿台建成后，神仙会从天上下来，来那里见朕。现在鹿台完成了。你觉得神仙什么时候会来？"

妲己对神仙当然完全不了解，更不知道该怎么叫来他们。她这么说，是为了骗国王造鹿台。她需要一些时间来想出一个计划。"陛下，"她对他说，"神仙现在不能来。他们会在满月和天晴的时候来。"

"五天后会有满月，"他回答说。"那我们回去吧，然后去见神仙。"他对妲己有很强的欲望，所以他把她带到他

---

[1] 天花板　　　tiānhuābǎn – ceiling

men de chuángshàng, hé tā yìqǐ wán le yì zhěng yè.

Jiē xiàlái de sì tiān lǐ, Dájǐ xiǎngzhe zěnme piàn guówáng, ràng guówáng yǐwéi yǒu shénxiān lái jiàn tā. Dì sì tiān wǎnshàng, tā gěi le guówáng hěnduō jiǔ. Tā shuìzháo le. Yì děng tā shuìzháo, hú yāo jiù cóng Dájǐ de shēntǐ lǐ chūlái. Tā suízhe yízhèn fēng fēi dào le chéng wài sānshíwǔ lǐ de mùdì, nàlǐ yǒu Xuānyuán huángdì de mùdì. Hái zhùzhe jǐ shí gè qiángdà de móguǐ.

Qízhōng yígè móguǐ, Jiǔ Tóu Zhìjī, xiàng tā wènhǎo. Tā shuō, "Qīn'ài de, nǐ wèishénme lái zhèlǐ kàn wǒmen? Wǒ yǐwéi nǐ zhèngzài gōng lǐ xiǎngshòu shēnghuó, yǐjīng bǎ wǒmen dōu wàng le."

"Wǒ de lǎo péngyǒu," hú yāo huídá shuō, "wǒ méiyǒu wàngjì nǐmen. Guówáng jiàn le yí zuò Lù Tái, xiǎng zài nàlǐ jiàn shénxiān. Wǒ xīwàng nǐ hé qítā móguǐ gǎibiàn nǐmen de yàngzi, ràng nǐmen kàn qǐlái xiàng shénxiān. Míngtiān wǎnshàng mǎnyuè de shíhòu lái Lù Tái."

Jiǔ Tóu Zhìjī shuō, "Duìbùqǐ, wǒ míngtiān wǎnshàng bùnéng qù, wǒ bìxū zuò yìxiē qítā de shìqing. Ér zhèlǐ de sānshíjiǔ gè móguǐ dōu hěn qiángdà, wánquán kěyǐ gǎibiàn tāmen de yàngzi. Tāmen míngtiān wǎnshàng dōuhuì qù Lù Tái."

Dájǐ xiè le tā, huí dào le gōng zhōng. Zǎoshàng, tā duì guówáng shuō, "Bìxià, jīnwǎn shì mǎnyuè. Sānshíjiǔ wèi shénxiān jiāng láidào Lù Tái. Rúguǒ nǐ yùjiàn tāmen, nǐ jiāng huì yǒu chángjiǔ ér xìngfú de shēnghuó."

Guówáng tīngdào zhège xiāoxi hěn gāoxìng. Tā ràng Bǐ Gàn wǎnshàng lái Lù Tái. Bǐ Gàn juédé zhè shìge bèn de xiǎngfǎ, dàn tā shuō tā huì lái de.

们的床上，和她一起玩了一整夜。

接下来的四天里，妲己想着怎么骗国王，让国王以为有神仙来见他。第四天晚上，她给了国王很多酒。他睡着了。一等他睡着，狐妖就从妲己的身体里出来。她随着一阵风飞到了城外三十五里的墓地，那里有轩辕皇帝的墓地。还住着几十个强大的魔鬼。

其中一个魔鬼，九头雉鸡，向她问好。她说，"亲爱的，你为什么来这里看我们？我以为你正在宫里享受生活，已经把我们都忘了。"

"我的老朋友，"狐妖回答说，"我没有忘记你们。国王建了一座鹿台，想在那里见神仙。我希望你和其他魔鬼改变你们的样子，让你们看起来像神仙。明天晚上满月的时候来鹿台。"

九头雉鸡说，"对不起，我明天晚上不能去，我必须做一些其他的事情。而这里的三十九个魔鬼都很强大，完全可以改变她们的样子。她们明天晚上都会去鹿台。"

妲己谢了她，回到了宫中。早上，她对国王说，"陛下，今晚是满月。三十九位神仙将来到鹿台。如果你遇见他们，你将会有长久而幸福的生活。"

国王听到这个消息很高兴。他让比干晚上来鹿台。比干觉得这是个笨的想法，但他说他会来的。

Wǎnshàng, guówáng, Dájǐ hé Bǐ Gàn dàizhe jǐ shí míng púrén hé nǚ shìcóng lái dào Lù Tái. Yì chǎng dà yànhuì yǐjīng zhǔnbèi hǎo le. Tāmen zài liángkuai de yèwǎn zuòděngzhe, xīngxīng zài tóudǐng fā zhe liàngguāng. Zhōngyú, yuèliang cóng dōngfāng de tiānkōng shēng qǐ. Yízhèn dàfēng chuī lái, hòu hòu de yún gàizhe tiānkōng, dàdì yīn dà wù ér biàndé hěn lěng. Ránhòu tiānkōng zhōng, chūxiàn le sānshíjiǔ wèi shénxiān. Dāngrán, tāmen bìng búshì zhēnzhèng de shénxiān, tāmen shì móguǐ. Tāmen zhōng de yìxiē rén yǐjīng yǒu jǐ bǎi suì le. Zhèxiē móguǐ jiēshòu le tiāndì rì yuè de qì, yǒu gǎibiàn yàngzi de nénglì. Xiànzài tāmen kàn qǐlái dōu xiàng dàoshì shèngrén. Tāmen chuānzhe lánsè, huángsè, hóngsè, báisè hé hēisè de cháng yī.

Qízhōng yígè móguǐ hǎn dào, "Jīntiān wǒmen hěn róngxìng lái cānjiā Shāng Wáng de yànhuì. Yuàn wángcháo zài yǒu yì qiān nián!"

Guówáng ràng Bǐ Gàn zǒu shàng lóutái, ná jiǔ gěi tāmen. Bǐ Gàn kàndào sānshíjiǔ wèi dàoshì shèngrén zuò zài sān pái yǐzi shàng, měi pái shísān bǎ yǐzi. "Zhēn qíguài!" tā xiǎng. "Tāmen kàn qǐlái quèshí xiàng shénxiān."

Tā xiàng móguǐ wènhǎo, bìng cóng yígè jīn hú lǐ gěi tāmen dào jiǔ. Tāmen kàn qǐlái hěn piàoliang. Dànshì, jǐnguǎn tāmen kěyǐ gǎibiàn tāmen de yàngzi, dàn tāmen méiyǒu bànfǎ gǎibiàn zìjǐ de wèidào. Tāmen hěn nán wén, xiàng húlí yíyàng. Bǐ Gàn wén le wén, xīn xiǎng, "Shénxiān hǎokàn, wén qǐlái yě hěn gānjìng. Zhèxiē shénxiān hěn hǎokàn, dàn tāmen hěn bù hǎo wén. Wǒ juédé zhèxiē dōu shì móguǐ."

Tā gěi le měi gè móguǐ gèng duō de jiǔ. Húlí móguǐ yǐqián cónglái méiyǒu hēguò guó

晚上，国王、妲己和比干带着几十名仆人和女侍从来到鹿台。一场大宴会已经准备好了。他们在凉快的夜晚坐等着，星星在头顶发着亮光。终于，月亮从东方的天空升起。一阵大风吹来，厚厚的云盖着天空，大地因大雾而变得很冷。然后天空中，出现了三十九位神仙。当然，她们并不是真正的神仙，她们是魔鬼。她们中的一些人已经有几百岁了。这些魔鬼接受了天地日月的气，有改变样子的能力。现在她们看起来都像道士圣人。她们穿着蓝色、黄色、红色、白色和黑色的长衣。

其中一个魔鬼喊道，"今天我们很荣幸[1]来参加商王的宴会。愿王朝再有一千年！"

国王让比干走上楼台，拿酒给她们。比干看到三十九位道士圣人坐在三排椅子上，每排十三把椅子。"真奇怪！"他想。"她们看起来确实像神仙。"

他向魔鬼问好，并从一个金壶里给他们倒酒。她们看起来很漂亮。但是，尽管她们可以改变她们的样子，但她们没有办法改变自己的味道。她们很难闻，像狐狸一样。比干闻了闻，心想，"神仙好看，闻起来也很干净。这些神仙很好看，但她们很不好闻。我觉得这些都是魔鬼。"

他给了每个魔鬼更多的酒。狐狸魔鬼以前从来没有喝过国

---

[1] 荣幸   róngxìng – to honor

wáng de jiǔ, zhè jiǔ hěn lìhài. Tāmen hēzhe hēzhe jiù zuì le. Tāmen kāishǐ shīqù gǎibiàn tāmen yàngzi de nénglì. Tāmen de húlí wěibā zàicì chūxiàn, kěyǐ kàndào tāmen guà zài cháng yī wàimiàn. Bǐ Gàn kàndào le. "Ò, bùhǎo," tā xiǎng, "wǒ zài zhèlǐ gěi yìqún húlí móguǐ dào jiǔ." Tā dào wán le jiǔ. Ránhòu tā qíshàng le tā de mǎ, yòng zuì kuài de sùdù líkāi le Lù Tái. Liǎng míng shìcóng qí zài tā qiánmiàn, jǔzhe hóng dēnglóng gěi tāmen zhào lù.

Dāng tā qímǎ líkāi lóutái shí, tā yùdào le qímǎ xiàng tā zǒu lái de Huáng Fēihǔ jiāngjūn. Tā duì Huáng Fēihǔ shuō, "Wǒ de péngyǒu, wǒ gānggāng hé bìxià, Dájǐ zài Lù Tái shàng. Wǒ wèi sānshíjiǔ wèi shénxiān dào le jiǔ. Dàn hòulái wǒ cái zhīdào, tāmen búshì shénxiān, érshì xié'è de móguǐ. Wǒ kěyǐ zài yuèguāng xià kàndào tāmen de húlí wěibā. Wǒ yīnggāi zěnme bàn?"

"Fàngxīn ba," Huáng Fēihǔ huídá shuō, "wǒ huì jiějué zhè jiàn shì de. Nǐ huí jiā shuìjiào ba."

Huáng Fēihǔ mìnglìng tā de rén kànzhe chūchéng de chéng mén. Tā gàosù tāmen yào zhùyì cóng Lù Tái zǒu chūqù huò fēi zǒu de móguǐ. Rúguǒ tāmen kàndào le, tāmen jiù yào gēnzhe tāmen, kàn kàn tāmen yào qù nǎlǐ.

Bùjiǔ zhīhòu, yànhuì jiéshù le, húlí móguǐmen dōu líkāi le Lù Tái. Tāmen hēdé dà zuì, fēixíng kùnnán. Qízhōng jǐ rén dǎo zài dìshàng. Tāmen sān, wǔ rén yìqún, màn man de zǒu huí le tāmen zài Xuānyuán huángdì mùdì de jiā. Shìbīngmen jiàn

王的酒，这酒很厉害。她们喝着喝着就醉了。她们开始失去改变她们样子的能力。她们的狐狸尾巴[1]再次出现，可以看到它们挂在长衣外面。比干看到了。"哦，不好，"他想，"我在这里给一群狐狸魔鬼倒酒。"他倒完了酒。然后他骑上了他的马，用最快的速度离开了鹿台。两名侍从骑在他前面，举着红灯笼[2]给他们照路。

当他骑马离开楼台时，他遇到了骑马向他走来的黄飞虎将军。他对黄飞虎说，"我的朋友，我刚刚和陛下、妲己在鹿台上。我为三十九位神仙倒了酒。但后来我才知道，她们不是神仙，而是邪恶的魔鬼。我可以在月光下看到她们的狐狸尾巴。我应该怎么办？"

"放心吧，"黄飞虎回答说，"我会解决这件事的。你回家睡觉吧。"

黄飞虎命令他的人看着出城的城门。他告诉他们要注意从鹿台走出去或飞走的魔鬼。如果他们看到了，他们就要跟着她们，看看她们要去哪里。

不久之后，宴会结束了，狐狸魔鬼们都离开了鹿台。她们喝得大醉，飞行困难。其中几人倒在地上。她们三、五人一群，慢慢地走回了她们在轩辕皇帝墓地的家。士兵们见

---

[1] 尾巴   wěibā – tail
[2] 灯笼   dēnglóng – lantern

zhè, xiàng Huáng Fēihǔ bàogào.

Dì èr tiān zǎoshàng, Huáng Fēihǔ mìnglìng sānbǎi míng shìbīng jiāng shāohuǒ mùtou tái dào mùdì qián, zài húlí móguǐ qù de dòngkǒu shēngqǐ dàhuǒ. Tāmen diǎn le huǒ, kànzhe huǒ ránshāo qǐlái. Dāng huǒ shāo wán hòu, shìbīngmen lāchū le sǐqù de húlíjīng de shītǐ. Kōngqì zhòng dōushì yān hé shāo hēi de ròu de wèidào.

Huáng Fēihǔ ràng tā de rén bǎ méiyǒu shāo huài de sǐ húlí zhǎo chūlái, bìng fàng zài yìqǐ. Tā ràng tāmen bōxià zhèxiē húlí de pí, wèi guówáng zuò yí jiàn pí cháng yī. Tā xiǎng, "Zhè huì ràng guówáng gāoxìng, yīnwèi zhè jiāng biǎoshì wǒmen de zhōngchéng. Yěshì duì Dájǐ de yánzhòng tíxǐng."

Dàn yǒu jù lǎohuà shuō, "Guǎn hǎo zìjǐ de shì, nǐ bú huì yǒu máfan, dàn nǐ guǎn biérén de shì, zāinàn jiù huì gēnzhe ér lái."

这，向黄飞虎报告。

第二天早上，黄飞虎命令三百名士兵将烧火木头抬到墓地前，在狐狸魔鬼去的洞口生起大火。他们点了火，看着火燃烧起来。当火烧完后，士兵们拉出了死去的狐狸精的尸体。空气中都是烟和烧黑的肉的味道。

黄飞虎让他的人把没有烧坏的死狐狸找出来，并放在一起。他让他们剥下这些狐狸的皮，为国王做一件皮长衣。他想，"这会让国王高兴，因为这将表示我们的忠诚。也是对妲己的严重提醒。"

但有句老话说，"管好自己的事，你不会有麻烦，但你管别人的事，灾难就会跟着而来。"

Dì 26 Zhāng

Dájǐ Shèjì Bàofù

Zài yīgè fēng xuě de yèwǎn, Bǐ Gàn xiǎng sòng guówáng lǐwù lái gǎibiàn tā de xiǎngfǎ

Tā xiǎng yào cóng guówáng de xīnlǐ chú diào xié'è, dàn xiànzài tā chéng le xié'è de xià yīgè mùbiāo

Dájǐ shēntǐ zhōng móguǐ de xīn lěng dé xiàng bīng, tā de xié'è jiāng bèi rénmen chuánshuō wàn nián

Kěxí Shāng cháo yǐjīng zǒu dào le zhè yībù, tā jiù xiàng yǔ xiāoshī zài chūntiān de héliú zhōng yīyàng.

第 26 章
妲己设计报复

在一个风雪的夜晚，比干想送国王礼物来改变他的想法

他想要从国王的心里除掉邪恶，但现在他成了邪恶的下一
个目标[1]

妲己身体中魔鬼的心冷得像冰，它的邪恶将被人们传说万
年

可惜商朝已经走到了这一步，它就像雨消失在春天的河流
中一样。

---

[1] 目标　　　　mùbiāo – target

Dōngtiān lái le. Dàfēng cóng běifāng chuī lái, dàxuě gěi shǒudū Zhāogē gàishàng le yínsè de zhēnzhū tǎnzi. Fùrén zuò zài lúzǐ páng, hēzhe rè tāng, qǔzhe nuǎn. Qióngrén méiyǒu mǐ fàn chī, yě méiyǒu shāohuǒ mùtou shāo lúzǐ.

Guówáng hé Dájǐ yìqǐ zuò zài Lù Tái shàng, hēzhe jiǔ. Yígè shìcóng guòlái, shuō, "Bǐ Gàn lái le. Tā xiǎngjiàn nín."

Guówáng ràng shìcóng bǎ tā dài jìnlái. Bǐ Gàn jìn le fángjiān, guówáng shuō, "Shūshu, tiānqì hěn lěng, hái zài xiàxuě. Nǐ wèishénme bú zài nuǎnhuo de jiālǐ ne?"

"Bìxià," Bǐ Gàn shuō, "Lù Tái hěn gāo, zhídào tiānshàng. Zhèlǐ yídìng hěn lěng. Suǒyǐ wǒ gěi nǐ dài le diǎn dōngxi kěyǐ ràng nǐ nuǎnhuo." Ránhòu tā bǎ húlí pí cháng yī gěi le guówáng. Guówáng chuānshàng le tā.

"Shūshu, xièxiè nǐ," tā shuō. "Zhèn cónglái méiyǒu jiànguò zhème piàoliang de cháng yī." Ránhòu tā yāoqǐng Bǐ Gàn hējiǔ, hé tā yìqǐ xiǎngshòu Lù Tái.

Dāng Dájǐ kàndào nà jiàn yòng húlí móguǐ pí zuò chéng de cháng yī shí, tā gǎnjué xiàng shì yì bǎ jiàn cì jìn le zìjǐ de xīnlǐ. Tā xiǎng, "Bǐ Gàn, wǒ yào shā le nǐ, nǐ zhège lǎo hùnzhàng." Dàn tā méiyǒu xiàng guówáng biǎoshì chū tā de shēngqì. Érshì duì tā xiào le xiào, shuō, "Bìxià, nǐ shì yí wèi qiángdà de guówáng, zhè piàn tǔdì shàng de lóng. Nǐ zěnme néng chuān yòng húlí zhèyàng dīxià de dòngwù zuò de cháng yī ne?"

冬天来了。大风从北方吹来，大雪给首都朝歌盖上了银色的珍珠毯子。富人坐在炉子[1]旁，喝着热汤，取着暖。穷人没有米饭吃，也没有烧火木头烧炉子。

国王和妲己一起坐在鹿台上，喝着酒。一个侍从过来，说，"比干来了。他想见您。"

国王让侍从把他带进来。比干进了房间，国王说，"叔叔，天气很冷，还在下雪。你为什么不在暖和的家里呢？"

"陛下，"比干说，"鹿台很高，直到天上。这里一定很冷。所以我给你带了点东西可以让你暖和。"然后他把狐狸皮长衣给了国王。国王穿上了它。

"叔叔，谢谢你，"他说。"朕从来没有见过这么漂亮的长衣。"然后他邀请比干喝酒，和他一起享受鹿台。

当妲己看到那件用狐狸魔鬼皮做成的长衣时，她感觉像是一把剑刺进了自己的心里。她想，"比干，我要杀了你，你这个老混账[2]。"但她没有向国王表示出她的生气。而是对他笑了笑，说，"陛下，你是一位强大的国王，这片土地上的龙。你怎么能穿用狐狸这样低下的动物做的长衣呢？"

---

[1] 炉子　　　lúzǐ – stove
[2] 混账　　　hùnzhàng – bastard

"Nǐ shuōdé duì, qīn'ài de," guówáng huídá. Tā tuō xià cháng yī, bǎ tā gěi le shìcóng.

Dájǐ xiǎng le hǎo jǐ tiān, xiǎngzhe yīnggāi zěnme bàofù Bǐ Gàn. Ránhòu yǒu yìtiān, tā yǒu le yígè zhǔyì. Dāng tā hé guówáng zài yìqǐ hējiǔ shí, tā gǎibiàn le tā de yàngzi. Xiànzài de tā méiyǒu xiàng yǐqián nàme piàoliang le. Guówáng kànzhe tā, liǎn shàng dàizhe kùnhuò. Dájǐ táitóu kànzhe tā, wèn dào, "Nǐ wèishénme zhèyàng kànzhe wǒ?"

Guówáng shuō, "Yīnwèi nǐ xiàng huā yíyàng kě'ài, xiàng yù yíyàng měilì. Zhēn xiǎng bǎ nǐ bào zài huái lǐ, yǒngyuǎn búyào fàng kāi nǐ." Dàn zhè bìng búshì tā de yìsi. Tā qíshí shì zài qíguài, wèishénme tā de fēizi xiànzài zhème bù hǎokàn le.

"Ó, bìxià, wǒ bìng bù měilì. Dàn nǐ yīnggāi jiàn jiàn wǒ de jiébài mèimei, Hú Xǐmèi. Tā bǐ wǒ měilì yìbǎi bèi."

"Ó, zhēn xiǎng jiàn jiàn tā!" guówáng shuō.

"Tā shì nígū. Tā huā le jǐ nián shíjiān zài shāndòng lǐ yánjiū Dào. Tā zhù zài Zǐxiāo Ān. Wǒ jìdé tā yǐqián gēn wǒ shuō, 'Rúguǒ nǐ xiǎng jiàn wǒ, jiù shāo diǎn xiāng, shuōchū wǒ de míngzì. Wǒ mǎshàng lái zhǎo nǐ.' "

"Qīn'ài de, qǐng shāo diǎn xiāng, bǎ tā dài dào zhèlǐ lái!"

"Bìxià, wǒmen bìxū yòng zhèngquè fāngfǎ zuò. Míngtiān wǎnshàng wǒ huì xǐzǎo, ránhòu wǒ huì zài yuèguāng xià bǎ chá hé shuǐguǒ fàng zài zhuōzi shàng. Ránhòu wǒ zài shāo

"你说得对，亲爱的，"国王回答。他脱下长衣，把它给了侍从。

妲己想了好几天，想着应该怎么报复比干。然后有一天，她有了一个主意。当她和国王在一起喝酒时，她改变了她的样子。现在的她没有像以前那么漂亮了。国王看着她，脸上带着困惑。妲己抬头看着他，问道，"你为什么这样看着我？"

国王说，"因为你像花一样可爱，像玉一样美丽。朕想把你抱在怀里，永远不要放开你。"但这并不是他的意思。他其实是在奇怪，为什么他的妃子现在这么不好看了。

"哦，陛下，我并不美丽。但你应该见见我的结拜妹妹，胡喜媚。她比我美丽一百倍。"

"哦，朕想见见她！"国王说。

"她是尼姑[1]。她花了几年时间在山洞里研究道。她住在紫宵庵。我记得她以前跟我说，'如果你想见我，就烧点香，说出我的名字。我马上来找你。'"

"亲爱的，请烧点香，把她带到这里来！"

"陛下，我们必须用正确方法做。明天晚上我会洗澡，然后我会在月光下把茶和水果放在桌子上。然后我再烧

_____

[1] 尼姑　　　nígū – nun

153

xiāng."

Nàtiān wǎnshàng sì gēng de shíhòu, guówáng zhèngzài shuìjiào, hú yāo cóng Dájǐ de shēntǐ lǐ chūlái. Tā qù le Xuānyuán huángdì de mùdì, qù jiàn Jiǔ Tóu Zhìjī.

Jiǔ Tóu Zhìjī kàndào Qiānnián Hú Yāo, fēicháng shēngqì. "Nǐ jiào wǒ de jiěmèimen qù nǐ de Lù Tái, wǒ jiù bāng le nǐ. Nàtiān wǎnshàng tāmen dōu bèi shā le! Zhè shì nǐ de cuò."

Qiānnián Hú Yāo péizhe tā yìqǐ kū le qǐlái, shuō, "Duìbùqǐ, mèimei. Dàn bié dānxīn, wǒmen huì bàochóu de." Ránhòu tā bǎ tā de jìhuà gàosù le Jiǔ Tóu Zhìjī. Jiǔ Tóu Zhìjī tīng le, tóngyì le zhège jìhuà.

Dì èr tiān, guówáng shénme dōu bùxiǎng, zhǐ xiǎng jiàndào Dájǐ měilì de mèimei. Tā děng le yì zhěngtiān. Zhōngyú, yuèliang cóng tiānshàng shēng qǐ. Tā hé Dájǐ shàng le Lù Tái. Dájǐ duì guówáng shuō, "Bìxià, qǐng nǐ lǐjiě, wǒ mèimei shì shénxiān, yěshì nígū. Rúguǒ tā lái zhèlǐ kàndào nǐ, tā kěnéng huì hàipà. Qǐng nǐ qù lìng yígè fángjiān děng."

Guówáng tóngyì le. Dájǐ xǐ le shǒu. Ránhòu tā shāo le xiāng, hǎn chū le tā mèimei de míngzì. Hěn kuài, fēng kāishǐ chuī qǐlái, yún gài zhù le yuèliang, kōngqì zhòng dōushì wùqì. Tiānqì biàndé hěn lěng. Ránhòu tāmen tīngdào le xiàng yùshí dīngdīng dāngdāng de shēngyīn. "Qízhe fēng hé yǔ de Hú Xǐmèi lái le!" Dájǐ hǎn dào.

Guówáng zài pángbiān de fángjiān děngzhe, cóng chuānglián xiàng wài kànzhe. Yún bùjiàn le, yuè

香。"

那天晚上四更的时候[1]，国王正在睡觉，狐妖从妲己的身体里出来。她去了轩辕皇帝的墓地，去见九头雉鸡。

九头雉鸡看到千年狐妖，非常生气。"你叫我的姐妹们去你的鹿台，我就帮了你。那天晚上她们都被杀了！这是你的错。"

千年狐妖陪着她一起哭了起来，说，"对不起，妹妹。但别担心，我们会报仇的。"然后她把她的计划告诉了九头雉鸡。九头雉鸡听了，同意了这个计划。

第二天，国王什么都不想，只想见到妲己美丽的妹妹。他等了一整天。终于，月亮从天上升起。他和妲己上了鹿台。妲己对国王说，"陛下，请你理解，我妹妹是神仙，也是尼姑。如果她来这里看到你，她可能会害怕。请你去另一个房间等。"

国王同意了。妲己洗了手。然后她烧了香，喊出了她妹妹的名字。很快，风开始吹起来，云盖住了月亮，空气中都是雾气。天气变得很冷。然后他们听到了像玉石叮叮当当的声音。"骑着风和雨的胡喜媚来了！"妲己喊道。

国王在旁边的房间等着，从窗帘向外看着。云不见了，月

---

[1] In traditional Chinese timekeeping, a 更 (gēng), called a watch in English, lasts two hours. First watch starts around 7:00 pm, second watch at 9:00 pm, and so on.

liang yòu chūlái le. Yuèguāng xià, tā kàndào le yí wèi dàoshì nígū. Tā chuānzhe fěnhóng sè de cháng yī, yìtiáo sīchóu yāodài hé yìshuāng cǎoxié. Tā de liǎn xiàng xuě nàyàng bái, zuǐbā yòu xiǎo yòu hóng, liǎnjiá xiàng táozi yíyàng. Tā shì guówáng jiànguò de zuì měilì de nǚrén. Guówáng yǐwéi Dájǐ yǐjīng hěn piàoliang le, dàn Hú Xǐmèi jiù xiàng tiānshàng de nǚshén, xiàng cóng yuègōng lái de Cháng'é. Tā de xīn tiào dé hěn kuài, tā juédé hěn rè. "Rúguǒ wǒ néng hé Hú Xǐmèi shàngchuáng, wǒ hěn yuànyì fàngqì wǒ de wángwèi," tā xiǎng.

Liǎng gè nǚrén yìbiān shuōzhe huà, yìbiān hēzhe chá. Dájǐ yào le yí dùn sùshí yànhuì, liǎng rén yìqǐ chīfàn. Tāmen zhīdào guówáng zài kàn, zài tīng, suǒyǐ Hú Xǐmèi yòng le suǒyǒu de bànfǎ ràng guówáng gèng zēngjiā duì tā de yùwàng. Kànzhe tā, guówáng zuò bú zhù le. Zuìhòu tā késòu le yìshēng, ràng Dájǐ zhīdào, tā bùnéng zài děng le.

"Qīn'ài de mèimei," Dájǐ shuō, "wǒ yǒu yíjiàn shì yídìng yào wèn nǐ. Qǐng búyào shēng wǒ de qì."

"Méi wèntí, qīn'ài de," Hú Xǐmèi huídá.

"Wǒ yǐjīng gàosù le bìxià nǐ de dà dé. Tā xiǎng jiàn nǐ. Dàn tā yào wǒ xiān wèn nǐ, kàn kàn nǐ shì búshì tóngyì."

"Ó, jiějiě," Hú Xǐmèi shuō, "wǒ xiǎng wǒ bù kěyǐ jiàn tā. Nǐ zhīdào, wǒ shì nígū. Wǒ hé tā zuò zài tóng yìzhāng zhuōzi shàng shì bù fúhé guīdìng

亮又出来了。月光下，他看到了一位道士尼姑。她穿着粉红¹色的长衣，一条丝绸腰带和一双草鞋。她的脸像雪那样白，嘴巴又小又红，脸颊²像桃子一样。她是国王见过的最美丽的女人。国王以为妲己已经很漂亮了，但胡喜媚就像天上的女神，像从月宫来的嫦娥。他的心跳得很快，他觉得很热。"如果我能和胡喜媚上床，我很愿意放弃我的王位，"他想。

两个女人一边说着话，一边喝着茶。妲己要了一顿素食宴会，两人一起吃饭。他们知道国王在看、在听，所以胡喜媚用了所有的办法让国王更增加对她的欲望。看着她，国王坐不住了。最后他咳嗽了一声，让妲己知道，他不能再等了。

"亲爱的妹妹，"妲己说，"我有一件事一定要问你。请不要生我的气。"

"没问题，亲爱的，"胡喜媚回答。

"我已经告诉了陛下你的大德。他想见你。但他要我先问你，看看你是不是同意。"

"哦，姐姐，"胡喜媚说，"我想我不可以见他。你知道，我是尼姑。我和他坐在同一张桌子上是不符合规定

---

¹ 粉红　　　　fěnhóng – pink
² 脸颊　　　　liǎnjiá – cheek

157

de."

"Bù," Dájǐ shuō. "Nǐ bùjǐn shì yígè nígū, nǐ xiànzài háishì yígè shénxiān. Nǐ yǐjīng chāochū le sānjiè de guīdìng. Lìngwài, wǒmen de guówáng shì tiānzǐ. Tā yǒu quán yǔ rènhé tā xiǎngjiàn de rén jiànmiàn. Jì zhù, nǐ wǒ shì jiébài jiěmèi, suǒyǐ guówáng shíjì shàng shì nǐ de jiěfū. Hé hěn jìn de qīnqī jiànmiàn méiyǒu yìdiǎn wèntí!"

Hú Xǐmèi diǎndiǎn tóu, shuō, "Nà wǒ jiù ànzhào nǐ shuō de qù zuò."

Guówáng yì tīng zhè huà, jiù chūlái le. Tā xiàng tā jūgōng. Tāmen hùxiāng wènhǎo. Ránhòu tā zuò le xiàlái, gěi Dájǐ hé Hú Xǐmèi ràng chū le bǎozuò. Tā kànzhe Hú Xǐmèi, tā huítóu kàn tā, yǎnzhōng mǎn shì yùwàng.

Dájǐ zhīdào guówáng bèi yùwàng nòng zuì le. Tā zhàn qǐlái shuō, "Bìxià, qǐng yuánliàng wǒ. Wǒ dé qù huàn yīfú. Qǐng péi yíxià wǒ mèimei."

Dájǐ zǒu hòu, guówáng wèi Hú Xǐmèi dào jiǔ. Tā bǎ bēizi gěi tā. Tā qīngshēng shuō, "Bìxià, nín tài hǎo le."

Guówáng juédé zìjǐ hǎoxiàng zháohuǒ le. Tā yāoqǐng tā hé tā yìqǐ zài lǒutái shàng sànbù. Tā tóngyì le. Tāmen zài yuèguāng xià zǒu le chūqù, Hú Xǐmèi de shǒu fàng zài guówáng de shǒubì shàng. Tā bǎ shēntǐ kào zài tā shēnshàng, tā néng gǎnjuédào tā shēnshàng huǒrè de wēndù.

的。"

"不，"妲己说。"你不仅是一个尼姑，你现在还是一个神仙。你已经超出了三界[1]的规定。另外，我们的国王是天子。他有权与任何他想见的人见面。记住，你我是结拜姐妹，所以国王实际上是你的姐夫[2]。和很近的亲戚见面没有一点问题！"

胡喜媚点点头，说，"那我就按照你说的去做。"

国王一听这话，就出来了。他向她鞠躬。他们互相问好。然后他坐了下来，给妲己和胡喜媚让出了宝座。他看着胡喜媚，她回头看他，眼中满是欲望。

妲己知道国王被欲望弄醉了。她站起来说，"陛下，请原谅我。我得去换衣服。请陪一下我妹妹。"

妲己走后，国王为胡喜媚倒酒。他把杯子给她。她轻声说，"陛下，您太好了。"

国王觉得自己好像着火了。他邀请她和他一起在楼台上散步。她同意了。他们在月光下走了出去，胡喜媚的手放在国王的手臂上。她把身体靠在他身上，他能感觉到她身上火热的温度。

---

[1] The three realms defined in Buddhism are the realm of sensuous desire (kāma), the realm of the material world (rūpa-dhāt), and the realm of formlessness (rūpa-dhātu).
[2] 姐夫　　　jiěfū – brother-in-law

"Qīn'ài de," guówáng shuō, "líkāi nàge Zǐxiāo Ān, hé nǐ jiějiě yìqǐ zhù zài gōng lǐ! Yìshēng hěn duǎn, zài zhèlǐ nǐ huì hěn xìngfú. Nǐ jiāng yǒu qián, quán hé kuàilè." Tā méiyǒu shuōhuà, zhǐshì jìxù bǎ zìjǐ de shēntǐ kàojìn tā de shēntǐ.

Jiàn tā méiyǒu fǎnduì, guówáng jiù bǎ tā bào qǐlái, dài dào fùjìn de yígè fángjiān. Tā qīng qīng de bǎ tā fàng zài chuángshàng, tuō diào tā de yīfú. Ránhòu jiùshì yúnyǔ zhī shì.

Zhīhòu, dāng tāmen zài chuānshàng yīfú shí, Dájǐ jìnlái le. Tā xiàozhe duì tāmen shuō, "Ń, nǐmen liǎng gè zài zuò shénme?"

"Wǒmen gānggāng zài zuò'ài," guówáng shuō. "Zhè shì yóu shàngtiān juédìng. Cóng xiànzài kāishǐ, nǐmen liǎng gè jiù hé zhèn yīqǐ zhù zài zhèlǐ." Tā yòu mìnglìng jǔxíng yígè yànhuì. Tāmen jiéshù hòu, tā zàicì hé tāmen liǎ zuò'ài.

Hǎo jǐ tiān, guówáng méiyǒu líkāi nà jiān tā yǔ Dájǐ hé tā mèimei tǎng zài yìqǐ de fángjiān. Tāmen měitiān dōu zài zuò'ài, chànggē hé hējiǔ.

Dàn yǒu yìtiān, Dájǐ kū le qǐlái. Tā dǎo zài dìshàng, tǔzhe xuě. Guówáng duì Hú Xǐmèi shuō, "Zhèn yǐqián cónglái méiyǒu jiànguò zhèyàng de shì. Zhè shì zěnme le?"

"亲爱的，"国王说，"离开那个紫宵庵，和你姐姐一起住在宫里！一生很短，在这里你会很幸福。你将有钱、权和快乐。"她没有说话，只是继续把自己的身体靠近他的身体。

见她没有反对，国王就把她抱起来，带到附近的一个房间。他轻轻地把她放在床上，脱掉她的衣服。然后就是云雨之事[1]。

之后，当他们再穿上衣服时，妲己进来了。她笑着对他们说，"嗯，你们两个在做什么？"

"我们刚刚在做爱，"国王说。"这是由上天决定。从现在开始，你们两个就和朕一起住在这里。"他又命令举行一个宴会。他们结束后，他再次和他们俩做爱。

好几天，国王没有离开那间他与妲己和她妹妹躺在一起的房间。他们每天都在做爱、唱歌和喝酒。

但有一天，妲己哭了起来。她倒在地上，吐着血。国王对胡喜媚说，"朕以前从来没有见过这样的事。这是怎么了？"

---

[1] According to legend, the lady Yaoji (瑶姬) died unmarried, was buried at Wushan and became a goddess. Later, the king of Song was traveling through the area. He dozed off under a canopy and dreamed of her sharing a pillow with him. She left him with this poem: 旦为朝云，暮为行雨，朝朝暮暮，阳台之下; "Dawn is the clouds, dusk is the rain, day and night, under the canopy." Over time, "clouds and rain" became a metaphor for lovemaking.

"A, tā de jiùbìng fā le. Wǒmen yìqǐ zài Jì Zhōu de shíhòu, tā dé le xīnbìng. Tā jīhū sǐ le. Yīshēng gěi le tā yìzhǒng tèbié de tāng, yòng yǒu qī gè kǒu de rén xīn zuò de."

"Zhèn bìxū zuò zhège," guówáng shuō. "Kěshì, zhèn nǎlǐ néng zhǎodào yìkē yǒu qī gè kǒu de xīn ne?"

"Bìxià, wǒ kěyǐ tōngguò suànmìng zhīdào."

"Mǎshàng suànmìng!" guówáng shuō.

Hú Xǐmèi dòng le dòng shǒuzhǐ, hǎoxiàng zài suànmìng. Guò le yīhuǐ'er, tā shuō, "Bìxià, Zhāogē zhǐyǒu yìrén yǒu zhè zhǒng xīn, dàn wǒ xiǎng tā búhuì yuànyì gěi chū tā de xīn. Nà rén shì nǐ de dàchén Bǐ Gàn."

"Tài hǎole! Bǐ Gàn shì zhèn de shūshu. Tā yīnggāi hěn gāoxìng gěi chū yìdiǎn tā de xīn, ràng zhèn de wánghòu huó xiàqù." Tā ràng Bǐ Gàn mǎshàng qù jiàn tā.

Bǐ gān zhèngzài jiālǐ, yǒu sòngxìn rén dàolái mìnglìng tā qù gōngdiàn. "Zhè hěn qíguài," tā duì zìjǐ shuō. "Cháotíng shàng shénme dōu méiyǒu fāshēng. Wèishénme guówáng yào jiàn wǒ?" Ránhòu yòu lái le yígè sòngxìn de rén, ránhòu yòu lái le yígè. Zhōngyú, dāng dì liù gè sòngxìn rén dàolái shí, Bǐ Gàn wèn tā shì fāshēng le shénme shì. Sòngxìn rén jiǎng le Hú Xǐmèi de dàolái, Dájǐ qíguài de bìng, yǐjí suànmìng de shìqing.

Bǐ Gàn xiàhuài le. Tā qù hé qīzi shuō zàijiàn. "Qīn'ài de," tā shuō,

"啊，她的旧病发了。我们一起在冀州的时候，她得了心病。她几乎死了。医生给了她一种特别的汤，用有七个口的人心做的。"

"朕必须做这个，"国王说。"可是，朕哪里能找到一颗有七个口的心呢？"

"陛下，我可以通过算命知道。"

"马上算命！"国王说。

胡喜媚动了动手指，好像在算命。过了一会儿，她说，"陛下，朝歌只有一人有这种心，但我想他不会愿意给出他的心。那人是你的大臣比干。"

"太好了！比干是朕的叔叔。他应该很高兴给出一点他的心，让朕的王后活下去。"他让比干马上去见他。

比干正在家里，有送信人到来命令他去宫殿。"这很奇怪，"他对自己说。"朝廷上什么都没有发生。为什么国王要见我？"然后又来了一个送信的人，然后又来了一个。终于，当第六个送信人到来时，比干问他是发生了什么事。送信人讲了胡喜媚的到来，妲己奇怪的病，以及算命的事情。

比干吓坏了。他去和妻子说再见。"亲爱的，"他说，

"xié'è de Dájǐ bìng le, shǎguā guówáng xiǎng yào yòng wǒ de xīn qù gěi tā zhìliáo. Wǒ xiǎng nǐ búhuì zài kàndào wǒ huózhe le."

"Zhàngfu," tā de qīzi kūzhe shuō, "nǐ cónglái méiyǒu zuòguò rènhé ràng guówáng xiǎng yào nǐ sǐ de shìqing. Tā zěnme néng ràng nǐ zhème cánrěn de sǐ ne?"

Tā de érzi jìnlái le. Tā yě kū le. Tā shuō, "Fùqīn, bié dānxīn. Jiāng Zǐyá zhīdào huì fāshēng zhèyàng de shìqing. Tā gěi nǐ liú le yì zhāng zhītiáo." Ránhòu tā bǎ zhītiáo jiāogěi fùqīn.

Bǐ Gàn kàn le zhītiáo. Ránhòu tā shāodiào le zhītiáo, jiāng huī yǔ shuǐ hùnhé zài yìqǐ. Tā hē le tā. Ránhòu tā chuānshàng guānyuán cháng yī, qízhe mǎ qiánwǎng gōngdiàn.

Dāng tā lái dào gōngdiàn shí, qítā dàchén wèn tā fāshēng le shénme shì. Tā huídá shuō, guówáng xūyào tā de xīn, dàn tā bù míngbái zhēnzhèng de yuányīn. Ránhòu tā shàng Lù Tái qù jiàn guówáng.

Guówáng shuō, "Shūshu! Zhèn de wánghòu bìng dé hěn zhòng. Tā zhǐnéng tōngguò hē yóu tèbié de xīn zuò de tāng lái zhìliáo, nà jiùshì yì kē yǒu qī gè kǒu de xīn. Wángguó lǐ zhǐyǒu nǐ yígè rén yǒu zhèyàng de xīn. Qǐng gěi zhèn yì xiǎo kuài nǐ de xīn."

Bǐ Gàn shuō, "Rúguǒ wǒ de xīn bèi huǐhuài le, wǒ hái zěnme huó? Nǐ shì yìzhī bèn gǒu, nǐ xiǎng bù qīngchǔ. Wǒ juédé, nǐ hējiǔ tài duō, zuò'ài tài duō. Rúguǒ nǐ shā le wǒ, nǐ de wángcháo jiù jiéshù le!"

"邪恶的<u>妲己</u>病了，傻瓜国王想要用我的心去给她治疗[1]。我想你不会再看到我活着了。"

"丈夫，"他的妻子哭着说，"你从来没有做过任何让国王想要你死的事情。他怎么能让你这么残忍的死呢？"

他的儿子进来了。他也哭了。他说，"父亲，别担心。<u>姜子牙</u>知道会发生这样的事情。他给你留了一张纸条[2]。"然后他把纸条交给父亲。

<u>比干</u>看了纸条。然后他烧掉了纸条，将灰与水混合[3]在一起。他喝了它。然后他穿上官员长衣，骑着马前往宫殿。

当他来到宫殿时，其他大臣问他发生了什么事。他回答说，国王需要他的心，但他不明白真正的原因。然后他上<u>鹿台</u>去见国王。

国王说，"叔叔！朕的王后病得很重。她只能通过喝由特别的心做的汤来治疗，那就是一颗有七个口的心。王国里只有你一个人有这样的心。请给朕一小块你的心。"

<u>比干</u>说，"如果我的心被毁坏了，我还怎么活？你是一只笨狗，你想不清楚。我觉得，你喝酒太多，做爱太多。如果你杀了我，你的王朝就结束了！"

---

[1] 治疗　　　zhìliáo – to cure an illness
[2] 纸条　　　zhǐtiáo – note
[3] 混合　　　hùnhé – to mix

Guówáng duì tā hǎn dào, "Rúguǒ guówáng yào nǐ sǐ, nǐ bìxū sǐ. Xiànzài jiù ànzhào zhèn de mìnglìng qù zuò, bú nàyàng zuò dehuà, zhèn jiù ràng zhèn de shìwèi bǎ nǐ de xīn wā le!"

Bǐ Gàn xiàng yì míng shìwèi yào le yì bǎ jiàn. Tā duì guówáng shuō, "Děng wǒ sǐ le, wǒ huì jiàndào tiānshàng gǔshí de guówáng. Wǒ méiyǒu shénme kě hàipà de. Nǐ néng shuō zhèyàng de huà ma?" tā xiàng zǔ miào kētóu. Ránhòu tā dǎkāi le zìjǐ de guānyuán cháng yī. Tā bǎ jiàn cì jìn zìjǐ de xiōng, kāi le yígè dàdòng. Tā bǎ shǒu shēn jìn dòng lǐ, qǔchū zìjǐ de xīn, rēng zài dìshàng. Xiōngkǒu de dòng shàng méiyǒu yìdī xiě liú chūlái.

Suǒyǒu rén dōu kànzhe tā. Tā zhàn zhí le shēntǐ, chuānhǎo cháng yī, méiyǒu zàishuō yíjù huà, líkāi le lǒu tái.

Dāng tā zǒuchū Lù Tái shí, qítā dàchén dōu hǎn dào, "Bǐ Gàn, guówáng zěnmeyàng le?" dàn tā méiyǒu huídá. Tā cóng tāmen shēnbiān zǒuguò, qíshàng mǎ, xiàng shǒudū de běi chéng mén zǒu qù.

国王对他喊道，"如果国王要你死，你必须死。现在就按照朕的命令去做，不那样做的话，朕就让朕的侍卫把你的心挖了！"

比干向一名侍卫要了一把剑。他对国王说，"等我死了，我会见到天上古时的国王。我没有什么可害怕的。你能说这样的话吗？"他向祖庙磕头。然后他打开了自己的官员长衣。他把剑刺进自己的胸，开了一个大洞。他把手伸进洞里，取出自己的心，扔在地上。胸口的洞上没有一滴血流出来。

所有人都看着他。他站直了身体，穿好长衣，没有再说一句话，离开了搂台。

当他走出鹿台时，其他大臣都喊道，"比干，国王怎么样了？"但他没有回答。他从他们身边走过，骑上马，向首都的北城门走去。

Dì 27 Zhāng

Tài Shī Huílái

Wángcháo de shēngsǐ yǐjīng xiě hǎo, méiyǒu shé me néng gǎibiàn tā de mìngyùn

Qián yī fēnzhōng dàchénmen zài tǎolùn hépíng, xià yī fēnzhōng jūnduì yòu kāishǐ zhàndòu

Pǔtōng rén shìzhe gǎibiàn mìngyùn, dàn dōu bù chénggōng, zhǐyǒu shénxiānmen juédìng tāmen shēnghuó de fāngxiàng

Xié'è de rén zuìhòu zǒng huì dédào chéngfá, tāmen shìzhe táopǎo, dàn shàngtiān bù tīng.

第 27 章
太师回来

王朝的生死已经写好，没有什么能改变它的命运

前一分钟大臣们在讨论和平，下一分钟军队又开始战斗

普通人试着改变命运，但都不成功，只有神仙们决定他们生活的方向

邪恶的人最后总会得到惩罚，他们试着逃跑，但上天不听。

Bǐ Gàn qímǎ hěn kuài líkāi le chéngshì. Qí le jǐ lǐ hòu, tā tīngdào lù biān yǒu yígè mài báicài de nǚrén. Tā hǎn dào, "Xiānshēng, hǎo chī de báicài. Tāmen méiyǒu xīn!"

Bǐ Gàn tíngxià le mǎ. Tā duì tā shuō, "Dànshì, rúguǒ yígè rén méiyǒu xīn ne?"

"Yígè méiyǒu xīn de rén huì mǎshàng sǐqù!" tā huídá shuō. Bǐ Gàn yìtīng zhè huà, dà jiào le yìshēng, cóng mǎshàng diào le xiàlái. Xuě cóng tā de xiōngkǒu liúchū. Nǚrén yòng zuì kuài de sùdù táozǒu le.

Zhèshì shénme qíngkuàng? Bǐ Gàn hái néng huózhe, shì yīnwèi Jiāng Zǐyá xiě de zhītiáo lǐ de mófǎ. Mófǎ bǎohù le Bǐ Gān bú shòu shānghài, dàn zhǐyǒu Bǐ Gàn xiāngxìn tā yǒuyòng, mófǎ cái huì yǒuyòng. Rúguǒ mài báicài de nǚrén shuō, "Rén jíshǐ méiyǒu xīn yě néng huó" zhèyàng de huà, Bǐ Gàn huì jìxù huó xiàqù. Dàn tā shuō tā huì sǐ. Tā xiāngxìn le tā, ránhòu jiù sǐ le.

Jǐ fēnzhōng hòu, liǎng míng jiāngjūn gǎn dào. Tāmen shì Huáng Fēihǔ sòng lái de, Huáng Fēihǔ mìnglìng tāmen gēnzhe Bǐ Gàn. Tāmen kàndào dìshàng Bǐ Gàn de shītǐ. Tāmen zhuǎnguò shēn lái, yòng zuì kuài de sùdù qímǎ qù gàosù Huáng Fēihǔ hé qítā dàchén fāshēng de shìqing.

Qízhōng yí wèi jiào Xià Zhāo de dàchén, yí wèi niánqīng de rújiào dúshūrén, fēicháng shēngqì. "Nàge bàojūn shā le zìjǐ de shūshu!" tā hǎn dào. "Zhè wéifǎn le

比干骑马很快离开了城市。骑了几里后，他听到路边有一个卖白菜[1]的女人。她喊道，"先生，好吃的白菜。它们没有心！"

比干停下了马。他对她说，"但是，如果一个人没有心呢？"

"一个没有心的人会马上死去！"她回答说。比干一听这话，大叫了一声，从马上掉了下来。血从他的胸口流出。女人用最快的速度逃走了。

这是什么情况？比干还能活着，是因为姜子牙写的纸条里的魔法。魔法保护了比干不受伤害，但只有比干相信它有用，魔法才会有用。如果卖白菜的女人说，"人即使没有心也能活"这样的话，比干会继续活下去。但她说他会死。他相信了她，然后就死了。

几分钟后，两名将军赶到。他们是黄飞虎送来的，黄飞虎命令他们跟着比干。他们看到地上比干的尸体。他们转过身来，用最快的速度骑马去告诉黄飞虎和其他大臣发生的事情。

其中一位叫夏招的大臣，一位年轻的儒教读书人，非常生气。"那个暴君杀了自己的叔叔！"他喊道。"这违反[2]了

---

[1] 白菜　　　　báicài – cabbage
[2] 违反　　　　wéifǎn – against, violation

fǎlǜ hé suǒyǒu zhèngquè de shìqing. Wǒ xiànzài jiù yào qù jiàn tā."

Tā shènzhì méiyǒu dédào yǔnxǔ, jiù zhíjiē pǎo jìn le Lù Tái.

Guówáng zài Lù Tái shàng, děngzhe Dájǐ de xīn tāng zuò hǎo. Tā tái qǐtóu, kàndào le Xià Zhāo. "Nǐ xiǎng yào zuò shénme?" tā wèn.

Niánqīng de dúshūrén shuō, "Wǒ shì lái shā nǐ de!"

Guówáng xiào le. "Zhèn bú rènwéi yígè niánqīng de dàchén kěyǐ shā sǐ yígè guówáng."

"Ó, guówáng kěyǐ wèi le zuò yì wǎn tāng ér shā sǐ zìjǐ de shūshu ma? Bǐ Gàn shì nǐ shūshu, nǐ fùqīn de dìdi. Nǐ hé nàge jiànrén Dájǐ wéifǎn le fǎlǜ. Nǐ shìge xié'è de bàojūn, wǒ xiànzài jiù shā le nǐ!"

Tā zhuā qǐ yì bǎ jiàn, xiàng guówáng pǎo qù. Dàn guówáng shì yígè fēicháng hǎo de zhànshì. Tā qīngsōng de ràng kāi le, Xià Zhāo de jiàn zhǐ cì zài le kōngzhōng. Guówáng de shìwèimen xiàng Xià Zhāo pǎo qù. Dàn hái méi děng tāmen zhuā zhù tā, Xià Zhāo jiù pǎo dào lóu tái de biān, tiàolóu sǐ le.

Jiù zài tóngshí, Bǐ Gàn de shītǐ yě bèi dài huí le chéng lǐ. Zànglǐ zhǔnbèi gōngzuò zhèngzài jìnxíng zhōng.

Yě jiù zài tóngshí, dà jiāngjūn Wén Tài Shī qízhe tā de dà hēi qílín huí chéng. Tā gānggāng zài běihǎi dǎbài le pànluàn fènzi. Dāng tā zǒu jìn chéngshì de shíhòu, tā kàndào

法律和所有正确的事情。我现在就要去见他。"他甚至没有得到允许，就直接跑进了鹿台。

国王在鹿台上，等着妲己的心汤做好。他抬起头，看到了夏招。"你想要做什么？"他问。

年轻的读书人说，"我是来杀你的！"

国王笑了。"朕不认为一个年轻的大臣可以杀死一个国王。"

"哦，国王可以为了做一碗汤而杀死自己的叔叔吗？比干是你叔叔，你父亲的弟弟。你和那个贱人[1]妲己违反了法律。你是个邪恶的暴君，我现在就杀了你！"

他抓起一把剑，向国王跑去。但国王是一个非常好的战士。他轻松地让开了，夏招的剑只刺在了空中。国王的侍卫们向夏招跑去。但还没等他们抓住他，夏招就跑到搂台的边，跳楼死了。

就在同时，比干的尸体也被带回了城里。葬礼[2]准备工作正在进行中。

也就在同时，大将军闻太师骑着他的大黑麒麟[3]回城。他刚刚在北海打败[4]了叛乱分子。当他走近城市的时候，他看到

---

[1] 贱人　　jiàn rén – bitch, slut
[2] 葬礼　　zànglǐ – funeral
[3] 麒麟　　qílín – unicorn
[4] 打败　　dǎbài – to defeat

le zànglǐ de qízhì. "Zhè shì shuí de zànglǐ?" tā wèn.

"Bǐ Gàn," yǒurén shuō.

Wén Tài Shī jìn le chéng. Tā kàn le kàn zhōuwéi. Tā kàndào le hěn dà de Lù Tái. Tā kàndào le liǎng gēn gāodà de huángsè zhùzi. Ránhòu tā jìn le gōng zhōng de dàdiàn, kàndào guówáng zhuōzi shàng de huī. "Zhèlǐ de yíqiè dōu biàn le!" tā shuō. "Nàxiē huángsè de zhùzi shì shénme?"

Huáng Fēihǔ shuō, "Jiào huǒ zhùzi. Tāmen de zhōngjiān shì kōng de, yóu huáng tóng zuò chéng. Rúguǒ yǒurén zuò le guówáng bù xǐhuān de shìqing, zhùzi lǐ jiù huì shēng qǐ huǒ. Dāng zhùzi shāo rè shí, fànrén bèi bǎng zài zhùzi shàng, xiān bǎ liǎn tiē shàngqù. Tāmen hěn kuài jiù huì bèi shāo chéng huī. Jiù zhèyàng, xǔduō hǎorén sǐ le, gèng duō de rén líkāi le zhè zuò chéngshì."

Wén Tài Shī fēicháng shēngqì. Tā de étóu shàng yǒu dì sān zhī yǎnjīng. Tā de sān zhī yǎnjīng dōu yīnwèi shēngqì ér fā liàng, dì sān zhī yǎnjīng fāchū báiguāng. Tā hǎn dào, "Qiāo zhōng, qǐng bìxià dào dàdiàn lái!"

Zài Lù Tái, guówáng zhèng péizhe Dájǐ xiūxi. Tā hē le xīn tāng, bìng hěn kuài jiù hǎo le. Yígè shìcóng zǒu le jìnlái, shuō, "Bìxià, Tài Shī cóng běihǎi huílái le. Tā ràng nǐ dào dàdiàn qù."

Guówáng ānjìng le yì fēnzhōng. Ránhòu tā shuō, "Wǒ huì qù de."

Yígè xiǎoshí hòu, guówáng zǒu jìn dàdiàn. Tā duì Tài Shī shuō, "Nǐ dǎbài le běi

了葬礼的旗帜[1]。"这是谁的葬礼？"他问。

"比干，"有人说。

闻太师进了城。他看了看周围。他看到了很大的鹿台。他看到了两根高大的黄色柱子。然后他进了宫中的大殿，看到国王桌子上的灰。"这里的一切都变了！"他说。"那些黄色的柱子是什么？"

黄飞虎说，"叫火柱子。它们的中间是空的，由黄铜做成。如果有人做了国王不喜欢的事情，柱子里就会生起火。当柱子烧热时，犯人被绑在柱子上，先把脸贴上去。他们很快就会被烧成灰。就这样，许多好人死了，更多的人离开了这座城市。"

闻太师非常生气。他的额头[2]上有第三只眼睛。他的三只眼睛都因为生气而发亮，第三只眼睛发出白光。他喊道，"敲钟，请陛下到大殿来！"

在鹿台，国王正陪着妲己休息。她喝了心汤，病很快就好了。一个侍从走了进来，说，"陛下，太师从北海回来了。他让你到大殿去。"

国王安静了一分钟。然后他说，"我会去的。"

一个小时后，国王走进大殿。他对太师说，"你打败了北

---

[1] 旗帜　　　qízhì – flag
[2] 额头　　　étóu – forehead

hǎi de pànluàn fènzi. Zhèn zhēnde hěn gǎnxiè nǐ."

"Xièxiè bìxià," Wén Tài Shī huídá shuō. "Shíwǔ nián lái, wǒ yìzhí yǔ yāoguài, móguǐ, pànluàn fènzi hé qiángdào zhàndòu. Nǐ zhīdào wǒ huì wèi wǒ de guówáng hé wǒ de wángguó zuò rènhé shìqing. Kěshì tīngshuō Zhāogē zhèlǐ yǒu máfan le. Wǒ hái tīngshuō yǒu jǐ gè hóujué tǒngzhì de dìfāng pànluàn le. Zhè ràng wǒ hěn dānxīn, suǒyǐ wǒ huílái le. Qǐng gàosù wǒ fāshēng le shénme shì."

"Jiāng Huánchǔ hé È Chóngyǔ liǎng wèi dà hóujué xiǎng yào yìqǐ shā le zhèn, qǔ zhèn de wángwèi. Suǒyǐ zhèn shā le tāmen. Xiànzài tāmen de érzimen qǐlái pànluàn."

"Háiyǒu shuí tīngdào Jiāng Huánchǔ hé È Chóngyǔ shuō yào shā nǐ?" guówáng duì zhè méiyǒu dá'àn.

"Nàxiē huángsè de zhùzi shì shénme?"

"Dāng dàchén bù zhōngchéng shí, zhèn huì yòng tāmen."

"Nà zuò hěn dà de xīn lǒu shì shénme?"

"Zhèn zài hěn rè de xiàtiān qù nàlǐ. Nàlǐ liángkuài, zhèn hái kěyǐ kàndào chéngshì búcuò de fēngjǐng."

Wén Tài Shī shēngqì le. Tā shuō, "Xiànzài wǒ míngbái le wèishénme hóujué tǒngzhì de dìfāng yào fǎnduì nǐ le. Nǐ méiyǒu fù qǐ duì guójiā de zérèn. Nǐ bù tīng hào dàchén de huà. Nǐ bǎ suǒyǒu de shíjiān dōu huā zài hé nǐ de fēizǐ wán, hé xié'è de dàchén cèhuá bù hǎo de shì. Nǐ bǎ guójiā de qián huā zài le xiàng Lù Tái hé nàxiē tóng zhùzi zhèyàng de kěxiào de gōngzuò shàng."

海的叛乱分子。朕真的很感谢你。"

"谢谢陛下，"闻太师回答说。"十五年来，我一直与妖怪、魔鬼、叛乱分子和强盗战斗。你知道我会为我的国王和我的王国做任何事情。可是听说朝歌这里有麻烦了。我还听说有几个侯爵统治的地方叛乱了。这让我很担心，所以我回来了。请告诉我发生了什么事。"

"姜桓楚和鄂崇禹两位大侯爵想要一起杀了朕，取朕的王位。所以朕杀了他们。现在他们的儿子们起来叛乱。"

"还有谁听到姜桓楚和鄂崇禹说要杀你？"国王对这没有答案。

"那些黄色的柱子是什么？"

"当大臣不忠诚时，朕会用它们。"

"那座很大的新搂是什么？"

"朕在很热的夏天去那里。那里凉快，朕还可以看到城市不错的风景。"

闻太师生气了。他说，"现在我明白了为什么侯爵统治的地方要反对你了。你没有负起对国家的责任。你不听好大臣的话。你把所有的时间都花在和你的妃子玩，和邪恶的大臣策划不好的事。你把国家的钱花在了像鹿台和那些铜柱子这样的可笑的工作上。"

Wén Tài Shī jìxù shuō, "Wǒ jìdé nǐ fùqīn zuò guówáng de shíhòu. Rénmen hěn gāoxìng, wǒmen de wángguó hépíng. Xiànzài dàochù dōu shì máfan. Wǒ xūyào kǎolǜ yíxià zhège wèntí. Guò jǐ tiān wǒ huì gěi nǐ bàogào de."

Guówáng qǐshēn huí Lù Tái. Wén Tài Shī qù jiàn qítā dàchén. Tā shuō, "Qǐng gàosù wǒ yíqiè."

Huáng Fēihǔ xiàng tā jūgōng, ránhòu kāishǐ shuōhuà. Tā bǎ Dájǐ lái dào Zhāogē hòu fāshēng de yíqiè gàosù le Wén Tài Shī. Tā shuō wán hòu, Wén Tài Shī shuō, "Zhè dōu shì wǒ de cuò. Wǒ líkāi Zhāogē tài jiǔ le, wǒ yě yǔnxǔ le zhèyàng de shìqing fāshēng. Xiànzài wǒ bìxū zuò diǎn shénme. Sì tiān hòu, wǒ huì bǎ bàogào jiāogěi guówáng."

Dàchénmen dōu huí jiā le. Wén Tài Shī zài jiālǐ bǎ zìjǐ guān le sān tiān, xiě le yì piān gěi guówáng de bàogào. Dì sì tiān, tā qù jiàn guówáng. Tā shuō, "Bìxià, wǒ wèi nǐ zhǔnbèi le yì piān bàogào." Ránhòu tā bǎ bàogào fàng zài guówáng miànqián de zhuōzi shàng. Guówáng dú le tā. Bàogào shǒuxiān tǎolùn le guówáng de shībài. Ránhòu tā gěi chū le shí gè jiànyì:

1. Huǐ Lù Tái
2. Huǐ huǒ zhùzi
3. Tián píng shé kēng
4. Tián píng jiǔ chí, huǐ ròu lín
5. Bǎ Dájǐ gǎn chū shǒudū

闻太师继续说，"我记得你父亲做国王的时候。人们很高兴，我们的王国和平。现在到处都是麻烦。我需要考虑一下这个问题。过几天我会给你报告的。"

国王起身回鹿台。闻太师去见其他大臣。他说，"请告诉我一切。"

黄飞虎向他鞠躬，然后开始说话。他把妲己来到朝歌后发生的一切告诉了闻太师。他说完后，闻太师说，"这都是我的错。我离开朝歌太久了，我也允许了这样的事情发生。现在我必须做点什么。四天后，我会把报告交给国王。"

大臣们都回家了。闻太师在家里把自己关了三天，写了一篇给国王的报告。第四天，他去见国王。他说，"陛下，我为你准备了一篇报告。"然后他把报告放在国王面前的桌子上。国王读了它。报告首先讨论了国王的失败。然后它给出了十个建议[1]：

1. 毁鹿台
2. 毁火柱子
3. 填平蛇坑
4. 填平酒池，毁肉林
5. 把妲己赶出首都

---

[1] 建议　　　　jiànyì – proposal

6. Kǎn xià Fèi Zhòng hé Yóu Hún de tóu
7. Dǎkāi liángcāng wèi è dùzi de rénmen tígōng chī de
8. Sòng dàchén dào hóujué tǒngzhì de dōngbù hé nánbù tǎolùn hépíng wèntí
9. Qù shānzhōng zhǎo shèngrén
10. Gǔlì rénmen yǒnggǎn de zìyóu shuōhuà

Guówáng dú wán hòu, Wén Tài Shī gěi le tā yì zhī máobǐ. Shuō, "Bìxià, qǐng qiān xià nǐ de míngzì."

Guówáng huídá shuō, "Duì dì yī gè jiànyì, zhèn bìxū xiǎng yì xiǎng. Lù Tái shì yízuò měilì de lǒu, zhèn huā le hěnduō shíjiān hé qián jiàn tā. Duì dì wǔ gè jiànyì, zhèn bú huì bǎ Dájǐ sòng zǒu de, yīnwèi tā shì yí gè yǒu dé de hǎo wánghòu. Duì dì liù gè jiànyì, zhèn bùxiǎng shā Fèi Zhòng hé Yóu Hún, tāmen wèi zhèn gōngzuò dé hěn hǎo, méiyǒu zuì. Suǒyǐ, wǒ tóngyì nǐ suǒyǒu jiànyì, chú le dì yī, dì wǔ hé dì liù."

Wén Tài Shī gàosù guówáng, zhè shí gè jiànyì dōu hěn zhòngyào. "Rénmen duì Lù Tái fēicháng bù mǎnyì. Sǐqù de rén biànchéng de guǐ yīnwèi Dájǐ ér kū. Ér tiānshàng de shén yě yīnwèi Fèi Zhòng hé Yóu Hún ér shēngqì. Wèi le jiù wángguó, nǐ bìxū zuò zhè shí jiàn shì."

Guówáng zhàn le qǐlái. "Jīntiān jiù dào zhèlǐ ba. Zhèn hé nǐ yīnggāi yǐhòu zài tǎolùn zhège wèntí. Zhèn huì tóngyì qízhōng de qī gè jiànyì, dàn búhuì tóngyì suǒyǒu

6. 砍下费仲和尤浑的头

7. 打开粮仓[1]为饿肚子的人们提供吃的

8. 送大臣到侯爵统治的东部和南部讨论和平问题

9. 去山中找圣人

10. 鼓励人们勇敢地自由说话

国王读完后，闻太师给了他一支毛笔。说，"陛下，请签[2]下你的名字。"

国王回答说，"对第一个建议，朕必须想一想。鹿台是一座美丽的搂，朕花了很多时间和钱建它。对第五个建议，朕不会把妲己送走的，因为她是一个有德的好王后。对第六各建议，朕不想杀费仲和尤浑，他们为朕工作得很好，没有罪。所以，我同意你所有的建议，除了第一、第五和第六。"

闻太师告诉国王，这十个建议都很重要。"人们对鹿台非常不满意。死去的人变成的鬼因为妲己而哭。而天上的神也因为费仲和尤浑而生气。为了救王国，你必须做这十件事。"

国王站了起来。"今天就到这里吧。朕和你应该以后再讨论这个问题。朕会同意其中的七个建议，但不会同意所有

---

[1] 粮仓   liángcāng – granary
[2] 签   qiān – to sign one's name

shí gè."

Jiù zài guówáng zhǔnbèi líkāi de shíhòu, Fèi Zhòng hé Yóu Hún zǒu jìn fángjiān. Tāmen hái bù zhīdào fāshēng le shénme. Fèi Zhòng zhèng xiǎng hé guówáng shuōhuà, dàn Wén Tài Shī zǒu dào tāmen zhōngjiān, shuō, "Nǐmen shì shuí?"

"Wǒ shì Fèi Zhòng."

Wén Tài Shī shuō, "A, yuánlái jiùshì nǐ ràng guówáng fǎnduì tā wángguó lǐ de rén!" Tā yì quán dǎ zài Fèi Zhòng de liǎn shàng, bǎ tā dǎdǎo zài dì.

"Kàn nǐ zuò le shénme?" Yóu Hún hǎn dào.

"Nǐ shì shuí?" Wén Tài Shī wèn dào.

"Wǒ shì Yóu Hún."

"Suǒyǐ! Nǐmen liǎng gè zài gòngtóng nǔlì, ràng zìjǐ biàn dé yǒu qián yǒu quán, ér guójiā què zài shòukǔ!" Shuōzhe, tā jǔ qǐ quántóu, jiāng Yóu Hún dǎdǎo zài dì. Tā xiàng shìwèi hǎn dào, "Zhuā zhù zhè liǎng gè pàntú, shā sǐ tāmen!"

Guówáng shuō, "Nà liǎng gè rén wǔrǔ le nǐ, dàn zhè hái bùnéng shā sǐ tāmen. Tāmen dōu jiāng shòudào fǎlǜ de shěnpàn, zhèn jiāng kàn kàn tāmen huì shòudào shénme chéngfá."

Wén Tài Shī juédé zìjǐ kěnéng zuò dé tàiguò le. Tā guì zài guówáng miànqián shuō, "Bìxià, wǒ zhǐ xiǎng yào rénmen xìngfú, guójiā hépíng. Wǒ qítā shénme dōu bù

十个。"

就在国王准备离开的时候，费仲和尤浑走进房间。他们还不知道发生了什么。费仲正想和国王说话，但闻太师走到他们中间，说，"你们是谁？"

"我是费仲。"

闻太师说，"啊，原来就是你让国王反对他王国里的人！"他一拳打在费仲的脸上，把他打倒在地。

"看你做了什么？"尤浑喊道。

"你是谁？"闻太师问道。

"我是尤浑。"

"所以！你们两个在共同努力，让自己变得有钱有权，而国家却在受苦！"说着，他举起拳头，将尤浑打倒在地。他向侍卫喊道，"抓住这两个叛徒，杀死他们！"

国王说，"那两个人侮辱了你，但这还不能杀死他们。他们都将受到法律的审判[1]，朕将看看他们会受到什么惩罚。"

闻太师觉得自己可能做得太过了。他跪在国王面前说，"陛下，我只想要人们幸福，国家和平。我其他什么都不

---

[1] 审判   shěnpàn – trial

xiǎng yào."

Huìyì jiù zhèyàng jiéshù le. Dàn bùjiǔ zhīhòu, yígè sòngxìn rén lái gàosù Wén Tài Shī, dōnghǎi dìfāng yǒu le xīn de pànluàn.

Wén Tài Shī qù jiàn guówáng. Tā shuō, "Dōnghǎi dìfāng yǒu xīn de pànluàn. Wǒ bìxū jiějué zhège wèntí. Wǒ xūyào dài 20 wàn shìbīng qù nàlǐ. Děng wǒ huílái zhīhòu, wǒmen kěyǐ jìxù tǎolùn nàge bàogào de shìqing."

Guówáng tīngshuō Wén Tài Shī yào líkāi shǒudū, fēicháng gāoxìng. Tā hěn kuài tóngyì le zhège jìhuà.

Jǐ tiān hòu, jūnduì zhǔnbèi líkāi. Guówáng yǔ Wén Tài Shī, Huáng Fēihǔ jiāngjūn yìqǐ zǒuchū dōng mén. Guówáng xiàng Wén Tài Shī jǔ bēi. Dàn Wén Tài Shī bǎ bēizi gěi le Huáng Fēihǔ. Tā shuō, "Zhè jiǔ jiù ràng Huáng jiāngjūn hē ba. Jiāngjūn, wǒ bùzài de shíhòu, nǐ bìxū zhàogù hǎo wángguó. búyào hàipà zuò bìxū zuò de shìqing."

Ránhòu tā zhuǎnxiàng guówáng shuō, "Wǒ xīwàng nǐ néng gèng hǎo de zhàogù guójiā. Tīng tīng nǐ zhōngchéng de dàchénmen de yìjiàn, búyào zuò rènhé ràng shìqing biàn dé gèng huài de shìqing. Wǒ huì zài yì nián hòu huílái, yěxǔ gèng duǎn." Ránhòu tā qízhe mǎ lái dào jūnduì de zuì qiánmiàn, tāmen qímǎ xiàng dōng zǒu qù.

想要。"

会议就这样结束了。但不久之后，一个送信人来告诉闻太师，东海地方有了新的叛乱。

闻太师去见国王。他说，"东海地方有新的叛乱。我必须解决这个问题。我需要带 20 万士兵去那里。等我回来之后，我们可以继续讨论那个报告的事情。"

国王听说闻太师要离开首都，非常高兴。他很快同意了这个计划。

几天后，军队准备离开。国王与闻太师、黄飞虎将军一起走出东门。国王向闻太师举杯。但闻太师把杯子给了黄飞虎。他说，"这酒就让黄将军喝吧。将军，我不在的时候，你必须照顾好王国。不要害怕做必须做的事情。"

然后他转向国王说，"我希望你能更好地照顾国家。听听你忠诚的大臣们的意见，不要做任何让事情变得更坏的事情。我会在一年后回来，也许更短。"然后他骑着马来到军队的最前面，他们骑马向东走去。

Dì 28 Zhāng

Chéngfá Běifāng Dà Hóujué

Tài Shī shènglì ér huí, dànshì tā bù zhīdào wángguó lǐ de xié'è

Guówáng méiyǒu zuò hǎo tā de gōngzuò, guójiā pòsuì, yīpiàn hǔnluàn

Tài Shī tíchū le shí gè jiù wángguó de jiànyì, tā yào chú diào suǒyǒu xié'è de dàchén

Guójiā yīnggāi xìngfú fùqiáng, tā zuò le jìhuà, dàn zhīdào méiyǒu shé me huì hěn kuài fāshēng.

第 28 章
惩罚北方大侯爵

太师胜利[1]而回，但是他不知道王国里的邪恶

国王没有做好他的工作，国家破碎，一片混乱[2]

太师提出了十个救王国的建议，他要除掉所有邪恶的大臣

国家应该幸福富强，他做了计划，但知道没有什么会很快
发生。

---

[1] 胜利　　　shènglì – victory
[2] 混乱　　　hǔnluàn – chaos

Dāng guówáng tīngshuō Wén Tài Shī yào líkāi shǒudū shí, tā dāngrán hěn gāoxìng. Tā mǎshàng mìnglìng fàng le Fèi Zhòng hé Yóu Hún, bìng ràng tāmen chóngxīn huíqù gōngzuò. Ránhòu tā wèi zìjǐ ānpái le yígè yànhuì, bìng yāoqǐng tā suǒyǒu de dàchén lái yù huāyuán.

Nà shì yígè měilì de chūnrì. Huāyuán lǐ mǎn shì huā hé niǎo. Lǜ shuǐ cóng yízuò jīnqiáo xià liú jìn yígè dōu shì jīnyú de lán sè chítáng. Huāyuán lǐ yǒu yìtiáo báisè de shíbǎn lù, lù de liǎngbiān yǒu liǎng tiáo diāokè de shí lóng. Gōng lǐ kě'ài de nǚ shìcóng dàizhe chīde hé hēde zǒuguò huāyuán.

Guówáng zuò zài shūfáng lǐ, Dájǐ hé Hú Xǐmèi zuò zài tā de liǎngbiān. Qítā dàchén dōu zài huāyuán lǐ. Huáng Fēihǔ yìbiān chī yìbiān duì dàchénmen shuō, "Duìbùqǐ, wǒ bùnéng xiǎngshòu zhège yànhuì. Wángguó zhèngzài bèi pànluàn fēnlí, wǒ zěnme néng xiǎngshòu nàxiē huā ne? Guówáng bìxū gǎibiàn, fǒuzé zhège wángcháo kǒngpà hěn kuài jiù huì jiéshù." Qítā dàchén dōu diǎntóu biǎoshì tóngyì.

Yànhuì zài zhōngwǔ jiéshù. Dàn dāng dàchénmen zǒu jìn shūfáng gǎnxiè guówáng shí, tā shuō, "Zhè shì yígè fēicháng měilì de chūnrì, nǐmen wèishénme yào líkāi? Liú xiàlái, zhèn huì lái hé nǐmen yìqǐ hējiǔ." Dàchénmen méi bànfǎ, zhǐnéng liú xiàlái.

Hējiǔ, chànggē, tiàowǔ hái zài jìxù. Dāng yèwǎn dàolái shí, guówáng mìnglìng diǎn qǐ làzhú. Shūfáng lǐ, Dájǐ hé Hú Xǐmèi yǐjīng hē zuì le. Liǎng gè nǚrén shuìzháo le. Ránhòu Dájǐ shēntǐ nèi de hú yāo cóng tā de shēntǐ lǐ fēi le chūlái. Tā suízhe yízhèn lěngfēng fēi zǒu le, qù zhǎo rénròu.

Yànhuì zhōng suǒyǒurén dōu gǎnjuédào le lěngfēng. Yǒu rén hǎn dào, "Móguǐ lái le!

当国王听说闻太师要离开首都时，他当然很高兴。他马上命令放了费仲和尤浑，并让他们重新回去工作。然后他为自己安排了一个宴会，并邀请他所有的大臣来御花园。

那是一个美丽的春日。花园里满是花和鸟。绿水从一座金桥下流进一个都是金鱼的蓝色池塘。花园里有一条白色的石板路，路的两边有两条雕刻的石龙。宫里可爱的女侍从带着吃的和喝的走过花园。

国王坐在书房里，妲己和胡喜媚坐在他的两边。其他大臣都在花园里。黄飞虎一边吃一边对大臣们说，"对不起，我不能享受这个宴会。王国正在被叛乱分离，我怎么能享受那些花呢？国王必须改变，否则这个王朝恐怕很快就会结束。"其他大臣都点头表示同意。

宴会在中午结束。但当大臣们走进书房感谢国王时，他说，"这是一个非常美丽的春日，你们为什么要离开？留下来，朕会来和你们一起喝酒。"大臣们没办法，只能留下来。

喝酒、唱歌、跳舞还在继续。当夜晚到来时，国王命令点起蜡烛。书房里，妲己和胡喜媚已经喝醉了。两个女人睡着了。然后妲己身体内的狐妖从她的身体里飞了出来。它随着一阵冷风飞走了，去找人肉。

宴会中所有人都感觉到了冷风。有人喊道，"魔鬼来了！

Móguǐ lái le!" Huáng Fēihǔ bàn zuì bàn xǐng, què tiào le qǐlái. Tā kàndào hú yāo xiàng tā zǒu lái. Zài hēi'àn zhōng, tā kàndào tā yǒu yìshuāng xiàng jīn dēng yíyàng de yǎnjīng, yìtiáo cháng cháng de wěibā hé fēicháng jiān de zhuǎzi. Huáng Fēihǔ méiyǒu wǔqì, jiù cóng lángān shàng duàn xià yíkuài mùtou, dǎ xiàng móguǐ. Tā méiyǒu dǎ dào, móguǐ gōngjī le tā.

"Bǎ wǒ de lièyīng dài lái!" Huáng Fēihǔ hǎn dào. Tā de shìwèi qù ná lièyīng, tā hěn dà, yǒu jīnsè de yǎnjīng. Yīng fēi shàng le tiānkōng. Tā kàndào le hú yāo, yòng zhuǎzi gōngjī tā. Hú yāo dà jiào yìshēng, cáng jìn le fùjìn shān biān de jǐ kuài dà shítou xià.

Guówáng kàndào zhè. Tā mìnglìng tā de shìcóng wā kāi shítou qù zhǎo hú yāo. Tāmen wā le liǎng, sān chǐ shēn. Méiyǒu zhǎodào hú yāo, què fāxiàn le yí dà duī réngǔ. Guówáng kàndào le nà duī dōngxi. Tā shuō, "Dàoshì shèngrén gàosù zhèn, gōng lǐ yǒu yì gǔ xiéqì, zhèn què bù xiāngxìn. Dàn xiànzài zhèn zhīdào tā shì duì de."

Yànhuì jiù zhèyàng jiéshù le. Dàchénmen gǎnxiè le guówáng, ránhòu dōu huí jiā le. Dájǐ hái zài chuángshàng, dàn liǎn shàng yǒu yánzhòng de zhuā shāng. Zǎoshàng, guówáng kàndào tā de liǎn, wèn fāshēng le shénme shì. "Bìxià," tā shuō, "zuó wǎn nǐ qù hé dàchénmen yìqǐ hējiǔ hòu, wǒ qù huāyuán lǐ sànbù. Wǒ zǒulù pèng dào le yì gēn shùzhī, liǎn shàng bèi shùzhī pèng shāng le."

"Qīn'ài de, nǐ yào gèngjiā xiǎoxīn!" Guówáng shuō. "Gōng lǐ yǒu hú yāo."

魔鬼来了！"黄飞虎半醉半醒，却跳了起来。他看到狐妖向他走来。在黑暗中，他看到它有一双像金灯一样的眼睛，一条长长的尾巴和非常尖的爪子[1]。黄飞虎没有武器，就从栏杆[2]上断下一块木头，打向魔鬼。他没有打到，魔鬼攻击了他。

"把我的猎鹰带来！"黄飞虎喊道。他的侍卫去拿猎鹰，它很大，有金色的眼睛。鹰飞上了天空。它看到了狐妖，用爪子攻击它。狐妖大叫一声，藏进了附近山边的几块大石头下。

国王看到这。他命令他的侍从挖开石头去找狐妖。他们挖了两、三尺深。没有找到狐妖，却发现了一大堆[3]人骨。国王看到了那堆东西。他说，"道士圣人告诉朕，宫里有一股邪气，朕却不相信。但现在朕知道他是对的。"

宴会就这样结束了。大臣们感谢了国王，然后都回家了。妲己还在床上，但脸上有严重的抓伤。早上，国王看到她的脸，问发生了什么事。"陛下，"她说，"昨晚你去和大臣们一起喝酒后，我去花园里散步。我走路碰到了一根树枝，脸上被树枝碰伤了。"

"亲爱的，你要更加小心！"国王说。"宫里有狐妖。"

---

[1] 爪子　　　zhuǎzi – claw
[2] 栏杆　　　lángān – railing
[3] 堆　　　　duī – pile

Ránhòu tā bǎ fāshēng de shìqing gàosù le tā. Dàn tā bù zhīdào, tā zhèngzài gěi yígè hú yāo jiǎng zhège gùshì, tā gèng bù zhīdào zhè jǐ nián tā yìzhí zài hé nàge hú yāo shuìjiào.

Jiù zài tóngshí, Jiāng Zǐyá zhèngzài gěi Jī Chāng zuò chéngxiàng. Yǒu yìtiān, tā dúdào yígè bàogào, shuō yòu fāshēng le yì chǎng fǎn guówáng de pànluàn, Wén Tài Shī bèi sòng qù zǔzhǐ pànluàn. Jiēzhe yòu chuán lái le bàogào, shuō guówáng mìnglìng jiāng Bǐ Gàn de xīn cóng tā de shēntǐ lǐ wā chūlái, wèi Dájǐ zuò yào tāng. Zhè shí yòu chuán lái le dì sān fèn bàogào, shuō Chóng Hóuhǔ yǔ Fèi Zhòng yìqǐ mìmì cèhuà, wèi tāmen zìjǐ zào fù, ér rénmen què zài shòu è.

Jiāng Zǐyá qù jiàn Jī Chāng, bǎ zuìjìn liǎojiě dào de dōu gàosù le tā. Tā shuō, "Zài wǒ kàn lái, wǒmen bìxū chúdiào Chóng Hóuhǔ. Rúguǒ tā liú zài bìxià de shēnbiān, zāinàn jiù huì gēnzhe lái. Jiù xiàng nǐ zhīdào de, bìxià gěi le nǐ gōngdǎ pàntú hé pànluàn fènzi de quánlì. Ér Chóng Hóuhǔ shì pàntú. Rúguǒ nǐ chúdiào tā, nǐ jiāng bāngzhù bìxià zàicì chéngwéi yígè qiángdà de tǒngzhìzhě."

Jī Chāng shuō, "Gàosù wǒ, rúguǒ wǒmen ràng jūnduì gōngdǎ Chóng Hóuhǔ, shuí zhǐhuī jūnduì?"

"Wǒ huì xiàng gǒu huò mǎ yíyàng wèi nǐ gōngzuò."

Jī Chāng tīngdào zhè huà hěn gāoxìng, dàn yě pà Jiāng Zǐyá tài zhāojí gōng chéng. Suǒyǐ tā shuō, "Hǎo. Dàn wǒ huì hé nǐ yìqǐ qù, zhèyàng wǒmen jiù kěyǐ yìqǐ tǎolùn zhòngyào de shìqing."

Tāmen jíhé le yì zhī 10 wàn shìbīng de jūnduì. Jī Chāng dàizhe yì bǎ niú wěibā

然后他把发生的事情告诉了她。但他不知道，他正在给一个狐妖讲这个故事，他更不知道这几年他一直在和那个狐妖睡觉。

就在同时，姜子牙正在给姬昌做丞相。有一天，他读到一个报告，说又发生了一场反国王的叛乱，闻太师被送去阻止叛乱。接着又传来了报告，说国王命令将比干的心从他的身体里挖出来，为妲己做药汤。这时又传来了第三份报告，说崇侯虎与费仲一起秘密策划，为他们自己造富，而人们却在受饿。

姜子牙去见姬昌，把最近了解到的都告诉了他。他说，"在我看来，我们必须除掉崇侯虎。如果他留在陛下的身边，灾难就会跟着来。就像你知道的，陛下给了你攻打叛徒和叛乱分子的权力。而崇侯虎是叛徒。如果你除掉他，你将帮助陛下再次成为一个强大的统治者。"

姬昌说，"告诉我，如果我们让军队攻打崇侯虎，谁指挥军队？"

"我会像狗或马一样为你工作。"

姬昌听到这话很高兴，但也怕姜子牙太着急攻城。所以他说，"好。但我会和你一起去，这样我们就可以一起讨论重要的事情。"

他们集合了一支 10 万士兵的军队。姬昌带着一把牛尾巴

chuízi hé yì bǎ huáng fǔtóu, dōu shì guówáng sòng gěi tā de, biǎoshì tā yǒu quán gōngdǎ pàntú hé pànluàn fènzi. Zhōu jūn líkāi Xīqí chéng, ěr biān xiǎngqǐ rénmen de kāixīn de jiàohǎn shēng.

Jǐ tiān hòu, Zhōu jūn dào le Chóng Chéng, zài chéng wài jiàn le yíngdì. Chóng Hóuhǔ búzài nàlǐ, dàn zhè zuò chéngshì yóu tā de érzi Chóng Yīngbiāo zhǐhuī. Chóng Yīngbiāo duì tā de jiāngjūnmen shuō, "Jī Chāng juédìng gōngdǎ wǒmen. Nǐmen hái jìdé jǐ nián qián tā táolí le Zhāogē. Xiànzài tā méiyǒu lǐyóu de gōngdǎ wǒmen. Hǎo ba, rúguǒ tā xiǎng diū le zìjǐ de shēngmìng, nà duì wǒ lái shuō hěn hǎo." Ránhòu tā ràng tā de jiāngjūnmen zhuā zhù Jī Chāng, bǎ tā dài dào Zhāogē.

Dì yī chǎng zhàndòu shì Jī Chāng de yí wèi jiào Nángōng Shì de jiāngjūn hé Fēi Hǔ jūnduì de yí wèi jiāngjūn zhījiān de zhàndòu. Liǎng rén zài mǎ bèi shàng zhàndòu, mǎ zhuànquān, jiàn zài fēi. Fēi Hǔ jiāngjūn hěn qiáng, dàn Nángōng Shì gèng qiáng. Tāmen dǎ le sānshí gè láihuí. Bùjiǔ Nángōng Shì bǎ lìng yígè rén cóng mǎshàng dǎ le xiàlái. Yìxiē shìbīng pǎo shàngqù kǎn xià le nàge rén de tóu. Tāmen bǎ tóu dài huí yíngdì, jiāogěi le Jiāng Zǐyá.

Chóng Yīngbiāo jiàn zhè, fēicháng shēngqì. Tā yòng quántóu qiāodǎzhe zhuōzi, hǎn dào, "Quán jūn zuò hǎo zhǔnbèi. Míngtiān wǒmen zài dǎ!"

Dì èr tiān, Chóng Chéng de chéng mén dǎkāi, yì zhī dàjūn chōng le chūlái. Tāmen chōng xiàng duìmiàn de jūnduì, ránhòu zài bù yuǎn de dìfāng tíng le xiàlái. Tāmen kàndào yígè lǎo dàoshì qízhe mǎ pǎo xiàng qiánxiàn. Tā yǒu yìtóu de bái fà hé chàng chàng de yínsè húzi. Tā dàizhe yì dǐng jīn màozi, chuānzhe sī yāodài de cháng yī, shǒu lǐ názhe yì bǎ jiàn. Nà zhèng shì Jiāng Zǐyá. Jiāng Zǐyá hǎn dào, "Chóng jūn zhǐhuī guān! Mǎshàng

锤子和一把黄斧头，都是国王送给他的，表示他有权攻打叛徒和叛乱分子。周军离开西岐城，耳边响起人们的开心的叫喊声。

几天后，周军到了崇城，在城外建了营地。崇侯虎不在那里，但这座城市由他的儿子崇应彪指挥。崇应彪对他的将军们说，"姬昌决定攻打我们。你们还记得几年前他逃离了朝歌。现在他没有理由地攻打我们。好吧，如果他想丢了自己的生命，那对我来说很好。"然后他让他的将军们抓住姬昌，把他带到朝歌。

第一场战斗是姬昌的一位叫南宫适的将军和飞虎军队的一位将军之间的战斗。两人在马背上战斗，马转圈，剑在飞。飞虎将军很强，但南宫适更强。他们打了三十个来回。不久南宫适把另一个人从马上打了下来。一些士兵跑上去砍下了那个人的头。他们把头带回营地，交给了姜子牙。

崇应彪见这，非常生气。他用拳头敲打着桌子，喊道，"全军做好准备。明天我们再打！"

第二天，崇城的城门打开，一支大军冲了出来。他们冲向对面的军队，然后在不远的地方停了下来。他们看到一个老道士骑着马跑向前线。他有一头的白发和长长的银色胡子。他戴着一顶金帽子，穿着丝腰带的长衣，手里拿着一把剑。那正是姜子牙。姜子牙喊道，"崇军指挥官！马上

lái jiàn wǒ!"

Chóng Yīngbiāo qízhe mǎ zǒuxiàng qián. Tā chuānzhe jīnsè de kuījiǎ hé yí jiàn hóngsè de cháng yī. Tā hǎn dào, "Shuí gǎn gōngdǎ wǒ de chéngshì?"

"Wǒ shì chéngxiàng Jiǎng Zǐyá. Nǐ hé nǐ fùqīn de xié'è xiàng hǎi yíyàng shēn. Nǐmen xiàng è hǔ yíyàng ná rénmen de qián, nǐmen xiàng yě láng yíyàng shānghài le tāmen. Nǐmen duì bìxià bù zhōngchéng. Xiànzài wǒ shīfu Jī Chāng zhèngzài zuò bìxià jiāogěi tā de gōngzuò."

Ránhòu Jī Chāng qímǎ lái dào Jiǎng Zǐyá pángbiān, hǎn dào, "Chóng Yīngbiāo! Xiàmǎ, gēn wǒmen lái. Wǒmen huì bǎ nǐ dài huí Xīqí, shā sǐ nǐ hé nǐ de fùqīn. Ér nǐ de shìbīng bù xūyào wèi nǐ ér sǐ."

Chóng Yīngbiāo hǎn dào, "Jiǎng Zǐyá, nǐ shuō dàhuà, nǐ zhǐshì yígè dǎnxiǎo de bèn lǎorén. Hái yǒu Jī Chāng, nǐ shì wǒmen wángguó de pàntú!" Ránhòu tā zhuǎnxiàng tā de jiāngjūnmen, wèn dào, "Shúi lái wèi wǒ chú diào zhèxiē shǎguā?"

Yì míng láizì Chóng Chéng de jiāngjūn qímǎ xiàng qián, huīzhe fǔtóu. Dàn tā méiyǒu bànfǎ dǎbài rènhé yígè dírén, suǒyǐ Chóng Yīngbiāo yòu ràng liǎng míng jiāngjūn cānjiā zhàndòu. Jiǎng Zǐyá jiàn zhè, mìnglìng liù wèi hóujué cānjiā zhàndòu. Yīnwèi tāmen de rén méiyǒu Jiǎng Zǐyá de rén duō, Chóng Yīngbiāo zìjǐ qímǎ xiàng qián, cānjiā le zhàndòu.

Tāmen zhàndòu le èrshí gè láihuí. Chóng Yīngbiāo de liǎng míng jiāngjūn bèi shā. Jiàn tāmen de rén méiyǒu Jiǎng Zǐyá de rén duō, Chóng Yīngbiāo dàizhe tā de jiāngjūn hé shèngxià de jūnduì táo huí le chéng lǐ. Tāmen guān le chéng mén. Chóng Yīngbiāo yǔ jiāngjūnmen zuò xiàlái juédìng zěnme yǔ Zhōu jūn zhàndòu.

来见我！"

崇应彪骑着马走向前。他穿着金色的盔甲和一件红色的长衣。他喊道，"谁敢攻打我的城市？"

"我是丞相蒋子牙。你和你父亲的邪恶像海一样深。你们像饿虎一样拿人们的钱，你们像野狼一样伤害了他们。你们对陛下不忠诚。现在我师父姬昌正在做陛下交给他的工作。"

然后姬昌骑马来到姜子牙旁边，喊道，"崇应彪！下马，跟我们来。我们会把你带回西岐，杀死你和你的父亲。而你的士兵不需要为你而死。"

崇应彪喊道，"姜子牙，你说大话，你只是一个胆小的笨老人。还有姬昌，你是我们王国的叛徒！"然后他转向他的将军们，问道，"谁来为我除掉这些傻瓜？"

一名来自崇城的将军骑马向前，挥着斧头。但他没有办法打败任何一个敌人，所以崇应彪又让两名将军参加战斗。姜子牙见这，命令六位侯爵参加战斗。因为他们的人没有姜子牙的人多，崇应彪自己骑马向前，参加了战斗。

他们战斗了二十个来回。崇应彪的两名将军被杀。见他们的人没有姜子牙的人多，崇应彪带着他的将军和剩下的军队逃回了城里。他们关了城门。崇应彪与将军们坐下来决定怎么与周军战斗。

Zhōu jūn zhèlǐ, Jiāng Zǐyá xiǎng yào mǎshàng gōng chéng. Jī Chāng quèshuō, "Rúguǒ gōng chéng, yù hé shí dōuhuì bèi huǐ. Hěnduō rén huì sǐ. Wǒmen méiyǒu lǐyóu shā sǐ zhè zuò chéngshì de rénmen, wǒmen yào jiù tāmen."

Jiāng Zǐyá xīn xiǎng, "Wǒ shīfu xiàng Yáo, Shùn yíyàng yǒu dé." Suǒyǐ tā juédìng děng. Tā ràng Nángōng Shì dàizhe yì fēng xìn qù Cáo Zhōu, sònggěi Chóng Hóuhǔ de dìdi, tā shì Cáo Zhōu hóujué, rénmen jiào tā Hēihǔ. Tā xīwàng Hēihǔ néng lái bāngzhù tāmen. Ránhòu tā děngzhe.

周军这里，姜子牙想要马上攻城。姬昌却说，"如果攻城，玉和石都会被毁[1]。很多人会死。我们没有理由杀死这座城市的人们，我们要救他们。"

姜子牙心想，"我师父像尧、舜一样有德[2]。"所以他决定等。他让南宫适带着一封信去曹州，送给崇侯虎的弟弟，他是曹州侯爵，人们叫他黑虎。他希望黑虎能来帮助他们。然后他等着。

---

[1] To burn both jade and stone (玉石俱焚, yù shí jù fén) is a Chinese idiom meaning to destroy indiscriminately.

[2] Emperor Yao was born around 2717 BC. He was one of the first emperors of China, and is revered for his wisdom and fairness. He had nine sons but did not feel any of them were worthy to take his place, so he selected a brilliant young man named Shun to be the next emperor.

Dì 29 Zhāng

Liǎng Wèi Dà Hóujué Zhī Sǐ

Chóng Hóuhǔ cánrěn tānlán, tā bǎ qítā rén de qián biàn chéng tā zìjǐ de qián

Tā jiàn guówáng, xiǎng yào kòngzhì tā, tā yòng yīqiān zhǒng bùtóng de piàn rén jìshù lái bāngzhù tā zìjǐ

Tā shǐ rénmen gōngzuò dào jīhū sǐ le, ránhòu tā jìhuà chú diào guówáng

Guówáng méiyǒu dé, dàn Jiāng Ziyá yǒu dé, tā zhīdào wángcháo jiāng dào, rénmen jiàng sǐ.

第 29 章
两位大侯爵之死

崇侯虎残忍贪婪[1]，他把其他人的钱变成他自己的钱

他见国王，想要控制他，他用一千种不同的骗人技术来帮
助他自己

他使人们工作到几乎死了，然后他计划除掉国王

国王没有德，但姜子牙有德，他知道王朝将倒，人们将
死。

---

[1] 贪婪　　　tānlán – greedy

Nángōng Shì líkāi qiánwǎng Cáo Zhōu. Tā zài jiǔdiàn zhù le yígè wǎnshàng, dì èr tiān qù jiàn Chóng Hēihǔ.

"Nǐ zěnme lái zhèlǐ jiàn wǒ le?" Chóng Hēihǔ wèn.

"Dàrén, wǒ yǒu yì fēng xìn yào gěi nǐ. Shì chéngxiàng Jiāng Zǐyá xiě gěi nǐ de."

Chóng Hēihǔ dǎkāi xìn, kāishǐ dú le qǐlái.

Qīn'ài de Chóng Hēihǔ,

Dàchén yīnggāi duì tā de guówáng zhōngchéng, bāngzhù tā, ràng rénmen hé wángguó dédào hǎochù. Dànshì, rúguǒ guówáng shì xié'è de, huòzhě rúguǒ guówáng zuò le duì rénmen hé wángguó yǒu shānghài de shìqing, nàme dàchén jiù bùnéng bāngzhù tā. Nǐ zhīdào nǐ gēge yìzhí zài zuò xié'è de shìqing. Tā de zuì xiàng shān yíyàng dà. Wèi zhè, tā bèi shén hé rénmen tǎoyàn.

Wǒ de shīfu, xīfāng dà hóujué, yǒu quán chéngfá nǐ de gēge. Dàn rúguǒ tā zhèyàng zuò le, rénmen kěnéng huì sǐ. Suǒyǐ wǒ yāoqiú nǐ zuò zhèngquè de shì. Zhuā zhù Chóng Hóuhǔ, jiāng tā dài dào Zhōu yíngdì.

Rúguǒ nǐ zhèyàng zuò le, nǐ jiāng chéngwéi yígè dàjiā dōu zhīdào de yǒu dé hé yǒnggǎn de rén. Rúguǒ bú nàyàng zuò, rénmen huì rènwéi nǐ hé nǐ gēge yíyàng. Tāmen jiāng méiyǒu bànfǎ fēnchū yù hé shítou. Qǐng nǐ kǎolǜ bìng jíshí gěi wǒmen nǐ de huídá.

Chéngxiàng, Jiāng Zǐyá

南宫适离开前往曹州。他在酒店住了一个晚上，第二天去见崇黑虎。

"你怎么来这里见我了？"崇黑虎问。

"大人，我有一封信要给你。是丞相蒋子牙写给你的。"

崇黑虎打开信，开始读了起来。

亲爱的崇黑虎，

大臣应该对他的国王忠诚，帮助他，让人们和王国得到好处。但是，如果国王是邪恶的，或者如果国王做了对人们和王国有伤害的事情，那么大臣就不能帮助他。你知道你哥哥一直在做邪恶的事情。他的罪像山一样大。为这，他被神和人们讨厌。

我的师父，西方大侯爵，有权惩罚你的哥哥。但如果他这样做了，人们可能会死。所以我要求你做正确的事。抓住崇侯虎，将他带到周营地。

如果你这样做了，你将成为一个大家都知道的有德和勇敢的人。如果不那样做，人们会认为你和你哥哥一样。他们将没有办法分出玉和石头。请你考虑并及时给我们你的回答。

丞相，姜子牙

Chóng Hēihǔ kàn le xìn, ránhòu yòu dú le yíbiàn. Tā zuò xiàlái xiǎngzhe. Ránhòu tā zìjǐ duì zìjǐ qīngshēng de shuō, "Jiāng Zǐyá shuō de méi cuò. Jíshǐ shì xiàoshùn de xiōngdì yě yīnggāi zhīdào shénme shíhòu gāi zuò zhèngquè de shì. Rúguǒ wǒ zhuā le wǒ de gēge, wǒ jiāng jiù Chóng jiā, ràng tāmen bùsǐ. Rúguǒ zhè shì bú xiào, nà wǒ sǐ hòu huì xiàng fùmǔ shuō duìbùqǐ." Ránhòu tā táitóu kànzhe Nángōng Shì, shuō, "Wǒ huì ànzhào nǐmen de chéngxiàng de yāoqiú qù zuò. Méiyǒu bìyào huí zhè fēng xìn. Gàosù Jiāng Zǐyá, wǒ huì bǎ wǒ gēge zhuā qǐlái, dài dào Zhōu yíngdì."

Dì èr tiān, tā dàizhe 3000 míng Fēi Hǔ zhànshì qiánwǎng Chóng Chéng. Dào le chéng lǐ, tā de zhízi Chóng Yīngbiāo chūlái huānyíng tā.

"Shūshu, qǐng yuánliàng wǒ!" tā shuō. "Wǒ chuānzhe kuījiǎ, suǒyǐ wǒ bùnéng gěi nǐ yígè zhèngshì de jūgōng."

"Qīn'ài de zhízi, wǒ tīngshuō Chóng Chéng bèi gōngjī le. Wǒ dài le 3000 míng zuì yōuxiù de shìbīng lái bāngzhù nǐ bǎowèi zhè zuò chéngshì. Dànshì gàosù wǒ, Jī Chāng wèishénme yào gōng chéng?"

"Shūshu, wǒ bù zhīdào. Dàn wǒ dāngrán hěn gāoxìng nǐ zài zhèlǐ bāngzhù wǒmen!"

Dì èr tiān zǎoshàng, Chóng Hēihǔ dài Fēi Hǔ shìbīng chūchéng, qù hé Zhōu jūn zhàndòu. Tā chuānzhe jīnsè de kuījiǎ, wàimiàn chuānzhe yí jiàn hóngsè de lóng cháng yī, qízhe yígè huǒyǎn yāoguài. Tā de liǎn hēi dé xiàng guō dǐ, huángsè de méimáo, jīnsè de yǎnjīng

崇黑虎看了信，然后又读了一遍。他坐下来想着。然后他自己对自己轻声地说，"姜子牙说的没错。即使是孝顺的兄弟也应该知道什么时候该做正确的事。如果我抓了我的哥哥，我将救崇家，让他们不死。如果这是不孝，那我死后会向父母说对不起。"然后他抬头看着南宫适，说，"我会按照你们的丞相的要求去做。没有必要回这封信。告诉姜子牙，我会把我哥哥抓起来，带到周营地。"

第二天，他带着 3000 名飞虎战士前往崇城。到了城里，他的侄子[1]崇应彪出来欢迎他。

"叔叔，请原谅我！"他说。"我穿着盔甲，所以我不能给你一个正式的鞠躬。"

"亲爱的侄子，我听说崇城被攻击了。我带了 3000 名最优秀的士兵来帮助你保卫这座城市。但是告诉我，姬昌为什么要攻城？"

"叔叔，我不知道。但我当然很高兴你在这里帮助我们！"

第二天早上，崇黑虎带飞虎士兵出城，去和周军战斗。他穿着金色的盔甲，外面穿着一件红色的龙长衣，骑着一个火眼妖怪。他的脸黑得像锅底，黄色的眉毛[2]，金色的眼睛

---

[1] 侄子　　　zhízi – nephew
[2] 眉毛　　　méimáo – eyebrow

hé cháng cháng de hóngsè húzi. Jiāng Zǐyá kàndào tā, tā míngbái fàshēng le shénme. Tā ràng Nángōng Shì chūqù hé tā zhàndòu.

"Chóng Hēihǔ," Nángōng Shì hǎn dào. "Nǐ gēge shì zuìrén. Tā shānghài le xǔduō hǎorén. Wǒmen kěyǐ zhuā tā!" Ránhòu tā jǔ qǐ jiàn, gōngjī Chóng Hēihǔ. Tāmen kāishǐ zhàndòu. Liǎng rén kào dé hěn jìn, yòng wǔqì kǎn shā. Tāmen zhàndòu le èrshí gè láihuí. Ránhòu Chóng Hēihǔ qīngshēng shuō, "Wǒmen xiànzài tíngzhǐ zhàndòu ba. Děng wǒ zhuā le wǒ gēge, wǒ zàilái jiàn nǐ."

Nángōng Shì yòu yìdāo kǎn xiàng tā de dírén, ránhòu ràng mǎ zhuànshēn xiàng hòu, hǎn dào, "Chóng Hēihǔ, nǐ tài qiángdà le. Qǐng búyào lái zhuī wǒ!"

Chóng Hēihǔ zhuǎnshēn qímǎ huí chéng. Chóng Yīngbiāo yìzhí zài kànzhe zhè chǎng zhàndòu. Tā wèn Chóng Hēihǔ, "Shūshu, nǐ de dírén táopǎo de shíhòu, wèishénme búyòng nǐ de mó yīng?"

Chóng Hēihǔ shuō, "Wǒ qīn'ài de zhízi, nǐ wàng le Jiāng Zǐyá shì Kūnlún shānshàng lìhài de mófǎ shī. Tā huì shā sǐ wǒ de yīng. Dàn bié dānxīn, wǒmen huì yíng zhè chǎng zhàndòu. Xiànzài wǒmen bìxū zuò jìhuà. Wǒmen xūyào nǐ de fùqīn zài zhèlǐ. Qǐng ràng sòngxìn de rén qù zhǎo tā, ràng tā mǎshàng huí dào zhèlǐ lái."

Chóng Yīngbiāo ràng sòngxìn rén qù Zhāogē, jiāng qíngkuàng gàosù le Chóng Hóuhǔ, ràng tā huí Chóng Chéng.

Chóng Hóuhǔ dú le xìn. Tā mǎshàng qù jiàn guówáng, shuō, "Bìxià, Jī Chāng gěi wǒmen zhǎo máfan le. Tā bùxiǎng ānjìng de shēnghuó. Tā dài le yì zhī dàjūn lái dào Chóng Chéng, gōngdǎ le wǒ de dìdi. Qiú qiú nín, qiú qiú nín bāngmáng!"

和长长的红色胡子。姜子牙看到他，他明白发生了什么。他让南宫适出去和他战斗。

"崇黑虎，"南宫适喊道。"你哥哥是罪人。他伤害了许多好人。我们可以抓他！"然后他举起剑，攻击崇黑虎。他们开始战斗。两人靠得很近，用武器砍杀。他们战斗了二十个来回。然后崇黑虎轻声说，"我们现在停止战斗吧。等我抓了我哥哥，我再来见你。"

南宫适又一刀砍向他的敌人，然后让马转身向后，喊道，"崇黑虎，你太强大了。请不要来追我！"

崇黑虎转身骑马回城。崇应彪一直在看着这场战斗。他问崇黑虎，"叔叔，你的敌人逃跑的时候，为什么不用你的魔鹰？"

崇黑虎说，"我亲爱的侄子，你忘了姜子牙是昆仑山上厉害的魔法师。他会杀死我的鹰。但别担心，我们会赢这场战斗。现在我们必须做计划。我们需要你的父亲在这里。请让送信的人去找他，让他马上回到这里来。"

崇应彪让送信人去朝歌，将情况告诉了崇侯虎，让他回崇城。

崇侯虎读了信。他马上去见国王，说，"陛下，姬昌给我们找麻烦了。他不想安静地生活。他带了一支大军来到崇城，攻打了我的弟弟。求求您，求求您帮忙！"

"Jī Chāng shìge zuìrén," guówáng huídá. "Mǎshàng qù Chóng Chéng. Dài shàng sānqiān rén, zhuā zhù nàge pàntú."

Jǐ tiān hòu, Chóng Hēihǔ kàndào gēge dàizhe tā de sānqiān dàjūn zǒu jìn chéngshì. Tā duì tā de yígè shìbīng shuō, "Dài èrshí gè rén zài chéng mén nèi děngzhe. Nǐ tīngjiàn wǒ huī jiàn de shēngyīn, jiù bǎ Chóng Hóuhǔ zhuā qǐlái, dài tā qù Zhōu yíngdì." Ránhòu tā duì lìng yígè shìbīng shuō, "Wǒ yì chūchéng, jiù bǎ Chóng Hóuhǔ de jiārén zhuā qǐlái. Dài tāmen qù Zhōu yíngdì." Ránhòu tā qímǎ chūchéng, lái dào le Chóng Hóuhǔ de yíngdì.

Chóng Hóuhǔ kàndào dìdi zǒu jìn yíngdì. Tā chūlái huānyíng tā de dìdi. Chóng Yīngbiāo yě zài nàlǐ, tā chūlái huānyíng shūshu. Ránhòu tāmen sān gè yìqǐ qímǎ huí dào le chéngshì. Tāmen gāng jìn chéng mén, Chóng Hēihǔ jiù bǎ jiàn ná chū yíbàn, ránhòu tā yòu bǎ tā tuī le jìnqù, fāchū yìshēng hěn xiǎng de shēngyīn. Èrshí míng shìbīng mǎshàng pǎo le chūlái. Tāmen zhuā zhù Chóng Hóuhǔ hé tā de érzi Chóng Yīngbiāo.

"Qīn'ài de dìdi," Chóng Hóuhǔ jiào dào, "nǐ zài zuò shénme?"

Chóng Hēihǔ shuō, "Gēge, nǐ búshì yígè hào dàchén. Nǐ gěi rénmen dài lái le hěn dà de kǔnàn. Nǐ ràng zìjǐ biàn dé hěn fù, ér rénmen què zài shòu è. Dànshì wǒmen de dà hóujué shì yígè cōngmíng, míngbái de rén. Tā néng fēnchū hǎo hé huài. Ér wǒ, wǒ nìngyuàn dézuì wǒmen de xiānrén, yě bú yuànyì kàndào wǒmen Chóng jiā bèi huǐ. Wǒ bìxū zhuā nǐ."

Chóng Hóuhǔ hé érzi bèi dài dào Zhōu yíngdì, qīzi hé nǚ'ér yǐjīng zài nàlǐ děngzhe tā le. Tā duì qīzi shuō, "A, wǒ dìdi duì wǒ tài cánrěn le. shuí néng xiǎng

"姬昌是个罪人，"国王回答。"马上去崇城。带上三千人，抓住那个叛徒。"

几天后，崇黑虎看到哥哥带着他的三千大军走近城市。他对他的一个士兵说，"带二十个人在城门内等着。你听见我挥剑的声音，就把崇侯虎抓起来，带他去周营地。"然后他对另一个士兵说，"我一出城，就把崇侯虎的家人抓起来。带他们去周营地。"然后他骑马出城，来到了崇侯虎的营地。

崇侯虎看到弟弟走近营地。他出来欢迎他的弟弟。崇应彪也在那里，他出来欢迎叔叔。然后他们三个一起骑马回到了城市。他们刚进城门，崇黑虎就把剑拿出一半，然后他又把它推了进去，发出一声很响的声音。二十名士兵马上跑了出来。他们抓住崇侯虎和他的儿子崇应彪。

"亲爱的弟弟，"崇侯虎叫道，"你在做什么？"

崇黑虎说，"哥哥，你不是一个好大臣。你给人们带来了很大的苦难。你让自己变得很富，而人们却在受饿。但是我们的大侯爵是一个聪明、明白的人。他能分出好和坏。而我，我宁愿得罪我们的先人，也不愿意看到我们崇家被毁。我必须抓你。"

崇侯虎和儿子被带到周营地，妻子和女儿已经在那里等着他了。他对妻子说，"啊，我弟弟对我太残忍了。谁能想

dào tā huì zuò zhèyàng de shìqing ne?"

Chóng Hēihǔ yě jìn le yíngdì. Tā xià le mǎ, qù jiàn Jiāng Zǐyá hé Jī Chāng.

"Chóng Hēihǔ," Jiāng Zǐyá shuō, "nǐ shìge zhōngchéng de dàchén. Nǐ bǎ rénmen de xìngfú fàng zài nǐ zìjǐ de jiā zhī shàng. Nǐ zhēnshì gè yīngxióng."

Jī Chāng què chījīng de kànzhe Chóng Hēihǔ. Tā wèn, "Nǐ zài zhèlǐ zuò shénme?"

Chóng Hēihǔ huídá shuō, "Wǒ gēge fàn le tiān zuì. Wǒ bǎ tā dài dào zhèlǐ lái shòu shěnpàn."

"Dàn tā shì nǐ gēge a!"

Jiāng Zǐyá kāikǒu le. Tā duì Jī Chāng shuō, "Rénmen tǎoyàn Chóng Hóuhǔ. Jíshǐ shì xiǎo háizi yě tǎoyàn tā. Dàn xiànzài tāmen zhīdào, Chóng Hēihǔ shìge yǒu dé de rén, érqiě bǐ tā gēge hǎoduōle."

Ránhòu tā mìnglìng bǎ Chóng Hóuhǔ hé Chóng Yīngbiāo dài jìnlái. Liǎng rén guì zài Jī Chāng, Jiāng Zǐyá hé Chóng Hēihǔ miànqián. Jiāng Zǐyá shuō, "Chóng Hóuhǔ, nǐ fàn le nàme duō zuì, wǒ méiyǒu bànfǎ bǎ tāmen dōu shuō chūlái. Shì shíhòu ràng nǐmen shòudào shàngtiān de chéngfá le. Shìwèi! Bǎ tāmen dài dào wàimiàn, kǎn xià tāmen de tóu."

Jī Chāng chījīng dé shuō bù chū huà lái. Shìwèi zhuā le liǎng míng fànrén, bǎ tāmen dài dào wàimiàn. Jǐ fēnzhōng hòu, shìwèi huílái le, shǒu lǐ názhe liǎng gè tóu. Jī Chāng cónglái méiyǒu jiànguò zhèyàng bèi kǎn xià de tóu. Tā yòng xiùzi zhēzhù yǎnjīng, dàshēng hǎn

到他会做这样的事情呢？"

崇黑虎也进了营地。他下了马，去见姜子牙和姬昌。

"崇黑虎，"姜子牙说，"你是个忠诚的大臣。你把人们的幸福放在你自己的家之上。你真是个英雄[1]。"

姬昌却吃惊地看着崇黑虎。他问，"你在这里做什么？"

崇黑虎回答说，"我哥哥犯了天罪。我把他带到这里来受审判。"

"但他是你哥哥啊！"

姜子牙开口了。他对姬昌说，"人们讨厌崇侯虎。即使是小孩子也讨厌他。但现在他们知道，崇黑虎是个有德的人，而且比他哥哥好多了。"

然后他命令把崇侯虎和崇应彪带进来。两人跪在姬昌、姜子牙和崇黑虎面前。姜子牙说，"崇侯虎，你犯了那么多罪，我没有办法把它们都说出来。是时候让你们受到上天的惩罚了。侍卫！把他们带到外面，砍下他们的头。"

姬昌吃惊得说不出话来。侍卫抓了两名犯人，把他们带到外面。几分钟后，侍卫回来了，手里拿着两个头。姬昌从来没有见过这样被砍下的头。他用袖子遮住眼睛，大声喊

---

[1] 英雄　　　yīngxióng – hero

dào, "Zhè tài kěpà le! Wǒ yídìng huì yīnwèi zhè ér sǐ."

Bùjiǔ, Chóng Hóuhǔ de jiārén bèi fàng le hòu, Jī Chāng huí dào le Xīqí de jiā. Tā gǎndào bù shūfú. Tā shénme dōu bùnéng chī, bùnéng hē. Měi cì bìshàng yǎnjīng, tā dōuhuì kàndào Chóng Hóuhǔ zhàn zài tā miànqián, kū hǎnzhe ràng Jī Chāng bǎ mìng huán gěi tā. Yīshēng lái kàn tā, dàn tāmen gěi de yào duì tā méiyǒu yìdiǎn bāngzhù.

Suǒyǒu yóu Chóng Hóuhǔ tǒngzhì de dìfang xiànzài dōu yóu Chóng Hēihǔ tǒngzhì. Tāmen chéngwéi yígè xīn de guójiā, bú shòu Zhāogē guówáng de tǒngzhì. Guówáng zhīdào zhè shì hòu fēicháng shēngqì. Tā mìnglìng tā de jūnduì qiánwǎng Xīqí, qù zhuā Jī Chāng hé Chóng Hēihǔ.

Dàn tā de dàchénmen què guì zài tā miànqián shuō, "Bìxià, qǐng nǐ kǎolǜ yíxià. Hěnduō rén tǎoyàn Chóng Hóuhǔ, rènwéi tā cánrěn, duì rén bù guānxīn. Tāmen hěn gāoxìng tā bèi zhuā bìng bèi shā. Yěxǔ xiànzài búshì nǐ xíngdòng de hǎo shíhòu." Guówáng tóngyì děng.

Jī Chāng de jiànkāng qíngkuàng yìtiān bǐ yìtiān huài. Tā jiào Jiāng Zǐyá qù tā chuáng biān. Jiāng Zǐyá zǒu le jìnlái, guì zài chuáng biān. Jī Chāng duì tā shuō, "Wǒ bìxū gàosù nǐ yí jiàn zhòngyào de shìqing. Wǒ gǎnxiè bìxià ràng wǒ chéngwéi xīfāng dà hóujué. Wǒ yīnggāi duì tā zhōngchéng. Wǒ cuò le, ràng Chóng Hóuhǔ hé Chóng Yīngbiāo sǐ le. Chóng Hóuhǔ hé wǒ shì yíyàng de jíbié, suǒyǐ wǒ wú quán shā sǐ tā. Xiànzài wǒ tīngdào tā yìzhí zài kū. Dāng wǒ bìshàng yǎnjīng shí, wǒ kàndào tā zhàn zài wǒ de chuáng biān. Wǒ xiǎng wǒ huó bùliǎo duōjiǔ le."

Tā jìxù shuō, "Wǒ sǐ hòu, nǐ yídìng bùnéng qǐlái fǎnduì guówáng. Rúguǒ nǐ

道，"这太可怕了！我一定会因为这而死。"

不久，崇侯虎的家人被放了后，姬昌回到了西岐的家。他感到不舒服。他什么都不能吃、不能喝。每次闭上眼睛，他都会看到崇侯虎站在他面前，哭喊着让姬昌把命还给他。医生来看他，但他们给的药对他没有一点帮助。

所有由崇侯虎统治的地方现在都由崇黑虎统治。它们成为一个新的国家，不受朝歌国王的统治。国王知道这事后非常生气。他命令他的军队前往西岐，去抓姬昌和崇黑虎。

但他的大臣们却跪在他面前说，"陛下，请你考虑一下。很多人讨厌崇侯虎，认为他残忍，对人不关心。他们很高兴他被抓并被杀。也许现在不是你行动的好时候。"国王同意等。

姬昌的健康情况一天比一天坏。他叫姜子牙去他床边。姜子牙走了进来，跪在床边。姬昌对他说，"我必须告诉你一件重要的事情。我感谢陛下让我成为西方大侯爵。我应该对他忠诚。我错了，让崇侯虎和崇应彪死了。崇侯虎和我是一样的级别[1]，所以我无权杀死他。现在我听到他一直在哭。当我闭上眼睛时，我看到他站在我的床边。我想我活不了多久了。"

他继续说，"我死后，你一定不能起来反对国王。如果你

---

[1] 级别　　　jíbié – rank

213

zhèyàng zuò le, nǐ sǐ hòu yào jiàndào wǒ jiù hěn nán le."

Lèishuǐ cóng Jiāng Zǐyá de liǎnshàng liú le xiàlái. Tā shuō, "Shì nǐ ràng wǒ zuò le chéngxiàng. Wǒ bù gǎn duì nǐ bù fúcóng."

Jiù zài zhè shí, Jī Fā jìnlái le. Jī Chāng duì tā shuō, "Wǒ qīn'ài de érzi, wǒ sǐ hòu, nǐ bìxū jiē wǒ de wèi. Nǐ hái niánqīng. búyào tìng rènhé fǎnduì guówáng de rén shuō de huà. Dāngrán, wǒmen de guówáng wú dé, dàn tā réngrán shì wǒmen de guówáng, wǒmen bìxū duì tā zhōngchéng. Xiànzài, guì zài chéngxiàng miànqián, jiēshòu tā wéi nǐ de fùqīn."

Jī Fā guì xià, xiàng Jiāng Zǐyá kētóu.

Jī Chāng jìxù shuō, "Wǒ qīn'ài de érzi, jìzhù yào ài nǐ de xiōngdìmen, duì wángguó lǐ de rénmen yào réncí, yào bāngzhù. Rúguǒ nǐ ànzhào wǒ shuō de zuò, wǒ jiù kěyǐ fàngxīn de sǐqù le." Jī Fā xiàng tā kētóu.

Jī Chāng jiēzhe shuō, "Bìxià duì wǒ hěn hǎo. Xiǎngdào wǒ zàiyě jiànbúdào tā, wǒ jiù hěn nánguò. Wǒ yě bùnéng huí Yǒu Lǐ qù bāngzhù nàlǐ de rén le." Ránhòu tā sǐ le. Sǐ shí 97 suì. Nà shì Shāng Cháo Dì Xīn Wáng zàiwèi dì èrshí nián.

Zànglǐ jiéshù hòu, Jiāng Zǐyá tíchū ràng Jī Fā chéngwéi xīn de xīfāng dà hóujué, jiào tā wèi Wǔ Wáng. Jī Fā de dì yī gè mìnglìng shì gěi suǒyǒu guānyuán dōu shēng yí gè jíbié. Suǒyǒu 200 gè hóujué hé suǒyǒu de dìfāng shǒulǐng dōu lái dào chéng lǐ, xiàng tā kētóu.

这样做了，你死后要见到我就很难了。"

泪水从<u>姜子牙</u>的脸上流了下来。他说，"是你让我做了丞相。我不敢对你不服从。"

就在这时，<u>姬发</u>进来了。<u>姬昌</u>对他说，"我亲爱的儿子，我死后，你必须接我的位。你还年轻。不要听任何反对国王的人说的话。当然，我们的国王无德，但他仍然是我们的国王，我们必须对他忠诚。现在，跪在丞相面前，接受他为你的父亲。"

<u>姬发</u>跪下，向<u>姜子牙</u>磕头。

<u>姬昌</u>继续说，"我亲爱的儿子，记住要爱你的兄弟们，对王国里的人们要仁慈、要帮助。如果你按照我说的做，我就可以放心地死去了。"<u>姬发</u>向他磕头。

<u>姬昌</u>接着说，"陛下对我很好。想到我再也见不到他，我就很难过。我也不能回<u>羑</u>里去帮助那里的人了。"然后他死了。死时 97 岁。那是<u>商朝</u><u>帝辛</u>王在位第二十年。

葬礼结束后，<u>姜子牙</u>提出让<u>姬发</u>成为新的西方大侯爵，叫他为<u>武王</u>[1]。<u>姬发</u>的第一个命令是给所有官员都升一个级别。所有 200 个侯爵和所有的地方首领都来到城里，向他磕头。

---

[1] This means "The Military King."

Zhège xiāoxi chuán dào le Zhāogē gōng lǐ de wénshū nàlǐ. Tā juédìng yào gàosù bìxià, Xīqí yǒu yí wèi xīn wáng. Tā qù Zhāi Xīng Lóu jiàn guówáng.

这个消息传到了朝歌宫里的文书[1]那里。他决定要告诉陛下，西岐有一位新王。他去摘星楼见国王。

---

[1] 文书　　　　wénshū – secretary

Dì 30 Zhāng

Huáng Fēihǔ Pànluàn

Dāng guówáng xiǎng yào wànnòng dàchén de qī zǐ shí, tā shǐ wángwèi xūruò, xié'è shènglì

Tā zhǐ tīng Dájǐ móguǐ dehuà, bù tīng huáng fūrén cōngmíng de jiànyì

Yǒu dé de nǚrén shòu rén zūnjìng, hěn bèn de guówáng gěi suǒyǒu rén dài lái zāinàn

Xiànzài pànluàn fèn zi dǐng zhù qiángdà de tiān zhù, tāmen xiǎng cóng guówáng de shǒuzhōng jiù wángguó.

第 30 章
黄飞虎叛乱

当国王想要玩弄大臣的妻子时，他使王位虚弱，邪恶胜利

他只听妲己魔鬼的话，不听黄夫人聪明的建议

有德的女人受人尊敬，很笨的国王给所有人带来灾难

现在叛乱分子顶住强大的天柱，他们想从国王的手中救王国。

Guówáng de shìwèi ràng gōng lǐ de wénshū jìn Zhāi Xīng Lóu. Wénshū xiàng guówáng kētóu. Tā shuō, "Bìxià, wǒ yǒu gè huài xiāoxi. Jī Chāng sǐ le. Tā de érzi Jī Fā xiànzài jiào zìjǐ wéi Wǔ Wáng. Zhè kěnéng shì yígè dà wèntí. Wǒ rènwéi nǐ yīnggāi mǎshàng yòng jūnduì qù chéngfá tā."

Guówáng xiàozhe shuō, "Jī Fā zuìjìn cái tíngzhǐ hē mǔrǔ. Tā néng duì zhèn zuò shénme?"

"Shìde, tā hái niánqīng. Dàn yào jìdé tā dédào le Jiāng Zǐyá, Sàn Yíshēng, Nángōng Shì de bāngzhù. Tāmen jǐ gè zài yìqǐ jiù hěn wēixiǎn."

"Jiāng Zǐyá? Tā zhǐshì yígè mófǎ shī, méiyǒu bié de le."

Gōng lǐ de wénshū jū le gōng, líkāi le gōngdiàn. Tā duì zìjǐ shuō, "Zhège guówáng shìge shǎguā. Kǒngpà wángcháo hěn kuài jiù yào jiéshù le."

Shíjiān fēikuài de guòqù. Hěn kuài dào le Yuándàn, zhè shì guówáng tǒngzhì de dì èrshíyī nián. Suǒyǒu de dàchén dōu lái jiàn guówáng, tāmen de qīzi yě lái jiàn Dájǐ wánghòu. Máfan jiù cóng zhè shí kāishǐ.

Jiǎ Fūrén shì Huáng Fēihǔ de qīzi. Tā shì lái jiàn Dájǐ wánghòu de. Dájǐ tīngshuō Jiǎ Fūrén lái le, xīn xiǎng, "Huáng Fēihǔ, nǐ yòng yīng lái shā wǒ. Xiànzài nǐ piàoliang de xiǎo qīzi lái jàn wǒ. Tā huì zǒu jìn wǒ de xiànjǐng!"

Dájǐ de nǚ shìcóngmen bǎ Jiǎ Fūrén dài jìnlái jiàn tā. Dájǐ shuō, "Qīn'ài de Jiǎ Fūrén, hěn gāoxìng jiàndào nǐ! Nǐ bǐ wǒ dà jǐ suì. Nǐ yīnggāi chéngwéi wǒ de

国王的侍卫让宫里的文书进摘星楼。文书向国王磕头。他说，"陛下，我有个坏消息。姬昌死了。他的儿子姬发现在叫自己为武王。这可能是一个大问题。我认为你应该马上用军队去惩罚他。"

国王笑着说，"姬发最近才停止喝母乳[1]。他能对朕做什么？"

"是的，他还年轻。但要记得他得到了姜子牙、散宜生、南宫适的帮助。他们几个在一起就很危险。"

"姜子牙？他只是一个魔法师，没有别的了。"

宫里的文书鞠了躬，离开了宫殿。他对自己说，"这个国王是个傻瓜。恐怕王朝很快就要结束了。"

时间飞快地过去。很快到了元旦，这是国王统治的第二十一年。所有的大臣都来见国王，他们的妻子也来见妲己王后。麻烦就从这时开始。

贾夫人是黄飞虎的妻子。她是来见妲己王后的。妲己听说贾夫人来了，心想，"黄飞虎，你用鹰来杀我。现在你漂亮的小妻子来见我。她会走进我的陷阱！"

妲己的女侍从们把贾夫人带进来见她。妲己说，"亲爱的贾夫人，很高兴见到你！你比我大几岁。你应该成为我的

---

1 母乳　　　mǔrǔ – breast milk

jiébài jiějie."

Jiǎ Fūrén shuō, "Ó, niángniang, wǒ zěnme néng zhèyàng ne? Nǐ shì wánghòu, wǒ zhǐshì yígè pǔtōng de nǔrén. Zhè jiù xiàng shùlín lǐ de yějī chéngwéi měilì fènghuáng de jiějie yíyàng."

Dájǐ shuō, "Ò, bù, qīn'ài de. Wǒ zhǐshì yígè hóujué de nǚ'ér. Dàn nǐ shì wángyé de qīzi, bìxià de qīnqi."

Liǎng rén zuò xiàlái, hē le jǐ bēi jiǔ. Zhè shí, yígè gōng lǐ de nǚ shìcóng jìnlái le, shuō, "Bìxià lái le."

"Ò, bù!" Jiǎ Fūrén jiào dào. "Wǒ bùnéng zài zhèlǐ jiàn tā. Wǒ shì dàchén de qīzi. Zhè jiāng wéifǎn fǎlǜ. Wǒ néng cáng dào nǎlǐ qù ne?"

Dájǐ xiào le xiào, shuō, "Jiějie, bié dānxīn. Qù nàlǐ." Tā zhǐzhe dàdiàn de hòumiàn. Jiǎ Fūrén pǎo qù duǒ zài dàdiàn hòumiàn. Ránhòu guówáng jìnlái le. Tā kàndào zhuōzi shàng de bēizi hé pánzi.

Tā duì Dájǐ shuō, "Qīn'ài de, nǐ zài hé shuí yìqǐ hējiǔ?"

"Wǒ zhèng hé Huáng Fēihǔ wángyé de qīzi Jiǎ Fūrén shuōhuà. Bìxià, nǐ jiànguò tā ma?"

"Dāngrán méiyǒu. Zhèn bùnéng jiàn dàchén de qīzi. Nà huì wéifǎn guīdìng de."

"Kěshì bìxià, jìzhù, Huáng Fēihǔ de mèimei shì nǐ de fēizi. Suǒyǐ, Jiǎ

结拜姐姐。"

贾夫人说，"哦，娘娘[1]，我怎么能这样呢？你是王后，我只是一个普通的女人。这就像树林里的野鸡成为美丽凤凰的姐姐一样。"

妲己说，"哦，不，亲爱的。我只是一个侯爵的女儿。但你是王爷的妻子，陛下的亲戚。"

两人坐下来，喝了几杯酒。这时，一个宫里的女侍从进来了，说，"陛下来了。"

"哦，不！"贾夫人叫道。"我不能在这里见他。我是大臣的妻子。这将违反法律。我能藏到哪里去呢？"

妲己笑了笑，说，"姐姐，别担心。去那里。"她指着大殿的后面。贾夫人跑去躲在大殿后面。然后国王进来了。他看到桌子上的杯子和盘子。

他对妲己说，"亲爱的，你在和谁一起喝酒？"

"我正和黄飞虎王爷的妻子贾夫人说话。陛下，你见过她吗？"

"当然没有。朕不能见大臣的妻子。那会违反规定的。"

"可是陛下，记住，黄飞虎的妹妹是你的妃子。所以，贾

---

[1] 娘娘　　　niángniang – empress

223

fūrén qíshí shì nǐ de qīnqi. Nǐ kěyǐ zài bù wéifǎn guīdìng de qíngkuàng xià jiàn tā." Guówáng xiǎngdào le zhè yìdiǎn. Ránhòu Dájǐ jìxù shuō, "Tā zhēnde hěn piàoliang. Wǒ xiǎng nǐ zhēnde huì xǐhuān tā de. Qǐng yǔnxǔ wǒ dài tā qù Zhāi Xīng Lóu. Ránhòu nǐ kěyǐ zài nàlǐ jiàn tā."

Jiāngyào jiàn dào měilì de Jiǎ Fūrén, guówáng hěn xīngfèn. Suǒyǐ tā líkāi qù děngzhe. Dájǐ qù zhǎo Jiǎ Fūrén. Tā jiàn Jiǎ Fūrén bù shūfú, xiǎng yào líkāi, jiù shuō, "Jiějie, qǐng xiān bié zǒu. Gēn wǒ qù Zhāi Xīng Lóu ba. Nǐ kěyǐ cóng nà shàngmiàn kàndào zhěnggè wángguó!"

Jiǎ Fūrén méiyǒu xuǎnzé, zhǐnéng gēnzhe Dájǐ lái dào le Zhāi Xīng Lóu de dǐng lǒu. Wǎng xià kàn, tā kàndào le yígè kēng. Kēng lǐ dōu shì rén de gǔtou hé jǐ qiān tiáo shé.

"Nà shì shénme?" tā wèn.

Dájǐ shuō, "Nà shì shé kēng. Xiǎng yào jiāng xié'è de rén gǎn chū gōng hěn nán. Suǒyǐ, rúguǒ wǒmen zài zhèlǐ fāxiàn rènhé xié'è de rén, tāmen jiù huì bèi bō guāng yīfú, rēng jìn kēng lǐ wèi shé." Dájǐ jiàn Jiǎ Fūrén xiàhuài le, zhǐshì xiào le xiào, ràng gōng lǐ de nǚ shìcóngmen bǎ jiǔ ná lái.

Zhèngzài tāmen hējiǔ de shíhòu, yígè gōng lǐ de nǚ shìcóng zǒu guòlái, gàosù tāmen guówáng lái le. Dájǐ duì Jiǎ Fūrén shuō, "Jiějie, bié dānxīn. Qù nà biān," tā zhǐzhe lángān. "Děng wǒ."

Guówáng jìnlái le. Tā zài Dájǐ pángbiān zuò xià. Ránhòu tā kàn xiàng lángān biān zhànzhe de měilì de Jiǎ Fūrén. "Nà shì shuí?" tā wèn.

"Nà shì Huáng Fēihǔ wángyé de qīzi," Dájǐ shuō. Jiǎ Fūrén méiyǒu xuǎnzé.

夫人其实是你的亲戚。你可以在不违反规定的情况下见她。"国王想到了这一点。然后妲己继续说，"她真的很漂亮。我想你真的会喜欢她的。请允许我带她去摘星楼。然后你可以在那里见她。"

将要见到美丽的贾夫人，国王很兴奋。所以他离开去等着。妲己去找贾夫人。她见贾夫人不舒服，想要离开，就说，"姐姐，请先别走。跟我去摘星楼吧。你可以从那上面看到整个王国！"

贾夫人没有选择，只能跟着妲己来到了摘星楼的顶搂。往下看，她看到了一个坑。坑里都是人的骨头和几千条蛇。

"那是什么？"她问。

妲己说，"那是蛇坑。想要将邪恶的人赶出宫很难。所以，如果我们在这里发现任何邪恶的人，他们就会被剥光衣服、扔进坑里喂蛇。"妲己见贾夫人吓坏了，只是笑了笑，让宫里的女侍从们把酒拿来。

正在她们喝酒的时候，一个宫里的女侍从走过来，告诉她们国王来了。妲己对贾夫人说，"姐姐，别担心。去那边，"她指着栏杆。"等我。"

国王进来了。他在妲己旁边坐下。然后他看向栏杆边站着的美丽的贾夫人。"那是谁？"他问。

"那是黄飞虎王爷的妻子，"妲己说。贾夫人没有选择。

Tā zhuǎnshēn xiàng guówáng jūgōng. Guówáng kànzhe tā, yǎnzhōng dàizhe yùwàng.

"Qǐng zuò," tā duì tā shuō.

Jiǎ Fūrén réngrán zhànzhe. Dájǐ duì tā shuō, "Nǐ shì wǒ sǎosao. Nǐ hé wǒmen zuò zài yìqǐ méiyǒu shénme búduì de."

Xiànzài Jiǎ Fūrén kànchū le xiànjǐng. Tā hàipà le, dàn tā duì guówáng shuō, "Bìxià, wǒ lái zhèlǐ jiàn wǒ de mèimei. Xiànzài qǐng yǔnxǔ wǒ fúcóng guīdìng, mǎshàng líkāi."

Guówáng duì tā xiào le xiào, shuō, "Qǐng zuò. Rúguǒ nǐ bú zuò xià, zhèn zhǐnéng zhànzhe." Tā dào le yìbēi jiǔ gěi tā.

Xiànzài Jiǎ Fūrén kàndào tā bèi kùn zài xiànjǐng lǐ le. Tā zhīdào, zìjǐ shì méiyǒu bànfǎ huózhe líkāi Zhāi Xīng Lǒu. Tā ná qǐ nà bēi jiǔ, rēng dào guówáng de liǎn shàng. Tā hǎn dào, "Shǎguā guówáng! Wǒ de zhàngfu yìzhí shì nǐ zhōngchéng de púrén. Dàn nǐ búdàn méiyǒu gǎnxiè tā, xiāngfǎn hái yào wǔrǔ wǒ, nǐ wéifǎn le tiāndì zhōng suǒyǒu de fǎzé. Nǐ hé nǐ de xié'è wánghòu lí nǐmen de sǐwáng bù yuǎn le!"

Guówáng ràng tā de shìwèi qù zhuā Jiǎ Fūrén. Dàn zài tāmen zhuā zhù tā zhīqián, tā pǎo dào lángān shàng. Tā hǎn dào, "Qīn'ài de zhàngfu, wǒ jiāng yòng wǒ de shēngmìng bǎohù wǒmen de míngshēng. Qǐng zhàogù hǎo wǒmen de háizi!" Ránhòu tā tiàolóu sǐ le.

Hěn kuài, Jiǎ Fūrén sǐqù de xiāoxi chuán dào le Huáng Fēihǔ de mèimei, Jiǎ Fūrén de sǎosao Huáng Fēi nàlǐ. Tā pǎo dào Zhāi Xīng Lóu, shàng lóu qù zhǎo guówáng. Tā yòng shǒu zhǐ

她转身向国王鞠躬。国王看着她，眼中带着欲望。

"请坐，"他对她说。

<u>贾</u>夫人仍然站着。<u>妲己</u>对她说，"你是我嫂嫂[1]。你和我们坐在一起没有什么不对的。"

现在<u>贾</u>夫人看出了陷阱。她害怕了，但她对国王说，"陛下，我来这里见我的妹妹。现在请允许我服从规定，马上离开。"

国王对她笑了笑，说，"请坐。如果你不坐下，朕只能站着。"他倒了一杯酒给她。

现在<u>贾</u>夫人看到她被困在陷阱里了。她知道，自己是没有办法活着离开<u>摘星搂</u>。她拿起那杯酒，扔到国王的脸上。她喊道，"傻瓜国王！我的丈夫一直是你忠诚的仆人。但你不但没有感谢他，相反还要侮辱我，你违反了天地中所有的<u>法则</u>[2]。你和你的邪恶王后离你们的死亡不远了！"

国王让他的侍卫去抓<u>贾</u>夫人。但在他们抓住她之前，她跑到栏杆上。她喊道，"亲爱的丈夫，我将用我的生命保护我们的名声。请照顾好我们的孩子！"然后她跳楼死了。

很快，<u>贾</u>夫人死去的消息传到了<u>黄飞虎</u>的妹妹、<u>贾</u>夫人的嫂嫂<u>黄妃</u>那里。她跑到<u>摘星楼</u>，上楼去找国王。她用手指

---

[1] 嫂嫂　sǎosao – sister-in-law
[2] 法则　fǎzé – law

zhe tā shuō, "Nǐ zhège gāisǐ de bàojūn! Nǐ qiàn wǒ gēge de mìng. Tā zài dōnghǎi yǔ hǎishàng de qiángdào zhàndòuguò. Tā hái yǔ nánfāng de pànluàn fènzi zhàndòuguò. Wǒ jiālǐ de měi yígè rén dōu duì nǐ zhōngchéng. Jīntiān, Jiǎ Fūrén lái jiàn wánghòu. Dàn nǐ méiyǒu bànfǎ kòngzhì nǐ de wánghòu, méiyǒu bànfǎ kòngzhì nǐ zìjǐ de yùwàng. Xiànzài wǒ sǎosao sǐ le. Jǐ nián yǐhòu, dāng rénmen jiǎngqǐ wǒmen wángguó de gùshì shí, nǐ de míngzì jiāng nòng zāng wǒmen de lìshǐ!"

Ránhòu tā zhuǎnxiàng Dájǐ shuō, "Hái yǒu nǐ, nǐ zhège jiànrén. Nǐ dúhài le guówáng de xīn, bǎ wǒmen de wángguó nòng dé hěn luàn. Xiànzài nǐ yòu gěi wǒ sǎosao dài lái le sǐwáng!" Tā pǎo guòqù, yòng quánlì dǎ le Dájǐ de liǎn. Dájǐ dǎo zài dìshàng. Huáng Fēi yòu dǎ le tā èr, sānshí xià.

Xiànzài de Dájǐ yǐjīng shì yígè zhēnde hú yāo, kěyǐ hěn qīngsōng de xiàng Huáng Fēi dǎ huíqù. Dàn tā zhīdào guówáng zài kànzhe. Yúshì tā hǎn dào, "Bìxià, jiù jiù wǒ, jiù jiù wǒ!"

Guówáng pǎo guòqù, bǎ Huáng Fēi cóng Dájǐ shēnshàng lā le xiàlái. Dàn Huáng Fēi què yīnwèi shēngqì ér biàn dé bù lěngjìng, tā zhuǎnshēn dǎ zài le guówáng de liǎn shàng. "Nǐ zhège bàojūn!" tā hǎn dào, "nǐ zěnme néng bǎohù nàge jiàn rén. Wǒ huì ràng tā wèi shā sǐ wǒ mèimei fùchū dàijià de!"

Guówáng zhè shí hěn shēngqì. Tā yòng yì zhī shǒu zhuāzhù tā de tóufà, lìng yì zhī shǒu zhuāzhù le tā cháng yī de qiánmiàn. Ránhòu tā bǎ tā zhuā qǐlái, rēngguò lángān. Tā diào

着他说，"你这个该死¹的暴君！你欠我哥哥的命。他在东海与海上的强盗战斗过。他还与南方的叛乱分子战斗过。我家里的每一个人都对你忠诚。今天，贾夫人来见王后。但你没有办法控制你的王后，没有办法控制你自己的欲望。现在我嫂嫂死了。几年以后，当人们讲起我们王国的故事时，你的名字将弄脏我们的历史！"

然后她转向妲己说，"还有你，你这个贱人。你毒害²了国王的心，把我们的王国弄得很乱。现在你又给我嫂嫂带来了死亡！"她跑过去，用全力打了妲己的脸。妲己倒在地上。黄妃又打了她二、三十下³。

现在的妲己已经是一个真的狐妖，可以很轻松地向黄妃打回去。但她知道国王在看着。于是她喊道，"陛下，救救我，救救我！"

国王跑过去，把黄妃从妲己身上拉了下来。但黄妃却因为生气而变得不冷静，她转身打在了国王的脸上。"你这个暴君！"她喊道，"你怎么能保护那个贱人。我会让她为杀死我妹妹付出代价的！"

国王这时很生气。他用一只手抓住她的头发，另一只手抓住了她长衣的前面。然后他把她抓起来，扔过栏杆。她掉

---

¹ 该死　　　gāisǐ – damn
² 毒害　　　dúhài – to poison
³ 下　　　　xià – (measure word for a repeated action)

zài dìshàng, mǎshàng jiù sǐ le.

Guówáng cóng lángān shàng wǎng xià kàn. Tā kàndào le Huáng Fēi pòsuì de shītǐ, tǎng zài Jiǎ Fūrén de shītǐ pángbiān. Tā duì zìjǐ zuò de shìqing gǎndào nánguò, dàn tā méiyǒu duì Dájǐ shuō shénme.

Jiǎ Fūrén de shìcóng hái zài fùjìn de dàdiàn lǐ děngzhe tā. Jǐ gè gōng lǐ de nǚ shìcóng guòlái, gàosù le tāmen fāshēng le shénme shì. Jiǎ Fūrén de shìcóngmen pǎo dào Huáng Fēihǔ jiāngjūn miànqián, Huáng Fēihǔ zhèngzài yǔ xiōngdìmen, jiāngjūn men yìqǐ xiǎngshòu dà yàn. Tāmen hǎn dào, "Diànxià, bù hǎo le! Bù hǎo le!" Ránhòu tāmen gàosù tā, Jiǎ Fūrén cóng Zhāi Xīng Lóu de lángān shàng tiào le xiàqù, ránhòu guówáng bǎ Huáng Fēi rēng sǐ le.

Huáng Fēihǔ tīngdào tāmen de huà, què bù zhīdào yào shuō shénme. Tā de dìdi Huáng Míng tiào qǐlái shuō, "Gēge, wǒ xiǎng wǒ zhīdào fāshēng le shénme shì. Guówáng kàndào le nǐ de qīzi měilì, xiǎng yào tā chéngwéi zìjǐ de. Nǐ de qīzi méiyǒu xuǎnzé, zhǐnéng tiàolóu sǐ le. Huáng Fēi kěnéng tīngshuō le zhè jiàn shì, hé guówáng zhēnglùn, cái shǐ tā bǎ tā rēng chū le Zhāi Xīng Lóu."

Tā jìxù shuō, "Nǐmen zhīdào shèngrén shuō, 'Rúguǒ guówáng tǒngzhì cuòwù, rénmen jiù huì zhǎo xīn de guówáng.' Wǒmen dōu duì wángguó zhōngchéng. Wǒmen zài běifāng, nánfāng, dōngfāng hé xīfāng wèi wǒmen de wángguó zhàndòuguò. Dàn xiànzài wǒmen bú zài duì zhège bàojūn zhōngchéng. Wǒmen bìxū fǎnduì tā!" Tā hé qítā rén dōu tiào le qǐlái, shǒu lǐ názhe jiàn.

Huáng Fēihǔ shuō, "Zhùshǒu! Wǒ qīzi de sǐ hé nǐ yǒu shénme guānxì? Qǐng jì

230

在地上，马上就死了。

国王从栏杆上往下看。他看到了黄妃破碎的尸体，躺在贾夫人的尸体旁边。他对自己做的事情感到难过，但他没有对妲己说什么。

贾夫人的侍从还在附近的大殿里等着她。几个宫里的女侍从过来，告诉了他们发生了什么事。贾夫人的侍从们跑到黄飞虎将军面前，黄飞虎正在与兄弟们、将军们一起享受大宴。他们喊道，"殿下，不好了！不好了！"然后他们告诉他，贾夫人从摘星楼的栏杆上跳了下去，然后国王把黄妃扔死了。

黄飞虎听到他们的话，却不知道要说什么。他的弟弟黄明跳起来说，"哥哥，我想我知道发生了什么事。国王看到了你的妻子美丽，想要她成为自己的。你的妻子没有选择，只能跳楼死了。黄妃可能听说了这件事，和国王争论，才使他把她扔出了摘星楼。"

他继续说，"你们知道圣人说，'如果国王统治错误，人们就会找新的国王。'我们都对王国忠诚。我们在北方、南方、东方和西方为我们的王国战斗过。但现在我们不再对这个暴君忠诚。我们必须反对他！"他和其他人都跳了起来，手里拿着剑。

黄飞虎说，"住手！我妻子的死和你有什么关系？请记

zhù, Huáng jiā yǐjīng wèi wángguó zuòshì jǐ bǎi nián le. Nǐ xiànzài zěnme néng yīnwèi yígè nǔrén sǐ le jiù fǎnduì guówáng ne?"

Qítā rén duì zhè gǎndào hěn chījīng, dōu zhànzhe bú dòng. Tāmen bù zhīdào gāi zěnme bàn. Ránhòu Huáng Míng xiàozhe shuō, "Gēge, nǐ shuō dé duì. Zhè yǔ wǒmen wánquán méiyǒu guānxì. Wèishénme yào shēngqì?" Ránhòu tā hé qítā rén yòu jìxù qù chīhē, shuōhuà.

Huáng Fēihǔ hái zài shēngqì. Tā duì tāmen shuō, "Nǐmen wèishénme dōu zài xiào?"

Qízhōng yí wèi jiāngjūn lěng lěng de kànzhe tā, huídá shuō, "Gēge, shuō shízài de, wǒmen dōu zài xiào nǐ." Huáng Fēihǔ wú huà kěyǐ shuō. Jiāngjūn jìxù shuōdào, "Wǒmen dōu zhīdào, nǐ yǐjīng shì wángguó zuìgāo jíbié de jiāngjūn. Dàn duì qítā rén lái shuō, shuí zhīdào tāmen shì zěnme xiǎng? Tāmen kěnéng huì rènwéi nǐ de gāowèi shì yīnwèi guówáng hěn xǐhuān nǐ de qīzi."

Zhè shí Huáng Fēihǔ qì hóng le liǎn. Tā hǎn dào, "Búyào shuō le! Wǒmen yào líkāi Zhāogē!" Ránhòu tā tíng le yíxià, yòu shuō, "Dànshì wǒmen yào qù nǎlǐ ne?"

Huáng Míng huídá shuō, "Nǐ zhīdào gǔrén shuō, 'Hǎorén xuǎnzé hǎode shīfu'. Xīqí guówáng yǐjīng kòngzhì le wángguó de sān fēn zhī èr tǔdì. Tā shìge hǎorén. Wǒmen qù nàlǐ ba."

Ránhòu Huáng Míng xiǎng, "Wǒ gēge kěnéng huì gǎibiàn zhǔyì. Wǒ zuì hǎo yào bǎozhèng zhè zhǒng qíngkuàng bú huì fāshēng." Tā duì tā gēge shuō, "Wǒmen yīnggāi xiànzài jiù bàochóu, búyào děngdào yǐhòu. Wǒmen xiànzài jiù qù hé guówáng zhàndòu ba."

住，<u>黄家</u>已经为王国做事几百年了。你现在怎么能因为一个女人死了就反对国王呢？"

其他人对这感到很吃惊，都站着不动。他们不知道该怎么办。然后<u>黄明</u>笑着说，"哥哥，你说得对。这与我们完全没有关系。为什么要生气？"然后他和其他人又继续去吃喝、说话。

<u>黄飞虎</u>还在生气。他对他们说，"你们为什么都在笑？"

其中一位将军冷冷地看着他，回答说，"哥哥，说实在的，我们都在笑你。"<u>黄飞虎</u>无话可以说。将军继续说道，"我们都知道，你已经是王国最高级别的将军。但对其他人来说，谁知道他们是怎么想？他们可能会认为你的高位是因为国王很喜欢你的妻子。"

这时<u>黄飞虎</u>气红了脸。他喊道，"不要说了！我们要离开<u>朝歌</u>！"然后他停了一下，又说，"但是我们要去哪里呢？"

<u>黄明</u>回答说，"你知道古人说，'好人选择好的师父。'<u>西岐</u>国王已经控制了王国的三分之二土地。他是个好人。我们去那里吧。"

然后<u>黄明</u>想，"我哥哥可能会改变主意。我最好要保证这种情况不会发生。"他对他哥哥说，"我们应该现在就报仇，不要等到以后。我们现在就去和国王战斗吧。"

Tāmen dōu qù le guówáng de gōngdiàn. Huáng Fēihǔ qízhe tā de niú, qítā rén qízhe tāmen de mǎ. Tāmen dōu chuānzhe kuījiǎ, shǒu lǐ názhe jiàn. Tāmen lái dào gōng mén shí, tàiyáng gānggāng shēng qǐ. Qízhōng yì míng jiāngjūn hǎn dào, "Gàosù bàojūn, mǎshàng chūlái. Fǒuzé, wǒmen jiù zá le dàmén jìnqù!"

Guówáng yígèrén zuò zài gōngdiàn lǐ, xiǎngzhe zuótiān wǎnshàng fāshēng de shìqing. Yígè shìwèi pǎo jìnlái gàosù tā, Huáng Fēihǔ hé tā de rén zài wàimiàn děngzhe, shǒu lǐ názhe jiàn. Guówáng chuānshàng kuījiǎ, qízhe mǎ chūqù jiàn tāmen.

Yì míng jiāngjūn jǔqǐ jiàn, hǎn dào, "Bàojūn! Nǐ wǔrǔ le nǐ dàchén de qīzi!" Ránhòu tā chōng xiàng guówáng, yòng jiàn kǎn qù. Guówáng hěn qīngsōng de dǎngzhù le zhè yī gōngjī. Ránhòu Huáng Míng qímǎ shàng qián, yě ná jiàn gōngjī. Huáng Fēihǔ jiàn zhè, qízhe niú wǎng qián zǒu, cānjiā le zhàndòu.

Guówáng shēntǐ gāodà yǒu lìqì, shìge hǎo zhànshì, dàn tā méiyǒu bànfǎ yíng sān gè rén. Jiù xiàng yìtiáo lóng yǔ sān zhī yě hǔ dǎ. Tā dǎ le sānshí gè láihuí, ránhòu zhuǎnshēn qímǎ chuānguò gōng mén. Tā de shìwèi guānshàng bìng suǒ le dàmén.

Huáng Fēihǔ hé tā de rén yě zhuǎnshēn. Tāmen cóng xīmén qímǎ chū le Zhāogē. Zài nàlǐ, tāmen yǔ jiārén jiànmiàn, yìqǐ qímǎ qiánwǎng Mèngjīn.

Guówáng zuò zài cháotíng shàng, bù shuō yíjù huà. Tā de dàchénmen jìnlái xiǎng zhīdào fāshēng le shénme shì. Tāmen wèn tā, "Bìxià, Huáng Fēihǔ wèishénme yào fǎnduì

他们都去了国王的宫殿。黄飞虎骑着他的牛，其他人骑着他们的马。他们都穿着盔甲，手里拿着剑。他们来到宫门时，太阳刚刚升起。其中一名将军喊道，"告诉暴君，马上出来。否则，我们就砸了大门进去！"

国王一个人坐在宫殿里，想着昨天晚上发生的事情。一个侍卫跑进来告诉他，黄飞虎和他的人在外面等着，手里拿着剑。国王穿上盔甲，骑着马出去见他们。

一名将军举起剑，喊道，"暴君！你侮辱了你大臣的妻子！"然后他冲向国王，用剑砍去。国王很轻松地挡住了这一攻击。然后黄明骑马上前，也拿剑攻击。黄飞虎见这，骑着牛往前走，参加了战斗。

国王身体高大有力气，是个好战士，但他没有办法赢三个人。就像一条龙与三只野虎打。他打了三十个来回，然后转身骑马穿过宫门。他的侍卫关上并锁[1]了大门。

黄飞虎和他的人也转身。他们从西门骑马出了朝歌。在那里，他们与家人见面，一起骑马前往孟津[2]。

国王坐在朝廷上，不说一句话。他的大臣们进来想知道发生了什么事。他们问他，"陛下，黄飞虎为什么要反对

---

1 锁　　　　suǒ – lock
2 Today, Mèngjīn (孟津) is a district in the city of Luoyang. In ancient times it was a ferry crossing for the Yellow River. It is believed that King Wu of Zhou and his allies crossed the Yellow River here on their way to Zhaoge, leading to the theory that the original name was actually Méngjīn (盟津), "ferry crossing of the alliance."

nǐ?"

Guówáng huídá shuō, "Jiǎ Fūrén wǔrǔ le zhèn de wánghòu. Ránhòu tā juédé yǒuzuì, suǒyǐ tā cóng lángān shàng tiào le xiàqù. Huáng Fēi lái le, yě wǔrǔ le zhèn de wánghòu. Zài tāmen zhēnglùn de shíhòu, tā bù xiǎoxīn zá zài lángān shàng." Tā méiyǒu jiěshì tā wèishénme huì yǔ Huáng Fēihǔ hé tā de rén dǎ qǐlái.

Dàchénmen duì zhè bù zhīdào yīnggāi shuō shénme. Zhège gùshì tīng qǐlái hěn jiǎ, dàn tāmen dāngrán bùnéng duì guówáng shuō. Zhè shí Wén Tài Shī lái le. Tā gāng cóng dōnghǎi nàlǐ huílái. Tā yě wèn fāshēng le shénme shì. Guówáng gěi tā jiǎng le tā gānggāng gàosù dàchénmen de yíyàng de gùshì.

Wén Tài Shī shuō, "Wǒ rènshí Huáng Fēihǔ. Tā shì yígè hǎorén, duì nǐ hé wángguó zhōngchéng. Yīnwèi nàtiān shì yuándàn, tā hé qīzi lái dào gōngdiàn. Dàn Zhāi Xīng Lǒu shì nǐ zhù de dìfāng, bshì zhǔ gōngdiàn de yíbùfèn. Jiǎ Fūrén zěnme huì zài nàlǐ?"

Guówáng méiyǒu huídá. Wén Tài Shī jìxù shuō, "Nàme Huáng Fēi yídìng shìtīng shuō le tā sǎosao sǐ le de xiāoxi, cái lái dào zhèlǐ. Dàn wǒ xiǎng nǐ duì tā hěn shēngqì, bǎ tā cóng lǒu tái shàng rēng le xiàqù. Zhèxiē sǐ búshì Jiǎ hé Huáng de cuò. Shì nǐ de cuò! Nǐ zhīdào gǔrén shuō shénme, 'Rúguǒ guówáng tǒngzhì cuòwù, rénmen jiù huì zhǎo xīn de guówáng.' Huáng Fēihǔ qǐlái fǎnduì nǐ, wǒ yìdiǎn yě bù qíguài. Bìxià, nǐ yīnggāi yuánliàng tā. Wǒ zhè jiù qù zhǎo tā, qǐng tā huílái."

Yǒu yí wèi dàchén kāikǒu shuō, "Wén Tài Shī, nǐ shuō dé duì, bìxià yīnggāi duì Jiǎ Fūrén hé Huáng Fēi hǎo yìdiǎn. Dàn lìng yī fāngmiàn, Huáng Fēihǔ gōngjī guówáng shì cuò

你？"

国王回答说，"贾夫人侮辱了朕的王后。然后她觉得有罪，所以她从栏杆上跳了下去。黄妃来了，也侮辱了朕的王后。在她们争论的时候，她不小心砸在栏杆上。"他没有解释他为什么会与黄飞虎和他的人打起来。

大臣们对这不知道应该说什么。这个故事听起来很假，但他们当然不能对国王说。这时闻太师来了。他刚从东海那里回来。他也问发生了什么事。国王给他讲了他刚刚告诉大臣们的一样的故事。

闻太师说，"我认识黄飞虎。他是一个好人，对你和王国忠诚。因为那天是元旦，他和妻子来到宫殿。但摘星楼是你住的地方，不是主宫殿的一部分。贾夫人怎么会在那里？"

国王没有回答。闻太师继续说，"那么黄妃一定是听说了她嫂嫂死了的消息，才来到这里。但我想你对她很生气，把她从楼台上扔了下去。这些死不是贾和黄的错。是你的错！你知道古人说什么，'如果国王统治错误，人们就会找新的国王。'黄飞虎起来反对你，我一点也不奇怪。陛下，你应该原谅他。我这就去找他，请他回来。"

有一位大臣开口说，"闻太师，你说得对，陛下应该对贾夫人和黄妃好一点。但另一方面，黄飞虎攻击国王是错

de."

Wén Tài Shī xiǎng le xiǎng. Ránhòu tā shuō, "Yěxǔ nǐ shì duì de.
Mǎshàng ràng sòngxìn de rén qù shānkǒu de zhǐhuīguān nàlǐ.
Gàosù tāmen guānshàng dàmén, búyào ràng pànluàn fènzi
tōngguò. Zhèyàng wǒ jiù yǒu shíjiān zhuī shàng tāmen."

的。"

闻太师想了想。然后他说，"也许你是对的。马上让送信的人去山口的指挥官那里。告诉他们关上大门，不要让叛乱分子通过。这样我就有时间追上他们。"

Dì 31 Zhāng

Táo Yǔ Zhuī

Zhōngchéng yǒu dé de rén dōu lí qù le, méiyǒu yǔ, rénmen dōu hěn è

Cōngmíng de Tài Shī hěn kuài dédào le kòngzhì quán, ér xié'è de dàchén jìxù jǐ rénmen dài lái kǔnàn

Bùyòng qù kǎolǜguò sān guān, dírén zhèng cóng sì gè fāngxiàng guòlái

Dírén zhuīzhe jūnduì, dàn tā zài míngliàng de tàiyáng xià xiāoshī bùjiàn le, bié dānxīn, tāmen de mìngyùn zǎo yǐjīng bèi xiě hǎo le.

第 31 章
逃与追

忠诚有德的人都离去了，没有雨，人们都很饿

聪明的<u>太师</u>很快得到了控制权，而邪恶的大臣继续给人们带来苦难

不用去考虑过三关，敌人正从四个方向过来

敌人追着军队，但它在明亮的太阳下消失不见了，别担心，他们的命运早已经被写好了。

Huáng Fēihǔ yìqún rén cóng xīmén líkāi le Zhāogē. Tāmen guò Mèngjīn, guò Huánghé, qímǎ lái dào Líntóng Guān fùjìn. Huáng Fēihǔ tīngdào hǎnjiào shēng, zhǐ jiàn yì tuán chéntǔ shēng shàng tiānkōng. Huítóu yí kàn, tā kàndào yì zhī dàjūn zhèngzài zǒu jìn. Ránhòu tā kàn xiàng zuǒyòu, kàndào nà liǎng gè fāngxiàng yòu yǒu liǎng zhī jūnduì guòlái. Ránhòu tā huítóu kàn, zhǐ jiàn yòu yǒu yì zhī jūnduì cóng Líntóng guān xiàng tā zǒu lái.

Tā shēn shēn de tànqì, xīn xiǎng, "Wǒ zěnme néng yǔ zhè sì zhī jūnduì zhàndòu ne? Wǒ néng zuò de jiùshì ràng zìjǐ hé jiārén děng sǐ."

Zài tiānshàng, shénxiān méiyǒu shì kěyǐ zuò. Zài yǐqián, dàojiào dàshīmen dōu xǐhuān qù Yùxū Gōng tīngkè. Dànshì zhèxiē tiān méiyǒu kè. Yíqiè dōu tíng le, yào děng Jiāng Zǐyá zào le xīn de shén yǐhòu. Yúshì, shénxiānmen jiù bǎ shíjiān huā zài qù fùjìn de shānshàng zǒu zǒu hé cǎihuā shàng.

Qízhōng yí wèi jiào Qīng Xū Dào Dé Zhēn Jūn de shénxiān zhèng jīngguò Líntóng Guān shàngkōng, tūrán tīngdào xiàmiàn chuán lái yìrén shāngxīn de shēngyīn. Wǎng xià kàn, zhǐ jiàn Huáng Fēihǔ hé tā de rén bèi sì zhī jūnduì bāowéi. "Hǎo ba," tā xiǎng, "kàn qǐlái xūyào yǒurén lái jiù zhèxiē rén." Tā gàosù tā de yígè jīnglíng púrén, yòng qízhì bāo qǐ zhèxiē rén, bǎ tāmen cáng zài shēnshān lǐ. Jīnglíng ànzhào tā shuō de zuò le.

Wén Tài Shī dàizhe jūnduì xiàng Huáng Fēihǔ de dìfāng zǒu qù. Tā kàn le zhōuwéi, dàn méiyǒu kàndào rènhé rén. Tā jiàn le qítā sān zhī jūnduì de jiāngjūn, tāmen shuō tāmen yě méi jiànguò Huáng Fēihǔ yìqún rén. Wén Tài Shī xiǎng, "Zhè hěn qíguài. Yǒurén gàosù wǒ, Huáng Fēihǔ guò le Huánghé, zhèng xiàng Líntóng Guān guòlái. Wǒmen cóng sì gè fāng

黄飞虎一群人从西门离开了朝歌。他们过孟津，过黄河，骑马来到临潼关附近。黄飞虎听到喊叫声，只见一团尘土升上天空。回头一看，他看到一支大军正在走近。然后他看向左右，看到那两个方向又有两支军队过来。然后他回头看，只见又有一支军队从临潼关向他走来。

他深深地叹气[1]，心想，"我怎么能与这四支军队战斗呢？我能做的就是让自己和家人等死。"

在天上，神仙没有事可以做。在以前，道教大师们都喜欢去玉虚宫听课。但是这些天没有课。一切都停了，要等姜子牙造了新的神以后。于是，神仙们就把时间花在去附近的山上走走和采花上。

其中一位叫清虚道德真君的神仙正经过临潼关上空，突然听到下面传来一人伤心的声音。往下看，只见黄飞虎和他的人被四支军队包围。"好吧，"他想，"看起来需要有人来救这些人。"他告诉他的一个精灵仆人，用旗帜包起这些人，把他们藏在深山里。精灵按照他说的做了。

闻太师带着军队向黄飞虎的地方走去。他看了周围，但没有看到任何人。他见了其他三支军队的将军，他们说他们也没见过黄飞虎一群人。闻太师想，"这很奇怪。有人告诉我，黄飞虎过了黄河，正向临潼关过来。我们从四个方

---

[1] 叹气　　　tànqì – to sigh

Xiàng lái bāowéi tā, dàn tā búzài zhèlǐ. Tā zài nǎlǐ ne?"

Qīng Xū Dào Dé Zhēn Jūn jiàn Wén Tài Shī tíng le xiàlái. Tā xiǎng le xiǎng, "Wǒ bìxū ràng zhèxiē shìbīng zǒu kāi, zhèyàng Huáng Fēihǔ cáinéng jìxù tōngguò guānkǒu." Tā cóng cháng yī lǐ ná chū yì bǎ mó tǔ, xiàng dōngnán fāngxiàng rēng qù. Tǔ biàn chéng le yìqún rén, yòng hěn kuài de sùdù qímǎ xiàng Zhāogē ér qù. Wén Tài Shī kànjiàn le tāmen, ràng sì zhī jūnduì dōu qù zhuī. Jūnduì yílù qímǎ zhuī dào Mèngjīn, què yìzhí méiyǒu zhuī shàng.

Děng jūnduì lí qù hòu, Qīng Xū Dào Dé Zhēn Jūn mìnglìng tā de jīnglíng jiāng Huáng Fēihǔ hé tā de rén sòng huí lù shàng. Rénmen kàn le zhōuwéi, hěn kùnhuò. Tāmen kàndào de jūnduì yǐjīng bújiàn le. "Shàngtiān yídìng bāng le wǒmen!" Huáng Míng shuō.

Dàn tāmen háishì bìxū yào tōngguò Líntóng Guān. Guānkǒu yóu Zhāng Fèng dài de yìqún shìbīng shǒuwèi, Zhāng Fèng shì Huáng Fēihǔ fùqīn de jiébài xiōngdì.

Huáng Fēihǔ dàizhe tā de rén lái dào Líntóng Guān, Zhāng Fèng dàizhe yìqún shìbīng chūlái. "Tīng wǒ shuō," tā shuō, "nǐ fùqīn hé wǒ shì jiébài xiōngdì, nǐ shì guówáng zhōngchéng de chénmín. búyào gěi nǐ de xiān rén diūliǎn. Cóng nǐ de niú shàng xiàlái, ràng wǒ dài nǐ huí Zhāogē. Yěxǔ yǒuxiē dàchén huì wèi nǐ shuōhuà, nǐ hé nǐ de jiārén jiù bú huì bèi shā le."

Huáng Fēihǔ shuō, "Shūshu, nǐ zhīdào wǒmen guówáng bǎ suǒyǒu de shíjiān dōu huā zài le hé fēizimen hējiǔ hé wán shàng. Tā tīng xié'è de rén de huà, tā bù tīng zhōngchéng dàchén de huà, tā bù guānxīn guójiā de shìqing, duì rénmen cánrěn. Wǒ zuò le jǐ bǎi jiàn shì lái bāngzhù tā, dàn tā wàngjì le zhè yíqiè, bìng wǔrǔ le wǒ. Wǒ zěn

向来包围他，但他不在这里。他在哪里呢？"

清虚道德真君见闻太师停了下来。他想了想，"我必须让这些士兵走开，这样黄飞虎才能继续通过关口。"他从长衣里拿出一把魔土，向东南方向扔去。土变成了一群人，用很快的速度骑马向朝歌而去。闻太师看见了他们，让四支军队都去追。军队一路骑马追到孟津，却一直没有追上。

等军队离去后，清虚道德真君命令他的精灵将黄飞虎和他的人送回路上。人们看了周围，很困惑。他们看到的军队已经不见了。"上天一定帮了我们！"黄明说。

但他们还是必须要通过临潼关。关口由张凤带的一群士兵守卫，张凤是黄飞虎父亲的结拜兄弟。

黄飞虎带着他的人来到临潼关，张凤带着一群士兵出来。"听我说，"他说，"你父亲和我是结拜兄弟，你是国王忠诚的臣民。不要给你的先人丢脸。从你的牛上下来，让我带你回朝歌。也许有些大臣会为你说话，你和你的家人就不会被杀了。"

黄飞虎说，"叔叔，你知道我们国王把所有的时间都花在了和妃子们喝酒和玩上。他听邪恶的人的话，他不听忠诚大臣的话，他不关心国家的事情，对人们残忍。我做了几百件事来帮助他，但他忘记了这一切，并侮辱了我。我怎

yàng cáinéng duì tā zhōngchéng? Qǐng ràng wǒmen guòqù ba."

Tīngdào zhèxiē huà, Zhāng Fèng shēngqì le. "Pàntú!" tā hǎn dào. Tā yí jiàn kǎn xiàng Huáng Fēihǔ, dàn Huáng Fēihǔ dǎngzhù le zhè yī jiàn. Tā zàicì gōngjī. Zhè cì Huáng Fēihǔ shēngqì le, yě kāishǐ le gōngjī. Tāmen zhàndòu le sānshí gè láihuí. Zhāng Fèng shìge hǎo zhànshì, dàn tā shìge lǎorén. Tā lèi le, bùnéng zài dǎ le. Tā zhuǎnshēn qízhe mǎ zǒu le.

Zhāng Fèng huítóu kàn, jiàn Huáng Fēihǔ zhèngzài zhuī tā. Tā shōuqǐ le jiàn. Tā bǎ shǒu shēn jìn cháng yī lǐ, xiàng zhuīzhe tā de rén rēng le yì bǎ liàn chuí. Rán'ér Huáng Fēihǔ zhīdào zhè wǔqì. Dāng chuízi xiàng tā fēi lái shí, tā yòng jiàn xiàngshàng kǎn qù, kǎn duàn le liànzi. Ránhòu tā yòng lìng yì zhī shǒu zhuāzhù le fēi lái de chuízi.

Zhāng Fèng jiàn zhè, táo huí le guānkǒu. Shìbīngmen zài tā shēnhòu suǒshàng le dàmén. Tā zuò le xiàlái, hūxī hěn zhòng. Tā xiǎng le yīhuǐ'er xiàyíbù de jìhuà. Ránhòu tā mìnglìng Xiāo Yín jiāngjūn lái jiàn tā.

Xiāo Yín jìnlái děng tā de mìnglìng. Zhāng Fèng shuō, "Wǒmen dǎ bù yíng Huáng Fēihǔ. Suǒyǐ jīntiān wǎnshàng, wǒ yào nǐ dài sānqiān rén, dàizhe gōngjiàn. Bāowéi tā de yíngdì. Ránhòu ràng nǐ suǒyǒu de rén yìqǐ shèjiàn. Shā le měi yígè pànluàn fènzi, ránhòu kǎn xià tāmen de tóu, bǎ tāmen dài dào wǒ zhèlǐ lái."

Xiāo Yín zǒu le. Dàn tā jìdé, jǐ nián qián, tā zài Huáng Fēihǔ de jūnduì zuòshì,

样才能对他忠诚？请让我们过去吧。"

听到这些话，张凤生气了。"叛徒！"他喊道。他一剑砍向黄飞虎，但黄飞虎挡住了这一剑。他再次攻击。这次黄飞虎生气了，也开始了攻击。他们战斗了三十个来回。张凤是个好战士，但他是个老人。他累了，不能再打了。他转身骑着马走了。

张凤回头看，见黄飞虎正在追他。他收起了剑。他把手伸进长衣里，向追着他的人扔了一把链[1]锤[2]。然而黄飞虎知道这武器。当锤子向他飞来时，他用剑向上砍去，砍断了链子。然后他用另一只手抓住了飞来的锤子。

张凤见这，逃回了关口。士兵们在他身后锁上了大门。他坐了下来，呼吸[3]很重。他想了一会儿下一步的计划。然后他命令萧银将军来见他。

萧银进来等他的命令。张凤说，"我们打不赢黄飞虎。所以今天晚上，我要你带三千人，带着弓箭。包围他的营地。然后让你所有的人一起射箭。杀了每一个叛乱分子，然后砍下他们的头，把它们带到我这里来。"

萧银走了。但他记得，几年前，他在黄飞虎的军队做事，

---

[1] 链　　　　liàn – chain
[2] This is a small hammer or mallet with a chain attached, making it possible for the user to throw it, then retrieve it afterwards.
[3] 呼吸　　　hūxī – to breathe

bìng bèi shēng wéi jiāngjūn. Tā bùxiǎng tōngguò shā sǐ Huáng Fēihǔ hé tā de jiārén zhèyàng de fāngfǎ lái bàodá zhè fèn réncí. Yúshì tā tōutōu qù le Huáng Fēihǔ de yíngdì, jiàn le pànluàn fènzi de shǒulǐng.

"Xiānshēng," tā shuō, "nǐ hái jìdé jǐ nián qián wǒ zài nǐ zhèlǐ zuòshì. Nǐ ràng wǒ chéngwéi jiāngjūn. Wǒ bìxū gàosù nǐ, Zhāng Fèng yǐjīng mìnglìng wǒ jīntiān wǎnshàng yòng gōngjiàn shā sǐ nǐmen suǒyǒu de rén. Wǒ bùnéng nàme zuò. Zhè shì fǎnduì shàngtiān de zuìxíng."

Huáng Fēihǔ huídá shuō, "Wǒ fēicháng gǎnxiè nǐ lái gàosù wǒ zhèxiē. Rúguǒ búshì nǐ, jīntiān wǎnshàng wǒ quánjiā dōuhuì sǐ. Búguò, gàosù wǒ, nǐ néng zuò xiē shénme lái bāngzhù wǒmen líkāi zhèlǐ?"

"Gěi wǒ jǐ fēnzhōng, ràng wǒ huí dào guānkǒu. Ránhòu nǐ yào zài zuìzǎo de shíjiān lǐ gōngjī. Wǒ huì wèi nǐ dǎkāi dàmén."

Huáng Fēihǔ mǎshàng jíhé le tā de rén. Tāmen yìbiān hǎnzhe, yìbiān huīzhe jiàn, qímǎ xiàng shānkǒu zǒu qù. Dàmén dǎkāi, tāmen chōng le jìnqù.

Zhāng Fèng tīngdào le fēi pǎo de mǎ shēng. Tā kàndào le fāshēng de shìqing, jiù chūqù zhuī Huáng Fēihǔ. Dàn dāng tā zǒu guò dàmén shí, bìng méiyǒu kàndào duìmiàn zhànzhe de Xiāo Yín. Xiāo Yín yí jiàn kǎn xiàng tā. Zhāng Fèng cóng mǎshàng diào xiàlái, sǐ le.

"Xièxiè!" Huáng Fēihǔ yìbiān qímǎ lí qù, yìbiān duì Xiāo Yín hǎn dào. "Wǒ bù zhīdào shénme shíhòu cáinéng bàodá nǐ jīntiān zuò de yíqiè."

Tāmen qí le dàyuē bāshí lǐ, dào le xià yígè guānkǒu Tóng Guān, cái tíng le xiàlái. Zhège guānkǒu de zhǐhuī guān shì Chén Tóng. Zhè rén yě rènshí Huáng Fēihǔ. Jǐ nián

并被升为将军。他不想通过杀死黄飞虎和他的家人这样的方法来报答这份仁慈。于是他偷偷去了黄飞虎的营地，见了叛乱分子的首领。

"先生，"他说，"你还记得几年前我在你这里做事。你让我成为将军。我必须告诉你，张凤已经命令我今天晚上用弓箭杀死你们所有的人。我不能那么做。这是反对上天的罪行。"

黄飞虎回答说，"我非常感谢你来告诉我这些。如果不是你，今天晚上我全家都会死。不过，告诉我，你能做些什么来帮助我们离开这里？"

"给我几分钟，让我回到关口。然后你要在最早的时间里攻击。我会为你打开大门。"

黄飞虎马上集合了他的人。他们一边喊着，一边挥着剑，骑马向山口走去。大门打开，他们冲了进去。

张凤听到了飞跑的马声。他看到了发生的事情，就出去追黄飞虎。但当他走过大门时，并没有看到对面站着的萧银。萧银一剑砍向他。张凤从马上掉下来，死了。

"谢谢！"黄飞虎一边骑马离去，一边对萧银喊道。"我不知道什么时候才能报答你今天做的一切。"

他们骑了大约八十里，到了下一个关口潼关，才停了下来。这个关口的指挥官是陈桐。这人也认识黄飞虎。几年

qián, tā zài Huáng Fēihǔ nàlǐ zuòshì. Tā bù fúcóng mìnglìng, Huáng Fēihǔ yào shā sǐ tā. Dàn qítā jǐ wèi jiāngjūn qǐngqiú Huáng Fēihǔ réncí, suǒyǐ tā méiyǒu bèi shā sǐ. Búguò, Chén Tóng háishì bù xǐhuān Huáng Fēihǔ, hěn gāoxìng xiànzài yǒu jīhuì chéngfá Huáng Fēihǔ.

Tā chuān shàng kuījiǎ, zhǔnbèi zhàndòu.

Tā kàndào Huáng Fēihǔ jiù hǎn dào, "Jiāngjūn nǐ hǎo! Nǐ yǐqián shì yì míng gāo jíbié de jiāngjūn, dàn xiànzài nǐ zhǐshì yòu yígè zàitáo de zuìrén. Wén Tài Shī gàosù wǒ, nǐ huì lái zhèlǐ. Cóng nǐ de niú shàng xiàlái. Wǒ jiāng sòng nǐ huí Zhāogē. Chúle zhè, nǐ méiyǒu shénme kěyǐ zuò le."

Huáng Fēihǔ huídá shuō, "Jiāngjūn, nǐ cuò le. Yǐqián nǐ shì zài wǒ de zhǐhuī xià, wǒ duì nǐ jiù xiàng duì zìjǐ de xiōngdì yíyàng. Nǐ wéifǎn le wǒ de mìnglìng, dàn wǒ kělián nǐ, méiyǒu shā nǐ. Dàn jíshǐ shì zhèyàng, nǐ háishì wǔrǔ le wǒ. Hěn hǎo. Xiànzài jiù cóng mǎshàng xiàlái, hé wǒ zhàndòu. Rúguǒ nǐ yíng le, wǒ jiù hé nǐ yìqǐ qù Zhāogē."

Ránhòu Huáng Fēihǔ yòng jiàn gōngjī. Chén Tóng yòng zìjǐ de jiàn dǎngzhù le, tāmen dǎ le èrshí duō gè láihuí. Búguò, Huáng Fēihǔ de zhàndòu nénglì gèng qiáng, suǒyǐ Chén Tóng zhuǎnshēn, tiàoshàng mǎ, yòng zuì kuài de sùdù qímǎ líkāi le.

Huáng Fēihǔ zhuī le shàngqù. Dàn hěn kuài Chén Tóng náchū le yì bǎ mó biāoqiāng. Zhè zhī biāoqiāng shì shénxiān sòng gěi tā de. Tā cónglái méiyǒu cuòguò yào dǎ de dōngxi. Tā bǎ biāo

前，他在黄飞虎那里做事。他不服从命令，黄飞虎要杀死他。但其他几位将军请求黄飞虎仁慈，所以他没有被杀死。不过，陈桐还是不喜欢黄飞虎，很高兴现在有机会惩罚黄飞虎。

他穿上盔甲，准备战斗。

他看到黄飞虎就喊道，"将军你好！你以前是一名高级别的将军，但现在你只是又一个在逃的罪人。闻太师告诉我，你会来这里。从你的牛上下来。我将送你回朝歌。除了这，你没有什么可以做了。"

黄飞虎回答说，"将军，你错了。以前你是在我的指挥下，我对你就像对自己的兄弟一样。你违反了我的命令，但我可怜你，没有杀你。但即使是这样，你还是侮辱了我。很好。现在就从马上下来，和我战斗。如果你赢了，我就和你一起去朝歌。"

然后黄飞虎用剑攻击。陈桐用自己的剑挡住了，他们打了二十多个来回。不过，黄飞虎的战斗能力更强，所以陈桐转身，跳上马，用最快的速度骑马离开了。

黄飞虎追了上去。但很快陈桐拿出了一把魔标枪[1]。这支标枪是神仙送给他的。它从来没有错过要打的东西。他把标

---

[1] 标枪　　　biāoqiāng – javelin

qiāng rēngchū. Dǎ zài le Huáng Fēihǔ xiōngkǒu. Tā dà jiào yìshēng, dǎo zài le dìshàng.

Huáng Míng hé lìng yí wèi jiāngjūn kàndào le zhè. Tāmen chōng shàng qián qù gōngjī Chén Tóng. Dàn Chén Tóng zàicì rēng chū biāoqiāng, shā sǐ le lìng yí wèi jiāngjūn. Ránhòu, tā bùxiǎng yǔ Huáng Míng zhàndòu, zhuǎnshēn táozǒu le.

Huáng Fēihǔ yíngdì lǐ de rénmen kàndào nà liǎng gè sǐqù de zhànshì, dōu fēicháng shāngxīn. Tāmen méiyǒu le shǒulǐng, méiyǒu le jìhuà, méiyǒu dìfāng kěyǐ qù, yě méiyǒu dìfāng kěyǐ huí.

Tiānshàng, Qīng Xū Dào Dé Zhēn Jūn zài Qīngfēng Shān de yún shàng jìngzuò. Trán, tā de xīntiào le yíxià. Tā dītóu kàn, zhǐ jiàn Huáng Fēihǔ yǐjīng bèi shā le. Tā mǎshàng jiào tā de yígè túdì lái jiàn tā.

Nà túdì shìge niánqīng rén, shēngāo jiǔ chǐ, pífū guānghuá, yǎnjīng míngliàng, shēntǐ qiángdà xiàng lǎohǔ. Tā chuānzhe yí jiàn má yāodài de cháng yī, chuānzhe yìshuāng jiǎndān de cǎoxié. "Shīfu, wǒ néng wèi nǐ zuò diǎn shénme?" tā wèn.

"Nǐ fùqīn xūyào nǐ de bāngzhù," Qīng Xū Dào Dé Zhēn Jūn huídá dào.

"Wǒ fùqīn shì shuí?"

"Tā jiùshì Shāng Cháo de wángyé Huáng Fēihǔ. Tā bèi mó biāoqiāng shā sǐ le. Bǎ tā jiù huó. Ránhòu xiàng tā jièshào nǐ zìjǐ. Nǐmen jiāng zài mǎshàng yào dàolái de zhànzhēng zhōng yìqǐ zhàndòu."

枪扔出。打在了黄飞虎胸口。他大叫一声，倒在了地上。

黄明和另一位将军看到了这。他们冲上前去攻击陈桐。但陈桐再次扔出标枪，杀死了另一位将军。然后，他不想与黄明战斗，转身逃走了。

黄飞虎营地里的人们看到那两个死去的战士，都非常伤心。他们没有了首领，没有了计划，没有地方可以去，也没有地方可以回。

天上，清虚道德真君在青峰山的云上静坐。突然，他的心跳了一下。他低头看，只见黄飞虎已经被杀了。他马上叫他的一个徒弟来见他。

那徒弟是个年轻人，身高九尺，皮肤光滑[1]，眼睛明亮，身体强大像老虎。他穿着一件麻腰带的长衣，穿着一双简单的草鞋。"师父，我能为你做点什么？"他问。

"你父亲需要你的帮助，"清虚道德真君回答道。

"我父亲是谁？"

"他就是商朝的王爷黄飞虎。他被魔标枪杀死了。把他救活。然后向他介绍你自己。你们将在马上要到来的战争中一起战斗。"

---

[1] 光滑　　　　guānghuá – smooth

"Shīfu, wǒ bù míngbái. Zhège rén zěnme kěnéng shì wǒ de fùqīn?"

"Shísān nián qián, wǒ zài yún shàng. Tūrán, wǒ kàndào le yídào míngliàng de guāng. Wǒ dītóu kàn, guāng shì cóng nǐ de tóu shàng fā chūlái de. Dāngshí nǐ zhǐyǒu sān suì. Wǒ mǎshàng zhīdào nǐ yǒu yígè hěn hǎo de jiānglái, suǒyǐ wǒ bǎ nǐ dài dào zhèlǐ lái zuò wǒ de túdì. Nǐ jiào Huáng Tiānhuà."

Ránhòu, Qīng Xū Dào Dé Zhēn Jūn gěi le nánhái yì bǎ jiàn hé yígè huālán, bìng gàosù tā zěnme jiù huó tā fùqīn. Nánhái xiàng tā de shīfu kētóu. Ránhòu tā ná qǐ yì bǎ tǔ, rēng dào kōngzhōng, fēikuài de qízhe tā qù le Tóng Guān.

"师父，我不明白。这个人怎么可能是我的父亲？"

"十三年前，我在云上。突然，我看到了一道明亮的光。我低头看，光是从你的头上发出来的。当时你只有三岁。我马上知道你有一个很好的将来，所以我把你带到这里来做我的徒弟。你叫黄天化。"

然后，清虚道德真君给了男孩一把剑和一个花篮，并告诉他怎么救活他父亲。男孩向他的师父磕头。然后他拿起一把土，扔到空中，飞快地骑着它去了潼关。

Dì 32 Zhāng

Huáng Tiānhuà Jiàn Fùqīn

Yòng wǔ Dào zhī lì, nǐ kěyǐ biàn chéng xiàng kōngqì yīyàng, zài fēng shàng zǒu dé hěn yuǎn

Nǐ kěyǐ zǒu guòhuó rén hé sǐrén dì dìfāng, fēiguò Tài shān hé Máng shān

Jíshǐ yǒu kùnnán, yě yào jiù fùqīn, yǒuyī kē qiángdà de xīn, jiù bù huì pà láng

Fùqīn hé ér zǐ xiāng jiàn zài Tóngguān, tāmen liǎ dōu shì Qí guó hé Zhōu cháo yǒu dé de dǐngliángzhù.

第 32 章
黄天化见父亲

用五道之力，你可以变成像空气一样，在风上走得很远

你可以走过活人和死人的地方，飞过泰山和邛山

即使有困难，也要救父亲，有一颗强大的心，就不会怕狼

父亲和儿子相见在潼关，他们俩都是齐国和周朝有德的顶
梁柱。

Huáng Tiānhuà cóng Qīngfēng Shān shàng fēi le xiàlái. Xiàwǔ wǔ diǎn zuǒyòu, tā lái dào le Huáng de yíngdì. Fùjìn yǒu yìqún rén hé mǎ zhàn zài dēng de zhōuwéi. Rénmen kàndào tā, dōu qù ná tāmen de jiàn. "Nǐ shì shuí?" tāmen jiào dào.

Huáng Tiānhuà shuō, "Zhè wèi qióng dàoshì shì cóng Qīngfēng Shān lái. Tīngshuō diànxià yǒu máfan le. Wǒ kěyǐ bāngzhù tā. Kuài dài wǒ qù zhǎo tā!"

Rénmen zǐxì de kànzhe tā. Tā hēisè de cháng fà pán zài tóu shàng. Tā chuānzhe yí jiàn cháng yī, kuāndà de xiùzi zài fēng zhōng piāo. Tā yì zhī shǒu názhe yígè qíguài de huālán, bèishàng bǎngzhe yì bǎ jiàn. Tā kànqǐlái xiàng yì zhī qiángdà de lǎohǔ.

Tāmen bǎ tā dài dào le Huáng Fēihǔ de dìdi Huáng Fēibiāo nàlǐ. Huáng Fēibiāo mǎshàng kànchū, zhè nánhái zhǎng dé hěn xiàng zìjǐ de gēge. Tā duì nánhái shuō, "Nǐ néng bǎ wǒ de gēge jiù huó ma? Rúguǒ kěyǐ, nǐ huì xiàng gěi shìshàng dài lái xīn shēngmìng de fùqīn hé mǔqīn yíyàng."

Nánhái bèi dài dào yíngdì de hòumiàn. Zài nàlǐ, tā kàndào Huáng Fēihǔ tǎng zài dìshàng, bīnglěng, méiyǒu le shēngmìng. Tā de liǎn fā bái, yǎnjīng jǐn bì. Tā pángbiān shì lìng yí jù shītǐ. "Nà shì shuí?" tā wèn.

"Nà shì wǒmen de jiébài xiōngdì. Liǎng rén dōu bèi Chén Tóng de mó biāoqiāng shā sǐ le."

"Gěi wǒ ná diǎn shuǐ lái," Huáng Tiānhuà shuō. Shuǐ ná lái hòu, tā cóng huālán lǐ náchū yìxiē dānyào, yǔ shuǐ hùnhé. Tā dǎkāi Huáng Fēihǔ de zuǐ, jiāng yàoshuǐ dào jìn

黄天化从青峰山上飞了下来。下午五点左右，他来到了黄的营地。附近有一群人和马站在灯的周围。人们看到他，都去拿他们的剑。"你是谁？"他们叫道。

黄天化说，"这位穷道士是从青峰山来。听说殿下有麻烦了。我可以帮助他。快带我去找他！"

人们仔细地看着他。他黑色的长发盘[1]在头上。他穿着一件长衣，宽大的袖子在风中飘。他一只手拿着一个奇怪的花篮，背上绑着一把剑。他看起来像一只强大的老虎。

他们把他带到了黄飞虎的弟弟黄飞彪那里。黄飞彪马上看出，这男孩长得很像自己的哥哥。他对男孩说，"你能把我的哥哥救活吗？如果可以，你会像给世上带来新生命的父亲和母亲一样。"

男孩被带到营地的后面。在那里，他看到黄飞虎躺在地上，冰冷，没有了生命。他的脸发白，眼睛紧闭。他旁边是另一具尸体。"那是谁？"他问。

"那是我们的结拜兄弟。两人都被陈桐的魔标枪杀死了。"

"给我拿点水来，"黄天化说。水拿来后，他从花篮里拿出一些丹药，与水混合。他打开黄飞虎的嘴，将药水倒进

---

[1] 盘   pán – coil

tā de zuǐ lǐ. Yàoshuǐ liú jìn sǐrén de shēntǐ, liú dào tā de suǒyǒu nèizàng hé shēntǐ shàng suǒyǒu 84,000 gēn tóufà.

"Xiànzài wǒmen děngzhe," Huáng Tiānhuà shuō. Tāmen děng le yì, liǎng gè xiǎoshí. Ránhòu sǐrén dà jiào le yìshēng, zhāng kāi le yǎnjīng.

"Wǒ zài nǎlǐ?" Huáng Fēihǔ kànzhe zhōuwéi wèn dào. "Zhèlǐ shì sǐrén de dìfāng ma? Nǐmen wèishénme dōu hé wǒ zài yìqǐ?" Qítā rén gàosù tā fāshēng le shénme shì. Huáng Fēihǔ zhànqǐshēn lái, gǎnxiè nánhái.

Nánhái guì xià shuō, "Fùqīn, nǐ bú rènshí wǒ ma? Wǒ shì nǐ de érzi Huáng Tiānhuà! Nǐ hái jìdé, zài wǒ sān suì de shíhòu, nǐ sòng wǒ qù Qīngfēng Shān gēn Qīng Xū Dào Dé Zhēn Jūn xuéxí. Wǒ yǐjīng zài nàlǐ shísān nián le." Tā de fùqīn kànzhe tā, gāoxìng dé kū le.

Huáng Tiānhuà kàn le kàn zhōuwéi, kàndào le tā de liǎng gè shūshu hé tā de sān gè xiōngdì. Dàn tā méiyǒu kàndào tā de mǔqīn. "Fùqīn, nǐ wèishénme bú dàishàng wǒ mǔqīn? Rúguǒ bàojūn guówáng zhuāzhù le tā, duì wǒmen jiā lái shuō, jiāng shì kěpà de yìtiān!"

Huáng Fēihǔ kāishǐ kū le. Tā gàosù érzi, tā de mǔqīn shì zěnme cóng Zhāi Xīng Lǒu tiào xiàqù de, wèi de shì bú ràng guówáng wǔrǔ tā. Ránhòu tā gàosù nánhái, guówáng yě bǎ tā fùqīn de mèimei cóng Zhāi Xīng Lóu rēng le chūqù. Nánhái tīng le zhè huà, jiù shuō, "Fùqīn, wǒ bú huì huí Qīngfēng Shān de. Wǒ yào liú zài dìqiú shàng, wèi

他的嘴里。药水流进死人的身体，流到他的所有内脏[1]和身体上所有 84,000 根头发。

"现在我们等着，"黄天化说。他们等了一、两个小时。然后死人大叫了一声，张开了眼睛。

"我在哪里？"黄飞虎看着周围问道。"这里是死人的地方吗？你们为什么都和我在一起？"其他人告诉他发生了什么事。黄飞虎站起身来，感谢男孩。

男孩跪下说，"父亲，你不认识我吗？我是你的儿子黄天化！你还记得，在我三岁的时候，你送我去青峰山跟清虚道德真君学习。我已经在那里十三年了。"他的父亲看着他，高兴得哭了。

黄天化看了看周围，看到了他的两个叔叔和他的三个兄弟。但他没有看到他的母亲。"父亲，你为什么不带上我母亲？如果暴君国王抓住了她，对我们家来说，将是可怕的一天！"

黄飞虎开始哭了。他告诉儿子，他的母亲是怎么从摘星搂跳下去的，为的是不让国王侮辱她。然后他告诉男孩，国王也把他父亲的妹妹从摘星楼扔了出去。男孩听了这话，就说，"父亲，我不会回青峰山的。我要留在地球上，为

---

[1] 内脏　　　　nèizàng – organ of the body

wǒ mǔqīn de sǐ bàochóu!"

Jiù zài zhè shí, yígè sòngxìn rén chōng jìnlái gàosù tāmen, Chén Tóng zài yíngdì wài, jiàozhe yào zhàndòu. Huáng Fēihǔ xià dé liǎn dōu biàn chéng le huīsè. Dàn tā de érzi shuō, "Fùqīn, bié dānxīn. Qù hé tā zhàndòu ba. Wǒ huì bǎohù nǐ de."

Huáng Fēihǔ chuānshàng kuījiǎ, qízhe niú chūqù jiàn Chén Tóng. Chén Tóng chījīng de kàndào zhège tā yǐwéi yǐjīng sǐqù de rén. Huáng Fēihǔ hǎn dào, "Nǐ yòng biāoqiāng dǎ wǒ, dàn shàngtiān bùxiǎng wǒ sǐ." Ránhòu tā gōngjī Chén Tóng. Tāmen liǎng gè kāishǐ dǎ le qǐlái. Shíwǔ gè láihuí hòu, Chén Tóng zhuǎnshēn qímǎ líkāi.

Huáng Fēihǔ gēn le shàngqù. Tūrán, Chén Tóng zhuǎnguò shēn, yòu xiàng tā rēng le yì gēn mó biāoqiāng. Dàn Huáng Tiānhuà què bǎ huālán duìzhe biāoqiāng. Biāoqiāng zài bànkōng zhōng zhuǎnshēn, diào jìn lánzi lǐ. Chén Tóng rēng le gèng duō biāoqiāng, dàn měi yì gēn dōu bèi huālán jiē zhù.

Chén Tóng kàndào dàoshì nánhái bǎ tā suǒyǒu de biāoqiāng dōu shōu qù le. Tā jǔ qǐ jiàn, chōng xiàng nánhái. Huáng Tiānhuà què yòng zìjǐ de jiàn zhǐxiàng Chén Tóng. Yídào xīngguāng cóng jiàn jiān fēi xiàng Chén Tóng. Dāng tā dǎ dào Chén Tóng de shíhòu, tā de tóu cóng tā de shēntǐ shàng fēi le chūqù, gǔn dào le dìshàng.

"Chén Tóng sǐ le!" rénmen hǎn dào. Tāmen chōng xiàng dàmén. Tāmen pòmén jìnqù, chōng dào dàmén de lìng yìbiān.

Huáng Tiānhuà tíng xià, hǎn dào, "Fùqīn, wǒ bìxū huí Qīngfēng Shān qù hé shīfu tán tán. Dàn wǒmen huì zàicì jiànmiàn. Wǒ huì zài Xīqí jiàn nǐ. Xiǎoxīn diǎn!"

Huáng Fēihǔ kàndào érzi líkāi, xīnlǐ nánguò. Dàn tā jìxù dàizhe tā de rén,

我母亲的死报仇！"

就在这时，一个送信人冲进来告诉他们，陈桐在营地外，叫着要战斗。黄飞虎吓得脸都变成了灰色。但他的儿子说，"父亲，别担心。去和他战斗吧。我会保护你的。"

黄飞虎穿上盔甲，骑着牛出去见陈桐。陈桐吃惊地看到这个他以为已经死去的人。黄飞虎喊道，"你用标枪打我，但上天不想我死。"然后他攻击陈桐。他们两个开始打了起来。十五个来回后，陈桐转身骑马离开。

黄飞虎跟了上去。突然，陈桐转过身，又向他扔了一根魔标枪。但黄天化却把花篮对着标枪。标枪在半空中转身，掉进篮子里。陈桐扔了更多标枪，但每一根都被花篮接住。

陈桐看到道士男孩把他所有的标枪都收去了。他举起剑，冲向男孩。黄天化却用自己的剑指向陈桐。一道星光从剑尖飞向陈桐。当它打到陈桐的时候，他的头从他的身体上飞了出去，滚到了地上。

"陈桐死了！"人们喊道。他们冲向大门。他们破门进去，冲到大门的另一边。

黄天化停下，喊道，"父亲，我必须回青峰山去和师父谈谈。但我们会再次见面。我会在西岐见你。小心点！"

黄飞虎看到儿子离开，心里难过。但他继续带着他的人，

qímǎ xiàng xià yígè shānkǒu zǒu qù. Zhè jiùshì Chuānyún Guān, yóu Chén Tóng de gēge Chén Wú shǒuwèi.

Huáng Fēihǔ yìqún rén dào le guānkǒu, Chén Wú chūlái jiàn tāmen. Tā méiyǒu chuān kuījiǎ, yě méiyǒu dài wǔqì. "Huānyíng diànxià!" tā hǎn dào.

"Nǐ hǎo," Huáng Fēihǔ huídá. "Wǒmen fǎnduì guówáng ér yǒuzuì, zhèngzài táolí Zhāogē. Wǒ hěn duìbùqǐ nǐ, nǐ dìdi zuótiān zài xiǎng yào zǔzhǐ wǒmen tōngguò Tóng Guān shí sǐ le."

Chén Wú shuō, "Nǐmen jiā duì guówáng zhōngchéng yǐjīng hěnduō hěnduō nián le. Dàn wǒmen dōu zhīdào, zhège guówáng shìge bàojūn, duì nǐ bù hǎo. Wǒ dìdi bù míngbái qíngkuàng. Tā yīnggāi sǐ. Nǐmen kěyǐ tōngguò zhèlǐ, méiyǒu wèntí. Búguò, qǐng nǐmen jìnlái hé wǒmen yìqǐ xiūxi yīhuǐ'er."

Huáng Fēihǔ bìng bù zhīdào Chén Wú yǐjīng zhīdào le tā dìdi de sǐ. Dāng tīngdào dìdi sǐ le, Chén Wú qì dé qī kǒng chū yān.

Rénmen xià le mǎ, jìn le dàmén. Chén Wú qǐng tāmen dào dàdiàn lái chī diǎn dōngxi. Děng tāmen chī wán fàn, Huáng Fēihǔ shuō, "Xièxiè nǐ, wǒ de péngyǒu. Xiànzài wǒmen bìxū zǒu le. Qǐng nǐ dǎkāi lìng yí shàn mén, ràng wǒmen guòqù."

"Dāngrán," Chén Wú huídá. "Dànshì wǒmen yǐjīng wèi nǐmen zhǔnbèi le yìxiē jiǔ. Qǐng hé wǒmen yìqǐ hē jǐ bēi." Huáng Fēihǔ méiyǒu bànfǎ jùjué, yúshì tā hé tā de rén yòu zuò xià, hē le diǎn jiǔ. Tāmen zuòzhe shuō le jǐ gè xiǎo

骑马向下一个山口走去。这就是穿云关，由陈桐的哥哥陈梧守卫。

黄飞虎一群人到了关口，陈梧出来见他们。他没有穿盔甲，也没有带武器。"欢迎殿下！"他喊道。

"你好，"黄飞虎回答。"我们反对国王而有罪，正在逃离朝歌。我很对不起你，你弟弟昨天在想要阻止我们通过潼关时死了。"

陈梧说，"你们家对国王忠诚已经很多很多年了。但我们都知道，这个国王是个暴君，对你不好。我弟弟不明白情况。他应该死。你们可以通过这里，没有问题。不过，请你们进来和我们一起休息一会儿。"

黄飞虎并不知道陈梧已经知道了他弟弟的死。当听到弟弟死了，陈梧气得七孔[1]出烟[2]。

人们下了马，进了大门。陈梧请他们到大殿来吃点东西。等他们吃完饭，黄飞虎说，"谢谢你，我的朋友。现在我们必须走了。请你打开另一扇门，让我们过去。"

"当然，"陈梧回答。"但是我们已经为你们准备了一些酒。请和我们一起喝几杯。"黄飞虎没有办法拒绝，于是他和他的人又坐下，喝了一点酒。他们坐着说了几个小

---

[1] 孔　　　　kǒng – orifice
[2] This is a Chinese idiom meaning that someone is seething with anger. The seven orifices (holes) of the human head are the two eyes, two ears, two nostrils, and the mouth.

shí de huà. Hěn kuài jiù dào le wǎnshàng.

"Xiān bié zǒu," Chén Wú shuōdao. "Nǐmen yǐjīng zǒu le hěnduō tiān le, yídìng hěn lèi. Wǒmen hěn yuànyì ràng nǐ hé nǐ de rén zài zhèlǐ zhù yígè wǎnshàng."

Huáng Fēihǔ xīnlǐ duì zhè gǎndào bú tài shūfú, dàn yòu zhǎo bú dào jùjué de lǐyóu. Yúshì tā hé tā de rén bǎ xínglǐ bān jìnqù, ránhòu tāmen dōu shàngchuáng shuìjiào le. Qítā rén mǎshàng jiù shuìzháo le. Dàn Huáng Fēihǔ shuì bùzháo. Tā yìzhí xiǎngzhe zìjǐ jiā duōnián wèi Shāng Wáng gōngzuò. "Shuí néng xiǎngdào wǒmen xiànzài huì chéngwéi fǎnduì guówáng de pànluàn fènzi!" tā xiǎng.

Dào le dì yīgēng, ránhòu shì dì èr gēng, ránhòu shì dì sān gēng. Huáng Fēihǔ háishì shuì bùzháo. Tā xiǎng, "Wǒ yǐqián yǒu quán yǒu qián. Xiànzài wǒ zài zhèlǐ táomìng!"

Tūrán, yízhèn lěngfēng chuī jìn le fángjiān. Làzhú miè le, fángjiān lǐ yípiàn hēi'àn.

Kàn bújiàn, bīnglěng de guǐ jìnrù bìng chuī miè le làzhú
Tā bǎ báiyún sòng zǒu, tā ràng huáng yè diào xià
Yǔ xiǎnglái, chuán xiǎng yuǎn xíng
Tīngzhe yǔ shēng, mǎn shì shāngxīn de lèi

Yí gè shēngyīn qīngshēng jiào dào, "Dàrén, bié pà. Zhè shì nǐ de qīzi Jiǎ Fūrén. Nǐ zài jí dà de wēixiǎn zhōng! Fángzi de zhǔrén zhèngzài zhǔnbèi yì chǎng dàhuǒ, yào jiāng nǐmen quánbù shāo sǐ. Kuài qǐlái, mǎshàng líkāi nàlǐ! Xiànzài wǒ bìxū huí sǐwáng zhī dì le."

时的话。很快就到了晚上。

"先别走，"陈梧说道。"你们已经走了很多天了，一定很累。我们很愿意让你和你的人在这里住一个晚上。"

黄飞虎心里对这感到不太舒服，但又找不到拒绝的理由。于是他和他的人把行李搬进去，然后他们都上床睡觉了。其他人马上就睡着了。但黄飞虎睡不着。他一直想着自己家多年为商王工作。"谁能想到我们现在会成为反对国王的叛乱分子！"他想。

到了第一更，然后是第二更，然后是第三更。黄飞虎还是睡不着。他想，"我以前有权有钱。现在我在这里逃命！"

突然，一阵冷风吹进了房间。蜡烛灭了，房间里一片黑暗。

> 看不见、冰冷的鬼进入并吹灭了蜡烛
> 它把白云送走，它让黄叶掉下
> 雨想来，船想远行
> 听着雨声，满是伤心的泪

一个声音轻声叫道，"大人，别怕。这是你的妻子贾夫人。你在极大的危险中！房子的主人正在准备一场大火，要将你们全部烧死。快起来，马上离开那里！现在我必须回死亡之地了。"

Huáng Fēihǔ tiào le qǐlái. Tā jiào xǐng le qítā rén. Tāmen pǎo dào ménkǒu, què fāxiàn mén shì zài lìng yìbiān suǒshàng le. Tāmen zá le mén. Tāmen kàndào mén de lìng yìbiān fàng mǎn le shāohuǒ mùtou. Hěn kuài, tāmen bǎ xínglǐ tuīchū lóu, tiàoshàng mǎ, líkāi le. Dāng tāmen qímǎ líkāi shí, tāmen huítóu kàn le yìyǎn. Tāmen kàndào Chén Wú hé tā de jiāngjūnmen jǔzhe ránshāo de huǒbǎ xiàng dàlóu pǎo qù.

Chén Wú jiàn tā láidé tài wǎn le. Tā hé tā de rén tiàoshàng mǎ, qímǎ xiàng Huáng Fēihǔ hé tā de rén zhuī qù. Tā hǎn dào, "Nǐ zhège pànluàn fènzi! Wǒ yào shā sǐ nǐ hé nǐ de quánjiā. Nǐ xiànzài hái huózhe, dàn nǐ táo bù chū wǒ de wǎng!"

Liǎng qún shìbīng pèng dào yìqǐ, tāmen shǒu duì shǒu, jiàn duì jiàn. Huáng Fēihǔ yǔ Chén Wú zhàndòu. Jǐ gè láihuí hòu, tā cì jìn le Chén Wú de xīn, shā sǐ le tā.

Qítā de zhàndòu yě hěn kuài jiù jiéshù le. Chén Wú de rén bèi dǎbài le. Yìxiē rén bèi shā, shèngxià de rén huí dào le Chuānyún Guān.

Xià yígè guānkǒu shì bāshí lǐ wài de Jièpái Guān. "Ǹ, zhìshǎo wǒmen byòng zài Jièpái Guān zhàndòu le," Huáng Míng duì Huáng Fēihǔ shuōdào. "Nàlǐ de zhǐhuī guān shì nǐ fùqīn, lǎo Huáng Gǔn."

Zài Jièpái Guān, Huáng Gǔn děngzhe érzi de dàolái. Dāng tā tīngshuō tā de érzi fǎnduì guówáng bìng shā sǐ le nàme duō jiāngjūn hé shìbīng shí, tā fēicháng shēngqì. Tā mìnglìng sānqiān míng shìbīng zhuā tā de érzi hé qítā rén. Tā hái zhǔnbèi le shí liàng guān fànrén de chē, bǎ tāmen sòng huí Zhāogē.

黄飞虎跳了起来。他叫醒了其他人。他们跑到门口，却发现门是在另一边锁上了。他们砸了门。他们看到门的另一边放满了烧火木头。很快，他们把行李推出楼，跳上马，离开了。当他们骑马离开时，他们回头看了一眼。他们看到陈梧和他的将军们举着燃烧的火把向大楼跑去。

陈梧见他来得太晚了。他和他的人跳上马，骑马向黄飞虎和他的人追去。他喊道，"你这个叛乱分子！我要杀死你和你的全家。你现在还活着，但你逃不出我的网！"

两群士兵碰到一起，他们手对手，剑对剑。黄飞虎与陈梧战斗。几个来回后，他刺进了陈梧的心，杀死了他。

其他的战斗也很快就结束了。陈梧的人被打败了。一些人被杀，剩下的人回到了穿云关。

下一个关口是八十里外的界牌关。"嗯，至少我们不用在界牌关战斗了，"黄明对黄飞虎说道。"那里的指挥官是你父亲，老黄滚。"

在界牌关，黄滚等着儿子的到来。当他听说他的儿子反对国王并杀死了那么多将军和士兵时，他非常生气。他命令三千名士兵抓他的儿子和其他人。他还准备了十辆关犯人的车，把他们送回朝歌。

Dì 33 Zhāng

Guānkǒu zhàndòu

Xié'è dàchén yǒuzhe xié'è de xīn, tāmen dài láil e yībǎi gè wèntí,
yīqiān zhǒng zāinàn

Tāmen jiǎng tāmen qiángdà de mófǎ, tāmen bù zhīdào de shì
tāmen suǒyǒu de jìhuà dūhuì shībài

Yú huà xiǎng yào chénggōng què shībài le, hán róng yě shībài le, tā
xīn de jíbié hé tā yuánlái de jíbié bǐ qǐlái shénme dōu bùshì

Shàngtiān de yìyuàn zǎo yǐjīng juédìng, dāng wǒ xiǎngdào shén de
mìngmíng, wǒ de xīn dōu shì lèishuǐ.

第 33 章
关口战斗

邪恶大臣有着邪恶的心，他们带来了一百个问题、一千种
灾难

他们讲他们强大的魔法，他们不知道的是他们所有的计划
都会失败

余化想要成功却失败了，韩荣也失败了，他新的级别和他
原来的级别比起来什么都不是

上天的意愿早已经决定，当我想到神的命名[1]，我的心都是
泪水。

---

[1] 命名　　　mìngmíng – to give a name

Huáng Fēihǔ hé tā de rén yǐjīng jìn jiè pái guān. Tāmen kàndào jǐ qiān míng shìbīng zài děngzhe tāmen, tāmen kàndào le guān fànrén de chē. "Qíngkuàng kànqǐlái bú tài hǎo," yí wèi jiāngjūn shuō.

Dāng Huáng Fēihǔ qízhe niú kàojìn chéng mén shí, tā duì Huáng Gǔn shuō, "Fùqīn, nǐ nà wúyòng de érzi qiú nǐ yuánliàng, wǒ bùnéng xiàng nǐ kētóu le."

"Nǐ shì shuí?" Huáng Gǔn wèn dào.

"Wǒ shì nǐ de dà érzi. Nǐ zěnme néng wèn zhèyàng de wèntí ne?"

Huáng Gǔn hǎn dào, "Huáng jiā duì guówáng zhōngchéng yǒu jǐ bǎi nián le. Wǒmen cónglái méiyǒu zuòguò rènhé xié'è de shìqing, wǒmen cónglái méiyǒuguò pàntú de zuìxíng. Dànshì xiànzài nǐ yīnwèi yígè nǚrén ér líkāi le nǐ de guówáng. Nǐ yǐjīng kǎn diào le nǐ de bǎoyù yāodài. Nǐ shì yígè pànluàn fènzi. Nǐ wǔrǔ le nǐ de xiān rén hé nǐ de fùqīn. Wǒ bù zhīdào nǐ zěnme miànduì wǒ."

Huáng Fēihǔ yǎnzhōng liúchū lèishuǐ. Tā shuō bù chū huà lái. Huáng Gǔn jìxù shuō, "Xiǎng zuò xiàoshùn de érzi, jiù cóng niú shàng xiàlái ba. Wǒ dài nǐ qù Zhāogē. Nǐ jiāng shì guówáng de zhēnzhèng dàchén, jiāng shòu zūnjìng de sǐqù. Fǒuzé dehuà, nǐ rúguǒ zhēn de búxiào, jiù shā le wǒ ba. Nà nǐ jiù kěyǐ zuò nǐ xiǎng zuò de shì le, wǒ jiù búyòng kàndào huò tīngdào rènhé zhèxiē shìqing le."

Zhè shí, Huáng Fēihǔ yǐjīng kū le. Tā shuō, "Búyào zàishuō shénme le, fùqīn. Xiànzài jiù dài wǒ qù Zhāogē." Ránhòu tā zhǔnbèi cóng niú shàng xiàlái. Dàn hái méi děng tā xiàlái, dìdi Huáng Míng jiù kāikǒu le.

"Gēge, búyào zhèyàng zuò!" tā shuō. "Guówáng shìge bàojūn. Wǒmen wèi

272

黄飞虎和他的人已经近界牌关。他们看到几千名士兵在等着他们，他们看到了关犯人的车。"情况看起来不太好，"一位将军说。

当黄飞虎骑着牛靠近城门时，他对黄滚说，"父亲，你那无用的儿子求你原谅，我不能向你磕头了。"

"你是谁？"黄滚问道。

"我是你的大儿子。你怎么能问这样的问题呢？"

黄滚喊道，"黄家对国王忠诚有几百年了。我们从来没有做过任何邪恶的事情，我们从来没有过叛徒的罪行。但是现在你因为一个女人而离开了你的国王。你已经砍掉了你的宝玉腰带。你是一个叛乱分子。你侮辱了你的先人和你的父亲。我不知道你怎么面对我。"

黄飞虎眼中流出泪水。他说不出话来。黄滚继续说，"想做孝顺的儿子，就从牛上下来吧。我带你去朝歌。你将是国王的真正大臣，将受尊敬地死去。否则的话，你如果真的不孝，就杀了我吧。那你就可以做你想做的事了，我就不用看到或听到任何这些事情了。"

这时，黄飞虎已经哭了。他说，"不要再说什么了，父亲。现在就带我去朝歌。"然后他准备从牛上下来。但还没等他下来，弟弟黄明就开口了。

"哥哥，不要这样做！"他说。"国王是个暴君。我们为

shénme yào duì bàojūn zhōngchéng? Nǐ wèishénme yīnwèi zhège lǎorén shuō de huà ér yuànyì shā le zìjǐ ne?"

Huáng Fēihǔ zhè shí bù zhīdào gāi zěnme bàn le. Tā zhǐshì zuò zài niú shàng, xiǎngzhe, dàn bù shuōhuà. Huáng Míng zhuǎnshēn duì Huáng Gǔn shuō, "Jiāngjūn, tīng wǒ shuō. Nǐ cuò le. Jíshǐ shì lǎohǔ yě búhuì shā sǐ zìjǐ de háizi. Nándào nǐ bù zhīdào bàojūn shā le nǐ de nǚ'ér, hái shǐ nǐ érzi de qīzi shā le tā zìjǐ? Nándào nǐ bù guānxīn tāmen, nǐ bùxiǎng wèi tāmen bàochóu? Gǔrén shuō, 'Rúguǒ tǒngzhìzhě shì xié'è de, rénmen huì zhǎo xīn de tǒngzhìzhě.' Rúguǒ fùqīn bù réncí, tā de érzi kěnéng huì líkāi tā."

Tīngdào zhè huà, Huáng Gǔn fēicháng shēngqì. Tā gōngjī Huáng Míng, yòng jiàn kǎn xiàng tā. Huáng Míng dǎngzhù le tā de gōngjī. Tā duì Huáng Fēihǔ hǎn dào, "Gēge, wǒ ràng nǐ fùqīn mángzhe. Nǐ xiànzài jiù yòng zuì kuài de sùdù líkāi shānkǒu."

Huáng Fēihǔ yìqún rén chōngchū le guānkǒu. Huáng Gǔn jiàn zhè, tiào xiàmǎ. Tā fēicháng shāngxīn, xiǎng yào yòng jiàn shā le zìjǐ. Dàn Huáng Míng què tiàoxià mǎ, zhuāzhù le tā. Tā shuō, "Xiānshēng, qǐng děng yíxià, tīng wǒ shuō. Nǐ érzi ràng wǒ hěn shēngqì. Tā wǔrǔ le wǒ, bìng duō cì xiǎngyào shā sǐ wǒ. Wǒ bùnéng duì nǐ shuō shénme, yīnwèi wǒ hàipà nǐ érzi huì tīngdào wǒ shuō de huà. Dàn xiànzài tā zǒu le, wǒ kěyǐ zìyóu shuōhuà le. Wǒ yǒu yígè jìhuà."

"Nǐ yǒu shénme jìhuà?" Huáng Gǔn wèn dào.

"Kuài qù zhuī nǐ érzi. Gàosù tā wǒ shì duì de, lǎohǔ yǒngyuǎn búhuì shā sǐ tā de háizi. Qǐng tā huílái hé nǐ yìqǐ chī wǎnfàn. Gàosù tā nǐ hé tā yìqǐ qù

什么要对暴君忠诚？你为什么因为这个老人说的话而愿意杀了自己呢？”

黄飞虎这时不知道该怎么办了。他只是坐在牛上，想着，但不说话。黄明转身对黄滚说，“将军，听我说。你错了。即使是老虎也不会杀死自己的孩子。难道你不知道暴君杀了你的女儿，还使你儿子的妻子杀了她自己？难道你不关心她们，你不想为她们报仇？古人说，‘如果统治者是邪恶的，人们会找新的统治者。’如果父亲不仁慈，他的儿子可能会离开他。”

听到这话，黄滚非常生气。他攻击黄明，用剑砍向他。黄明挡住了他的攻击。他对黄飞虎喊道，“哥哥，我让你父亲忙着。你现在就用最快的速度离开山口。”

黄飞虎一群人冲出了关口。黄滚见这，跳下马。他非常伤心，想要用剑杀了自己。但黄明却跳下马，抓住了他。他说，“先生，请等一下，听我说。你儿子让我很生气。他侮辱了我，并多次想要杀死我。我不能对你说什么，因为我害怕你儿子会听到我说的话。但现在他走了，我可以自由说话了。我有一个计划。”

“你有什么计划？”黄滚问道。

“快去追你儿子。告诉他我是对的，老虎永远不会杀死它的孩子。请他回来和你一起吃晚饭。告诉他你和他一起去

Xīqí. Dànshì zhǐyào tā yì huílái, jiù ràng nǐ de shìbīng ná zǒu tāmen de wǔqì. Ránhòu nǐ kěyǐ bǎ tāmen dōu guān jìn fànrén chē lǐ, dài dào Zhāogē. Duì wǒ lái shuō, wǒ zhǐ xīwàng nǐ hé guówáng néng yuánliàng wǒ."

Huáng Gǔn shuō, "Jiāngjūn, nǐ shìge hǎorén. Wǒ huì ànzhào nǐ shuō de zuò." Tā tiàoshàng mǎ, qù zhuī Huáng Fēihǔ. Tā hǎn dào, "Wǒ de érzi, wǒ juédìng hé nǐ yìqǐ qù Xīqí. Qǐng huílái. Wǒmen dōu kěyǐ chī diǎn dōngxi, hē diǎn jiǔ, ránhòu wǒmen jiù qù Xīqí."

Huáng Fēihǔ bù zhīdào fùqīn wèishénme huì gǎibiàn zhǔyì. Dàn tā háishì huí dào le shānkǒu. Tā xiàng fùqīn kētóu. Ránhòu tāmen dōu zuò xiàlái chīhē.

Zài tāmen chī wǎnfàn de shíhòu, Huáng Fēihǔ xiàmiàn de liǎng gè rén fànghuǒ shāo le suǒyǒu fàng gǔwù de lǒu. Huáng Gǔn kànjiàn huǒ, pǎo dào wàimiàn. Huáng Fēihǔ yìqún rén mǎshàng qímǎ chū le dàmén. "Wǒ bèi piàn le!" Huáng Gǔn shuō.

"Jiāngjūn," Huáng Míng shuō, "wǒ xiànzài bìxū gàosù nǐ zhēnxiàng. Guówáng shì yígè xié'è de bàojūn. Dàn Jī Chāng shì yígè cōngmíng de, hǎode tǒngzhìzhě. Wǒmen yào qù Xīqí yǔ tā hé tā de jūnduì jíhé. Huānyíng nǐ hé wǒmen yìqǐ qù."

Tā děng le jǐ miǎozhōng, ràng lǎorén kǎolǜ yíxià. Ránhòu tā shuō, "Dāngrán, wǒmen gānggāng shāo diào le nǐ suǒyǒu de gǔwù. Rúguǒ nǐ bù gēn wǒmen yìqǐ zǒu, nǐ jiāng méiyǒu bànfǎ jiāo shuì, nǐ kěndìng huì bèi guówáng shā sǐ."

Huáng Gǔn xiǎng le xiǎng. Ránhòu tā shuō, "Hǎoba. Huáng jiā yǐjīng zhōngchéng le jǐ bǎi

西岐。但是只要他一回来，就让你的士兵拿走他们的武器。然后你可以把他们都关进犯人车里，带到朝歌。对我来说，我只希望你和国王能原谅我。"

黄滚说，"将军，你是个好人。我会按照你说的做。"他跳上马，去追黄飞虎。他喊道，"我的儿子，我决定和你一起去西岐。请回来。我们都可以吃点东西，喝点酒，然后我们就去西岐。"

黄飞虎不知道父亲为什么会改变主意。但他还是回到了山口。他向父亲磕头。然后他们都坐下来吃喝。

在他们吃晚饭的时候，黄飞虎下面的两个人放火烧了所有放谷物的搂。黄滚看见火，跑到外面。黄飞虎一群人马上骑马出了大门。"我被骗了！"黄滚说。

"将军，"黄明说，"我现在必须告诉你真相。国王是一个邪恶的暴君。但姬昌是一个聪明的、好的统治者。我们要去西岐与他和他的军队集合。欢迎你和我们一起去。"

他等了几秒钟，让老人考虑一下。然后他说，"当然，我们刚刚烧掉了你所有的谷物。如果你不跟我们一起走，你将没有办法交税[1]，你肯定会被国王杀死。"

黄滚想了想。然后他说，"好吧。黄家已经忠诚了几百

---

[1] 税　　　　　shuì – tax

nián. Dàn wǒmen xiànzài dōu shì pànluàn fènzi." Tā xiàng Zhāogē kētóu bā cì. Ránhòu tā dàizhe tā suǒyǒu de shìbīng hé shìwèi, líkāi le Jièpái Guān.

Huáng Gǔn duì Huáng Míng shuō, "Wǒ xīwàng nǐ zhīdào, nǐ zhèngzài dàizhe zhěnggè Huáng jiā zǒuxiàng sǐwáng. Xià yì guān shì Sìshuǐ Guān. Nà lǐ yǒu ge jiào Yú Huà de mófǎ shī. Tāmen jiào tā wéi qī tóu jiāngjūn. Tā cónglái méiyǒu shūguò yì chǎng zhàndòu. Rúguǒ wǒ dài nǐ qù Zhāogē, wǒ kěnéng huì huó xiàqù. Dàn xiànzài kàn lái, wǒmen dōuyào sǐ zài Sìshuǐ Guān le."

Tāmen qí le dàyuē bāshí lǐ lù, xiàwǔ wǎn xiē shíhòu lái dào le Sìshuǐ Guān. Guānkǒu de zhǐhuīguān, yígè míng jiào Hán Róng de rén, dǎngzhù le chéng mén, zhǔnbèi zhàndòu.

Dì èr tiān, Yú Huà jiāngjūn chūlái dà hǎn, shuō tā yǐjīng zuòhào zhàndòu de zhǔnbèi. Huáng Fēihǔ qízhe tā de niú wǎng qián zǒu, shuō, "Wǒ yào hé tā dǎ."

Yú Huà yǒu yì zhāng jīnsè de liǎn, hóngsè de tóufà hé húzi, hái yǒu liǎng zhī jīnsè de yǎnjīng. Tā kuījiǎ xià chuānzhe hǔ pí cháng yī, yìtiáo yù yāodài. "Nǐ shì shuí?" tā duì Huáng Fēihǔ hǎn dào.

"Wǒ shì wángyé Huáng Fēihǔ. Wǒ zài fǎnduì xié'è de bàojūn. Wǒmen yào qù Xīqí yǔ nàlǐ de shèngrén jíhé. Nǐ shì shuí?"

"Wǒ shì Yú Huà. Duìbùqǐ, wǒmen yǐqián cónglái méiyǒu jiànguò miàn. Gàosù wǒ, nǐ wèishénme yào fǎnduì wǒmen de guówáng?"

"Zhè shì yígè hěn cháng de gùshì. Dàn jiǎndān de shuō, guówáng shì yígè bù guānxīn rénmen de cánrěn bàojūn. Dàn Xīqí de shǒulǐng shìge hǎorén, cōngmíng rén, tā yǐ

年。但我们现在都是叛乱分子。"他向朝歌磕头八次。然后他带着他所有的士兵和侍卫，离开了界牌关。

黄滚对黄明说，"我希望你知道，你正在带着整个黄家走向死亡。下一关是汜水关。那里有个叫余化的魔法师。他们叫他为七头将军。他从来没有输过一场战斗。如果我带你去朝歌，我可能会活下去。但现在看来，我们都要死在汜水关了。"

他们骑了大约八十里路，下午晚些时候来到了汜水关。关口的指挥官，一个名叫韩荣的人，挡住了城门，准备战斗。

第二天，余化将军出来大喊，说他已经做好战斗的准备。黄飞虎骑着他的牛往前走，说，"我要和他打。"

余化有一张金色的脸，红色的头发和胡子，还有两只金色的眼睛。他盔甲下穿着虎皮长衣，一条玉腰带。"你是谁？"他对黄飞虎喊道。

"我是王爷黄飞虎。我在反对邪恶的暴君。我们要去西岐与那里的圣人集合。你是谁？"

"我是余化。对不起，我们以前从来没有见过面。告诉我，你为什么要反对我们的国王？"

"这是一个很长的故事。但简单地说，国王是一个不关心人们的残忍暴君。但西岐的首领是个好人、聪明人，他已

jīng kòngzhì le shāng guó sān fēn zhī èr de guótǔ. Guówáng de bèi miè shì shàngtiān de yìyuàn. Xiànzài, nǐ néng ràng wǒmen tōngguò ma?"

"Diànxià, wǒ bù kěnéng ràng nǐ tōngguò. Nǐ zhèng shìzhe pá shù qù zhuā yú. Nǐ zài fǎnduì guówáng, zhè shǐ wǒmen chéngwéi le dírén. Xiànzài xiàmǎ. Wǒ huì dài nǐ huí Zhāogē, guówáng kěyǐ juédìng zěnme jiějué nǐ. Nǐ bù kěnéng tōngguò zhège guānkǒu."

"Wǒ yǐjīng tōngguò le sì gè guānkǒu. Nǐ zhèlǐ shì zuìhòu yígè. Ràng wǒmen kàn kàn nǐ néngbùnéng zǔzhǐ wǒ!" Shuōzhe, Huáng Fēihǔ jǔ jiàn gōngjī. Tā shì yígè fēicháng hǎo de zhànshì. Tā de jiàn xiàng yìtiáo yín shé chánrào zài Yú Huà shēnshàng. Yú Huà méiyǒu bànfǎ gōngjī huíqù. Tā zhuǎnshēn táopǎo le. Dànshì tā yìbiān táopǎo, yìbiān zhuǎnshēn jǔ qǐ le tā de Lùhún Fān. Yì duǒ hēi yún cóng lǐmiàn piāo le chūlái. Tā chánrào zhù Huáng Fēihǔ, jiāng tā rēng dào dìshàng. Shìbīngmen zhuāzhù tā, bǎ tā guān le qǐlái.

Huáng Gǔn kàndào le zhè. Tā shuō, "Nǐ zhège shǎguā! Nǐ bù tīng wǒ de huà. Xiànzài zhèxiē rén huì yīnwèi zhuādào nǐ ér dédào jiǎngshǎng, ér búshì wǒ."

Dì èr tiān, Yú Huà yòu chūlái zhǔnbèi zhàndòu. Huáng Míng hé lìng yígè jiāngjūn qímǎ chūlái hé tā zhàndòu. Tāmen zhàndòu le dàyuē èrshí gè láihuí. Ránhòu, hé yǐqián yíyàng, Yú Huà qímǎ líkāi le. Ránhòu tā zhuǎnguò shēn, jǔ qǐ le zìjǐ de Lùhún Fān. Liǎng rén bèi hēi yān bāowéi. Tāmen cóng mǎshàng diào le xiàlái, bèi zhuāzhù.

Yòuguò le yìtiān, yòu yǒu liǎng míng jiāngjūn yǔ Yú Huà zhàndòu. Liǎng rén dōu bèi hēi yān bāo

经控制了<u>商国</u>三分之二的国土。国王的被灭是上天的意愿。现在，你能让我们通过吗？"

"殿下，我不可能让你通过。你正试着爬树去抓鱼[1]。你在反对国王，这使我们成为了敌人。现在下马。我会带你回<u>朝歌</u>，国王可以决定怎么解决你。你不可能通过这个关口。"

"我已经通过了四个关口。你这里是最后一个。让我们看看你能不能阻止我！"说着，<u>黄飞虎</u>举剑攻击。他是一个非常好的战士。他的剑像一条银蛇缠绕在<u>余化</u>身上。<u>余化</u>没有办法攻击回去。他转身逃跑了。但是他一边逃跑，一边转身举起了他的<u>戮魂幡</u>。一朵黑云从里面飘了出来。它缠绕住<u>黄飞虎</u>，将他扔到地上。士兵们抓住他，把他关了起来。

<u>黄滚</u>看到了这。他说，"你这个傻瓜！你不听我的话。现在这些人会因为抓到你而得到奖赏，而不是我。"

第二天，<u>余化</u>又出来准备战斗。<u>黄明</u>和另一个将军骑马出来和他战斗。他们战斗了大约二十个来回。然后，和以前一样，<u>余化</u>骑马离开了。然后他转过身，举起了自己的<u>戮魂幡</u>。两人被黑烟包围。他们从马上掉了下来，被抓住。

又过了一天，又有两名将军与<u>余化</u>战斗。两人都被黑烟包

---

[1] In other words, you are attempting the impossible.

wéi bìng bèi zhuāzhù. Ér zhīhòu de dì èr tiān, zuìhòu liǎng wèi Huáng de jiāngjūn yě jīnglì le yíyàng de mìngyùn. Xiànzài Yú Huà yǒu qī gè fànrén. Huáng Gǔn yígè rén hé tā sān gè niánlíng hái xiǎo de sūnzi zài yìqǐ.

Yú Huà zàicì chūlái, zuò hǎo le zhàndòu de zhǔnbèi. Sān gè sūnzi zhōng de yígè chūqù dǎ tā. Sūnzi cì shāng le Yú Huà de tuǐ, dàn jiēzhe tā yě bèi zhuāzhù le.

Huáng Gǔn bùnéng zài děng le. Lǎo jiāngjūn tuō xià kuījiǎ, ránhòu tuō xià yùdài hé cháng yī. Tā chuānshàng le dàoniàn de báisè cháng yī. Ránhòu tā dàizhe liǎng gè sūnzi zǒu dào dà mén kǒu. Tā duì shìwèi shuō, "Qǐng gàosù nǐ de zhǐhuīguān, Huáng Gǔn yào jiàn tā."

Ránhòu Huáng Gǔn guì zài ménkǒu děngzhe.

围并被抓住。而之后的第二天，最后两位黄的将军也经历了一样的命运。现在余化有七个犯人。黄滚一个人和他三个年龄还小的孙子在一起。

余化再次出来，做好了战斗的准备。三个孙子中的一个出去打他。孙子刺伤了余化的腿，但接着他也被抓住了。

黄滚不能再等了。老将军脱下盔甲，然后脱下玉带和长衣。他穿上了悼念[1]的白色长衣。然后他带着两个孙子走到大门口。他对侍卫说，"请告诉你的指挥官，黄滚要见他。"

然后黄滚跪在门口等着。

---

[1] 悼念　　　dàoniàn – to mourn

Dì 34 Zhāng

Pànluàn Fènzi Jiàn Chéngxiàng

Méiyǒu zǒu zhèngdào ér zàochéng le hǔnluàn, zhè quán shì yīnwèi bèn guówáng yǐnqǐ de máfan

Guówáng bèi yùwàng kòngzhì, bù guānxīn tā de zérèn, suǒyǐ guójiā shòukǔ

Jiāngjūn hé dàchén yào wèi yǒu dé de tǒngzhì zhě gōngzuò, hán róng wèishéme yào zǔzhǐ tāmen?

Nézhā zhàn zài lù zhōng, dāng tā ná qǐ jīn zhuān de shíhòu yào xiǎoxīn!

第 34 章
叛乱分子见丞相

没有走正道而造成了混乱，这全是因为笨国王引起的麻烦

国王被欲望控制，不关心他的责任，所以国家受苦

将军和大臣要为有德的统治者工作，韩荣为什么要阻止他们?

哪吒站在路中，当他拿起金砖的时候要小心！

Huáng Gǔn kàndào Hán Róng chūlái le. Jiāngjūnmen zhàn zài zhǐhuī guān de zuǒyòu liǎngbiān. Huáng Gǔn shuō, "Xiānshēng, zhège fànrén gěi nǐ kētóu le. Huáng jiā yǒu hěnduō zuìxíng, wǒmen bìxū shòudào chéngfá. Dàn wǒ qiú nǐ fàngguò wǒ qī suì sūnzi de yìtiáo mìng. Rúguǒ ràng tā huó xiàqù, Huáng jiā jiù néng huó xiàqù. Jiāngjūn, qǐng nǐ néng bùnéng kǎolǜ yíxià?"

Hán Róng huídá shuō, "Jiāngjūn, wǒ bùnéng zhème zuò. Wǒ shì zhèlǐ de zhǐhuīguān, wǒ bìxū fúcóng fǎlǜ. Nǐmen Huáng jiā xiǎngshòuzhe xǔduō de fùguì hé míngshēng, dàn nǐmen què xuǎnzé fǎnduì guówáng. Xiànzài wǒ bìxū bǎ nǐmen suǒyǒu rén, bāokuò nǐ de sūnzi, sòng dào Zhāogē qù. Cháotíng jiāng juédìng shuí yǒuzuì, shuí méiyǒu zuì. Rúguǒ wǒ ànzhào nǐ de yāoqiú qù zuò, wǒ huì hé nǐ yíyàng chéngwéi pànluàn fènzi."

"Dàrén," Huáng Gǔn jiào dào, "fàngguò yígè xiǎo háizi huì yǒu shénme shānghài ne? Gǔrén shuō, 'Rúguǒ nǐ néng bāngzhù biérén, dàn nǐ bù bāng, jiù xiàng kōngshǒu cóng bǎoshān huílái yíyàng.' Wǒ qiú nǐ kělián kělián zhège xiǎo háizi."

Dàn Hán Róng háishì jùjué le. Tā bǎ Huáng Gǔn hé tā de sūnzimen yǐjí Huáng jiā de qítā rén yìqǐ guān le qǐlái.

Zhīhòu, Hán Róng yǔ Yú Huà háiyǒu qítā de jiāngjūn jǔxíng le yànhuì. Tā shuō, "Yú Huà, wǒ yào nǐ hé fànrén yìqǐ qù Zhāogē. Zhǐyǒu zhèyàng, wǒ cáinéng bǎozhèng tāmen néng shùnlì dào nàlǐ ér búhuì chūxiàn máfan."

Dì èr tiān, Yú Huà dàizhe sānqiān míng shìbīng, sòng shíyī gè fànrén qiánwǎng Zhāogē.

Ér zhè shí, Qiányuán Shān shàng, yí wèi míng jiào Tàiyǐ Zhēnrén de shénxiān zhèng zuò zài tā de

黄滚看到韩荣出来了。将军们站在指挥官的左右两边。黄滚说，"先生，这个犯人给你磕头了。黄家有很多罪行，我们必须受到惩罚。但我求你放过我七岁孙子的一条命。如果让他活下去，黄家就能活下去。将军，请你能不能考虑一下？"

韩荣回答说，"将军，我不能这么做。我是这里的指挥官，我必须服从法律。你们黄家享受着许多的富贵和名声，但你们却选择反对国王。现在我必须把你们所有人，包括你的孙子，送到朝歌去。朝廷将决定谁有罪，谁没有罪。如果我按照你的要求去做，我会和你一样成为叛乱分子。"

"大人，"黄滚叫道，"放过一个小孩子会有什么伤害呢？古人说，'如果你能帮助别人，但你不帮，就像空手从宝山回来一样。'我求你可怜可怜这个小孩子。"

但韩荣还是拒绝了。他把黄滚和他的孙子们以及黄家的其他人一起关了起来。

之后，韩荣与余化还有其他的将军举行了宴会。他说，"余化，我要你和犯人一起去朝歌。只有这样，我才能保证他们能顺利到那里而不会出现麻烦。"

第二天，余化带着三千名士兵，送十一个犯人前往朝歌。

而这时，乾元山上，一位名叫太乙真人的神仙正坐在他的

chuángshàng. Trán, tā de xīn kāishǐ tiào dé hěn kuài. Tā bù zhīdào wèishénme. Tā suànmìng, fāxiàn Huáng Fēihǔ hé tā de jiārén yǒu wēixiǎn.

Tā jiào lái tā de túdì Nézhā. Tā shuō, "Túdì, wǒ jiàn Huáng Fēihǔ hé tā de jiārén yǒu wēixiǎn. Qù bāngzhù tāmen guò Sìshuǐ Guān. Děng wánchéng yǐhòu, nǐ mǎshàng huílái."

Nézhā jiēdào zhège gōngzuò fēicháng gāoxìng. Tā náqǐ Huǒ Jiānqiāng, qízhe Fēnghuǒ Lún fēi xiàng Chuānyún Guān wài. Tā zài nàlǐ děngzhe, zhídào kàndào yì zhī jūnduì xiàng tā zǒu lái. Yí dà tuán de chéntǔ. Qízhì zài fēng zhōng piāo, jiàn zài yángguāng xià fāguāng.

Fēnghuǒ Lún shàng Nézhā zhàn zài lù de zhōngjiān, kāishǐ chànggē:

> Wǒ huó le hěnjiǔ le, wǒ bù zhīdào wǒ de niánlíng
> Wǒ zhǐ fúcóng wǒ de shīfu, wǒ búpà shàngtiān
> Wúlùn shuí lái zhèlǐ
> Tāmen dōu bìxū fùgěi wǒ jīnzi.

Yí míng shìbīng qímǎ lái dào Yú Huà miànqián, shuō, "Jiāngjūn, lù zhōngjiān de yí liàng mǎchē shàng zhànzhe yígè qíguài de rén. Tā zài chànggē."

Yú Huà ràng tā de rén tíng xiàlái. Tā qímǎ cháo nàge rén zǒu qù. "Nǐ shì shuí?" tā hǎn dào.

"Nǐ bù xūyào zhīdào wǒ de míngzì. Wǒ zài zhèlǐ zhù le hěn cháng shíjiān le. Rènhé jīngguò de rén dōu bìxū fùgěi wǒ jīnzi. Wúlùn nǐ shì guówáng háishì pǔtōng rén, nǐ dōu bìxū fù qián."

床上。突然，他的心开始跳得很快。他不知道为什么。他算命，发现黄飞虎和他的家人有危险。

他叫来他的徒弟哪吒。他说，"徒弟，我见黄飞虎和他的家人有危险。去帮助他们过汜水关。等完成以后，你马上回来。"

哪吒接到这个工作非常高兴。他拿起火尖枪，骑着风火轮飞向穿云关外。他在那里等着，直到看到一支军队向他走来。一大团的尘土。旗帜在风中飘，剑在阳光下发光。

风火轮上哪吒站在路的中间，开始唱歌：

我活了很久了，我不知道我的年龄

我只服从我的师父，我不怕上天

无论谁来这里

他们都必须付给我金子。

一名士兵骑马来到余化面前，说，"将军，路中间的一辆马车上站着一个奇怪的人。他在唱歌。"

余化让他的人停下来。他骑马朝那个人走去。"你是谁？"他喊道。

"你不需要知道我的名字。我在这里住了很长时间了。任何经过的人都必须付给我金子。无论你是国王还是普通人，你都必须付钱。"

Yú Huà xiào dào, "Wǒ shì jiāngjūn, bǎ fànrén dài dào Zhāogē. Rúguǒ nǐ xiǎng huó xiàqù, jiù ràngkāi."

"Hǎo. Zhǐyào fù wǒ shí gè jīnbì, nǐ jiù kěyǐ tōngguò."

Yú Huà fēicháng shēngqì. Tā gōngjī le nàge rén, dàn bù zhīdào tā zhèngzài gōngjī yígè shénxiān. Nézhā qīngsōng de dǎngzhù le tā de jiàn. Yú Huà méiyǒu bànfǎ yíng, táopǎo le. Ránhòu tā yòu zhuǎnguò shēn, huīzhe tā de Lùhún Fān. Dàn Nézhā zhǐshì xiào le xiào. Tā huī le huī shǒu, qízhì jiù fēi dào le tā shǒuzhōng. Tā bǎ tā fàng zài bāo lǐ. "Nǐ háiyǒu duōshǎo?" tā xiàozhe.

Yú Huà huílái, zàicì gōngjī Nézhā. Nézhā bǎ tā de jīn zhuān rēng dào le kōngzhōng. Tā diào xiàlái, zá zài Yú Huà de tóu shàng. Tā jīhū cóng mǎshàng diào le xiàlái. Tā qímǎ zǒu le. Nézhā yòu bǎ jīn zhuān rēng dào le kōngzhōng. Yú Huà de suǒyǒu shìbīng dōu zhuǎnshēn, yòng zuì kuài de sùdù qímǎ líkāi.

Nézhā zǒu dào guān fànrén de chē pángbiān. Tā kànzhe chē lǐ yòu lèi yòu zàng de rén. Tā shuō, "Wǒ shì Lǐ Nézhā, Tàiyǐ Zhēnrén de túdì. Wǒ shīfu jiàn nǐmen yùdào le máfan, ràng wǒ lái bāngzhù nǐmen." Ránhòu tā yòng tā de jīn zhuān zá kāi le guān fànrén de chē, fàng le zhèxiē rén. Tā jìxù shuō, "Wǒ yào huí Sìshuǐ Guān, qù dǎkāi guānkǒu de mén. Nǐmen kěyǐ shùnlì de tōngguò." Huáng Fēihǔ hé qítā rén dōu guì dǎo zài dìshàng, xiàng Nézhā kētóu.

Zài Sìshuǐ Guān, Hán Róng zhèngzài hé jiāngjūnmen hējiǔ, Yú Huà huílái le. "Nǐ zài zhèlǐ zuò shénme?" tā wèn. Yú Huà gàosù tā zìjǐ yǔ shénxiān de zhàndòu. Hán Róng shuō, "Wǒmen bìxū bǎ nàxiē pànluàn fènzi dài huí Zhāogē. Rúguǒ wǒmen bú

余化笑道，"我是将军，把犯人带到朝歌。如果你想活下去，就让开。"

"好。只要付我十个金币，你就可以通过。"

余化非常生气。他攻击了那个人，但不知道他正在攻击一个神仙。哪吒轻松地挡住了他的剑。余化没有办法赢，逃跑了。然后他又转过身，挥着他的戮魂幡。但哪吒只是笑了笑。他挥了挥手，旗帜就飞到了他手中。他把它放在包里。"你还有多少？"他笑着。

余化回来，再次攻击哪吒。哪吒把他的金砖扔到了空中。它掉下来，砸在余化的头上。他几乎从马上掉了下来。他骑马走了。哪吒又把金砖扔到了空中。余化的所有士兵都转身，用最快的速度骑马离开。

哪吒走到关犯人的车旁边。他看着车里又累又脏的人。他说，"我是李哪吒，太乙真人的徒弟。我师父见你们遇到了麻烦，让我来帮助你们。"然后他用他的金砖砸开了关犯人的车，放了这些人。他继续说，"我要回汜水关，去打开关口的门。你们可以顺利地通过。"黄飞虎和其他人都跪倒在地上，向哪吒磕头。

在汜水关，韩荣正在和将军们喝酒，余化回来了。"你在这里做什么？"他问。余化告诉他自己与神仙的战斗。韩荣说，"我们必须把那些叛乱分子带回朝歌。如果我们不

zhèyàng zuò, guówáng yǒngyuǎn búhuì yuánliàng wǒ."

Jǐ fēnzhōng hòu, yì míng shìbīng chōng jìnlái shuō, "Mén wài yǒu yígè rén. Tā qí zài tā de Fēnghuǒ Lún shàng. Tā xiǎng hé qī tóu jiāngjūn zhàndòu."

"Jiùshì nàge rén dǎbài le wǒ!" Yú Huà hǎn dào. Tāmen dōu chūqù kàn.

Hán Róng wèn dào, "Nǐ shì shuí?"

"Wǒ shì Lǐ Nézhā, Tàiyǐ Zhēnrén de túdì. Shīfu ràng wǒ qù bāngzhù Huáng Fēihǔ. Shāng Cháo mǎshàng jiù yào miè le, shàngtiān yǐjīng juédìng ràng Huáng jiā bāngzhù xīn wángcháo. Wǒ shì lái bāng tāmen qù Xīqí de. Nǐ wèishénme yào wéifǎn shàngtiān de yìyuàn ne?"

Hán Róng hé tā de shìbīng gōngjī Nézhā, dàn Nézhā xiàng lóng nàyàng qiángdà, xiàng shǎndiàn nàyàng kuài. Xǔduō shìbīng cóng mǎshàng diào xiàlái. Shèngxià de rén mángzhe táomìng.

Yú Huà qíshàng tā de yāoguài, gōngjī Nézhā. Nézhā dǎngzhù le tā de gōngjī. Ránhòu tā dǎ le Yú Huà, dǎ duàn le tā de shǒubì. Yú Huà zhuǎnshēn táozǒu.

Zhàndòu jiù zhèyàng jiéshù le. Sìshuǐ Guān zhè shí yǐ kāi. Huáng Fēihǔ hé tā de rén chuānguò guānkǒu de dàmén, jìxù xiàng Xīqí zǒu qù. Tāmen gǎnxiè Nézhā, Nézhā shuō, "Zhàogù hǎo zìjǐ. Wǒmen huì zài jiànmiàn de." Ránhòu Nézhā huí dào le Qiányuán Shān.

Huáng de yìjiā hé tā de jūnduì jìxù xiàng Xīqí zǒu. Tāmen páguò xǔduō shān, zǒuguò xǔduō héliú. Tāmen zài Xīqí chéng wài tíng le xiàlái, jiàn yíngdì.

Huáng Fēihǔ yígè rén jìn le chéng. Tā kàndào chéng lǐ de rén dōu hěn jiànkāng, chuānzhe hǎo

这样做，国王永远不会原谅我。"

几分钟后，一名士兵冲进来说，"门外有一个人。他骑在他的凤火轮上。他想和七头将军战斗。"

"就是那个人打败了我！"余化喊道。他们都出去看。

韩荣问道，"你是谁？"

"我是李哪吒，太乙真人的徒弟。师父让我去帮助黄飞虎。商朝马上就要灭了，上天已经决定让黄家帮助新王朝。我是来帮他们去西岐的。你为什么要违反上天的意愿呢？"

韩荣和他的士兵攻击哪吒，但哪吒像龙那样强大，像闪电那样快。许多士兵从马上掉下来。剩下的人忙着逃命。

余化骑上他的妖怪，攻击哪吒。哪吒挡住了他的攻击。然后他打了余化，打断了他的手臂。余化转身逃走。

战斗就这样结束了。汜水关这时已开。黄飞虎和他的人穿过关口的大门，继续向西岐走去。他们感谢哪吒，哪吒说，"照顾好自己。我们会再见面的。"然后哪吒回到了乾元山。

黄的一家和他的军队继续向西岐走。他们爬过许多山，走过许多河流。他们在西岐城外停了下来，建营地。

黄飞虎一个人进了城。他看到城里的人都很健康，穿着好

293

yīfu, hěn yǒu lǐmào. Jíshì shàng yǒu hěnduō shíwù. Tā wèn chéngxiàng de jiā zài nǎlǐ. Yígè rén zhǐzhe yízuò jīnsè de qiáo, gàosù tā chéngxiàng de jiā zài qiáo de lìng yìbiān.

Tā zǒu dào chéngxiàng jiā de ménkǒu, gàosù shìwèi tā lái jiàn chéngxiàng. Guò le yīhuǐ'er, Jiāng Zǐyá chūlái jiàn tā. "Qǐng yuánliàng wǒ méiyǒu qímǎ qù chéng wài huānyíng nǐ," tā shuō.

"Wǒ xiànzài shì yígè méiyǒu guójiā de rén," Huáng Fēihǔ huídá. "Wǒ jiù xiàng yì zhī shīqù shùlín de fēiniǎo. Nǐ huì hǎoxīn de liú wǒ zài zhèlǐ ma?"

"Dāngrán kěyǐ. Dànshì gàosù wǒ, nǐ wèishénme fǎnduì Shāng Cháo?" Huáng Fēihǔ bǎ fāshēng de yíqiè gàosù le tā, yǐjí wèishénme huì chéngwéi pànluàn fènzi.

Jiāng Zǐyá shuō, "Wǒmen de guówáng hěn gāoxìng yǒu nǐ zài zhèlǐ. Qǐng děng yīhuǐ'er. Wǒ xūyào hé tā tán tán."

Jiāng Zǐyá qù gōngdiàn jiàn Jī Fā. Tā jiěshì le fāshēng de shìqing. Jī Fā tīngdào zhège xiāoxī hěn gāoxìng. Tā yāoqiú dài Huáng Fēihǔ qù jiàn tā.

Dì èr tiān, Huáng Fēihǔ bèi dài qù jiàn Jī Fā. Tā shuō, "Bìxià, wǒ bìng búshì yígèrén. Wǒ hé wǒ de fùqīn, wǒ de xiōngdì, wǒ de érzi, wǒ de jiébài xiōngdì, yìqiān míng shìwèi hé sānqiān míng shìbīng zài yìqǐ. Tāmen dōu zài Qí Shān děngzhe. Qǐng gàosù wǒ, tāmen zhèxiē rén zěnme bàn."

"Bǎ tāmen dōu dài dào chéng lǐ qù," Jī Fā huídá dào, "měigè rén de jíbié dōu bú biàn, hé yuánlái yíyàng." Huáng Fēihǔ gǎnxiè le Jī Fā. Tā de jiārén hé tā de jūnduì jìn le Xīqí chéng, tāmen dōu chéngwéi le Xīqí de yíbùfèn.

衣服，很有礼貌。集市上有很多食物。他问丞相的家在哪里。一个人指着一座金色的桥，告诉他丞相的家在桥的另一边。

他走到丞相家的门口，告诉侍卫他来见丞相。过了一会儿，姜子牙出来见他。"请原谅我没有骑马去城外欢迎你，"他说。

"我现在是一个没有国家的人，"黄飞虎回答。"我就像一只失去树林的飞鸟。你会好心地留我在这里吗？"

"当然可以。但是告诉我，你为什么反对商朝？"黄飞虎把发生的一切告诉了他，以及为什么会成为叛乱分子。

姜子牙说，"我们的国王很高兴有你在这里。请等一会儿。我需要和他谈谈。"

姜子牙去宫殿见姬发。他解释了发生的事情。姬发听到这个消息很高兴。他要求带黄飞虎去见他。

第二天，黄飞虎被带去见姬发。他说，"陛下，我并不是一个人。我和我的父亲、我的兄弟、我的儿子、我的结拜兄弟，一千名侍卫和三千名士兵在一起。他们都在岐山等着。请告诉我，他们这些人怎么办。"

"把他们都带到城里去，"姬发回答道，"每个人的级别都不变，和原来一样。"黄飞虎感谢了姬发。他的家人和他的军队进了西岐城，他们都成为了西岐的一部分。

Dàn hěn kuài zhànzhēng wēixiézhe zhěnggè guótǔ.

Rúguǒ nǐ xiǎng zhīdào fāshēng le shénme, nǐ jiù yào yuèdú xià yì běn shū.

但很快战争威胁[1]着整个国土。

如果你想知道发生了什么，你就要阅读下一本书。

---

[1] 威胁　　　　wēixié – to threaten

The Last King of Shang
Book 2

Chapter 18
Flight From Zhaoge

Day and night, the Wei River flows
Ziya sits alone fishing, his hook above the water
Even before the dream of the flying bear, he waited at the riverbank
As the sun falls slowly behind him, he thinks of his white hair.

The king showed Jiang Ziya the designs for the Deer Terrace. He said, "We want you to build this for us. It's a big job, but we know you can do it."

Jiang Ziya looked at the designs. He thought to himself, "This building cannot be built. Daji and the king are trying to trap me. I'd better get out of Zhaoge, and quickly!"

The king looked at Jiang Ziya and said, "How long will it take?"

Jiang Ziya studied the designs for the Deer Terrace. He thought about it for a minute. Then he replied, "This is a huge project, Your Majesty. It will take thirty-five years, maybe longer."

The king turned to Daji to ask her what she thought. She said, "Your Majesty, what good is the Deer Terrace if it's not ready until we are both too old to enjoy it? I do not trust this man. He is just a poor magician who knows nothing about how to build anything."

"You are right, my dear," said the king. Turning to his guards, he said, "Take this magician away. Execute him using the Burning Pillar."

"Your Majesty," said Jiang Ziya quickly, "please wait and listen to me. Building the Deer Terrace will need many workers and a huge amount of money. But the kingdom has no money anymore. The people are hungry, the country is at war, and you spend all your time in bed with your concubine. Please do not continue on this path. It will destroy you and the kingdom."

The king was enraged. He shouted to his guards, "Seize this fool! Cut him into little pieces!" But before the guards could grab him, Jiang Ziya ran out of the palace. He ran to the Nine Dragon Bridge, jumped off the bridge, and disappeared under the water. The guards ran after him. When they got to the bridge, they looked down at the water but they could not see him. They thought he had drowned, but in fact, Jiang Ziya had flown away on an invisible water cloud.

A few minutes later, Supreme Minister Yang Ren came to the bridge. The king had named him Supreme Minister after the previous Supreme Minister, Mei Bo, was executed on the Burning Pillar. Yang Ren saw four guards on the bridge looking down at the water. He asked them what they were looking at. They told him that Jiang Ziya had jumped off the bridge.

"Why did he do that?" asked Yang Ren.

The leader of the guards replied, "His Majesty told him to oversee the building of a huge new building called Deer Terrace. Jiang Ziya spoke against the king. So of course, the king became angry. He ordered us to kill him by cutting him into many pieces. That's why Jiang Ziya jumped off the bridge."

"What is this Deer Terrace?" asked Yang Ren. The leader of the guards told him.

Yang Ren was unhappy about this situation. He went to see the king, who was at the Star Picking Mansion with Daji. He kneeled before the king and said, "Your Majesty, our nation has three big problems right now. In the east, the son of the late Grand Duke Jiang Huanchu is fighting against us. In the south, the son of the late Grand Duke E Chonyu is also fighting against us. And in the north, Grand Tutor Wen Zhong has been fighting at the North Sea for ten years but has not won the war yet. Many good people have died in these three wars, and it has been very expensive. We have no more people and no more money. Please, Your Majesty, stop this foolish project."

But the king did not want to hear this. He told his guards, "Take this traitor out of here and remove both of his eyes." The guards did as they were ordered. They gouged out Yang Ren's eyes, then they brought the eyes back to the king on a plate.

Even though the king took both of Yang Ren's eyes, the Supreme Minister continued to do his job and help the king. In the sky, a Daoist immortal named Master Pure Void Virtue saw this. He told one of his disciples to bring Yang Ren to his cave in the sky. The disciple flew to Star Picking Mansion. Then he created a big cloud of dust and took Yang Ren's body while it was hidden by the dust.

The king's servants told the king what had happened. He said to Daji, "The same thing happened when we were about to execute the two princes. It looks like this is happening a lot these days. It's nothing to worry about. But now we need someone else to oversee the building of the Deer Terrace." He selected Chong Houhu, the cruel Grand Duke of the North.

The disciple brought Yang Ren's body to the Daoist's cave. The Daoist poured a little bit of magic elixir into the holes where his eyes used to be. Then he blew a magic breath. "Rise up, Yang Ren!" he cried. Yang Ren sat up. In each eye socket there was now a tiny hand. In the palm of each hand was a tiny eye. Now Yang Ren could see again, but he could also use his new eyes to see all the secrets of heaven and earth.

He looked around and saw the Daoist. He bowed and said, "Thank you, sir. Please take me as your disciple and let me serve you for the rest of my life." The Daoist agreed. Yang Ren stayed with Master Pure Void Virtue for several years.

Back at Zhaoge, Chong Houhu brought thousands of workers from all parts of the kingdom. He worked them day and night. Many of the workers, mostly the young and old, died while working there. Their bodies were thrown into the foundations of the Deer Terrace. Many others tried to flee the country.

Jiang Ziya flew back to his home on the water cloud. His wife met him and said, "Welcome home, husband and minister!"

He told her that he was no longer a minister of the king, and that the king had tried to kill him. He said, "We need to leave Zhaoge. Let's go to West Qi. We can wait there until it is time for me to help the new king."

But his wife was not happy. She said, "Husband, you should have obeyed His Majesty and built this Deer Terrace. We would have had lots of money. Why did you argue with the king like that, when everyone else knows which way the wind is blowing? You are nothing but a poor magician, and you are a fool. I will not follow you to West Qi."

"A wife must follow her husband. We will have a good life in West Qi, and you will have money and happiness there."

"No, I am a native of Zhaoge, and I will not leave. I don't want to be your wife anymore. Give me a divorce."

Jiang Ziya wrote a letter of divorce and held it in his hand. He said to his wife, "As long as this letter is in my hand, we are still husband and wife."

Without waiting even a second, she grabbed the letter. He said quietly, "The bite of a snake and the sting of a wasp are nothing compared to this woman's heart."

Jiang Ziya packed up his things and left the house. He traveled west towards West Qi. He crossed many rivers and mountains. Finally, he came to Lintong Pass. There he saw hundreds of people. They were sitting on the ground, crying.

"Who are you and why are you here?" he asked.

One of them replied, "We are all from Zhaoge. The king has named Chong Houhu to oversee the Deer Terrace project. He has ordered that two out of every three men must work on the project. Tens of thousands have already died. If we go there, we will probably die too. So we left Zhaoge. But now we cannot get through the pass because the commander will not let us through."

"Don't worry," he said, "I will take care of this." He put down his luggage and went to see the commander. The commander heard that an official from Zhaoge was here to see him, so he let Jiang Ziya in. But after he heard what Jiang Ziya had to say, he became angry.

He said, "You are not a court official, you are just a poor magician. The king gave you wealth and power, but you turned your back on him. You say that you want to help these people, but all I see are a bunch of traitors and cowards. The law says that I should arrest you and send you back to Zhaoge. But this is the first time we have met, so I will be kind and let you go. Now get out of here."

Jiang Ziya returned to the crowd of people. He told them what the commander had said. They all began to cry. "Please don't cry," he told them. "I can help you but you must do exactly what I tell you. Wait until night comes. Then close your eyes. You may hear the sound of wind. Don't worry about that. And do not open your eyes. If you do, you will die."

When night came, the people all closed their eyes and waited. Jiang Ziya kowtowed towards Mount Kunlun. Then he began to say some magic words. A strong wind came. It picked up all the people. The wind carried them across Lintong Pass, across several other passes and mountains, all the way to Golden Chicken Mountain. Then the wind placed them safely on the ground. Jiang Ziya told them, "You can open your eyes now. You are at Golden Chicken Mountain in West Qi. You can go now."

West Qi was governed by the Grand Duke of the West, Ji Chang. But Ji Chang was a prisoner, living in Youli by the king's order. So West Qi was governed by Ji Chang's eldest son Bo Yikao.

Bo Yikao took good care of the hundreds of people. He gave them food and homes and jobs. He also talked with the people, and they told him everything that was happening in Zhaoge.

Bo Yikao said to his ministers, "My father has been a prisoner for seven years. Nobody from his family has gone to see him. What good are his ninety-nine sons if we cannot help him? I must go and see him. I will take the family's three great treasures and give them to the king. Perhaps then the king will let my father return home."

Chapter 19
Gifts for the King

The loyal minister's son dies because of king's fox demon
The evil king plays with his concubine and ignores his ministers
Better for him to die from ten thousand knife cuts while keeping his honor
History will tell his sad story; tears fall like pearls.

Bo Yikao said goodbye to his mother. Then he went to see his younger brother Ji Fa and said, "Guard West Qi while I am in Zhaoge. Don't change anything, and take care of your brothers."

Then he set out on the journey to Zhaoge. He passed quickly over five mountain passes and across the Yellow River. Finally, he arrived at Zhaoge. He stayed overnight at a hostel.

The next day he went to the palace. He waited all day but nobody came to let him inside. He did not dare to enter on his own. So he returned to the hostel. He went back on the second, third and fourth days but was still not invited into the palace. Finally on the fifth day, while he was waiting at the gate, he saw the Prime Minister Bi Gan coming on horseback. He knelt before the Prime Minister.

"Who is kneeling before me?" asked Bi Gan.

"I am Bo Yikao, son of the criminal Ji Chang."

Bi Gan got off his horse and raised the young man up, saying, "Please get up, Prince. Why are you here?"

"Sir, when my father offended His Majesty, you saved his life by speaking to the king. My family will never forget this. Now my father has been a prisoner for seven years, living in Youli. We are worried about him. I have come here to ask His Majesty to let my father return to his home. In return, I have brought the king valuable gifts."

"What are these gifts?"

"I have brought four gifts. First, I have brought a magic carriage that comes from the ancient Yellow Emperor. It can go wherever the rider wants to go, without need of driver or horses. Second, I have brought a magic carpet that lets any drunk person become sober as soon as he lays down on it. Third, I have brought a white-faced monkey that sings and dances. It knows three thousand eight hundred songs. And finally, I have brought ten beautiful young women for the king's enjoyment."

"These are wonderful gifts, but I'm afraid His Majesty is too far gone to change his ways. In fact, these gifts might make things worse. However, I will tell him and we will see what he does."

Bi Gan went to the palace and told the king that Ji Chang's son had come to see him. The king ordered the young man to enter the palace. Bo Yikao entered, fell to his knees, then he walked on his knees until he was close to the throne. Without looking up from the floor he said to the king, "The son of your criminal minister wishes to speak with you, Your Majesty."

"Speak, young man," said the king.

"Our family is grateful that you have allowed my father to live. I now ask you to let him return to his family so that he may live the last few years of his life at home. If you do this, your kindness will be remembered for ten thousand years."

While he was speaking, Daji stood behind a curtain secretly looking at him. She liked what she saw. The young man was tall, strong and handsome. She came out from behind the curtain and walked until she was standing next to the king. She said to the king, "Your Majesty, I have heard that this young man is a great musician, a master at playing the guqin." Turning to Bo Yikao, she smiled sweetly and said, "I have heard that you play the guqin very well. Would you play a song for me?"

Still looking at the floor, Bo Yikao said to the king, "Please, Your Majesty, my father has suffered for seven years. My heart is broken. How can I take pleasure in music at a time like this?"

"Yikao," replied the king, "play us a song. If we like it, we will set you and your father free."

This made Bo Yikao happy. He thanked the king. Servants brought in a guqin. He sat on the floor, put the guqin on his knees, and began to play this song,

> Willows move in the morning breeze
> Peach blossoms glow in the sun
> Without care for carriages running east and west
> The grass covers the earth like a green blanket

Music came from Bo Yikao's fingers like the tinkling of jade, like the sound of pine trees in the forest. The king loved the music. He said to Daji, "You are right, this young man plays beautifully."

Daji also enjoyed the music. But what she really wanted was to enjoy Bo Yikao. She thought he was very handsome and strong. Then she looked at the king and thought he was old and weak. She said to herself, "I must keep this handsome young man here. I will find a way to get him into my bed. I think he will be a lot more fun than that old king."

She said to the king, "Your Majesty, I have an idea. You can let Ji Chang go home, as we have no need for him. But keep Bo Yikao here. He can teach me to play the guqin, and he can play for you anytime you want."

"That is a wonderful idea," said the foolish king, and he agreed.

Daji ordered the palace servants to prepare a feast. During the feast she raised her golden cup of wine and toasted the king again and again and again, until the king was too drunk to even sit up. When he fell asleep, she told the servants to put him to bed. Then she asked Bo Yikao to teach her how to play the guqin.

The two of them sat on the floor, each one with a guqin on their knees. Bo Yikao told her about the guqin, when to play it, when to not play it, how to hold it, how to use one's hands to play the strings, and so on. Daji listened, giving him smiles and sitting very close to him.

Bo Yikao knew that Daji was trying to seduce him, but he knew that it would be a terrible mistake for him to go along with her. So he kept his heart like ice. He did not even look at Daji during the lesson.

Daji saw that she was not getting anywhere with the young man. She ordered another feast, and told Bo Yikao to sit next to her. He replied, "I am the son of a criminal. I would not dare sit next to the queen. If I did, I should die ten thousand deaths!" He remained sitting on the floor, not even looking up at her.

Daji had one more idea. She told the servants to clear away the feast. Then she said to him, "Let's continue with the lesson. But you are too far away from me. I cannot learn like this. I will sit on your lap. You can put your arms around me and hold my hands. That way you can teach my hands how to play the strings. I will learn much more quickly."

Bo Yikao was in trouble now. He said to himself, "I think it is my fate to die here. But I would rather be an honorable ghost than a dishonorable man." Then he said to her, "Your Majesty, if I did as you ask, I would be no better than a beast. You are the queen, the mother to the country, honored by all. Please do not lower yourself like this. If the people learned about this, they would never honor you again."

Now Daji was furious at Bo Yikao. She ordered him to leave the palace. Later that night, in bed, the king asked her how the lesson went. She replied, "I must tell you, that young man was not interested in teaching me to play the guqin. He only wanted to use my body for his own enjoyment. When I saw what he was trying to do, I sent him away."

The next morning, the king ordered his servants to bring Bo Yikao back to the palace. He said, "Why did you give the queen such a bad lesson yesterday? She still cannot play the guqin."

The young man replied, "Your Majesty, it takes time to learn to play the guqin."

The king did not want to say anything about the seduction. He said, "Play us another song, young man." Bo Yikao sat on the floor and played this song:

My loyalty reaches to the heavens
May His Majesty live forever!
May the rain and wind come at the proper time
May the kingdom be strong and last forever

The king liked this song and could not find anything wrong with it. When Daji saw this, she said, "Your Majesty, I have heard that the white-faced monkey can sing very well. Let's hear it sing."

The servants brought out the monkey. Bo Yikao gave it two wooden clappers that it could use to play while it sang. The monkey sang a beautiful song. As the king listened to the song, he forgot his anger. As Daji listened, all evil thoughts left her body. She even forgot who she was. The fox spirit floated out of her body.

Daji did not know that the monkey was more than just a monkey. It was a powerful spirit who had studied the Way for a thousand years. It saw the fox spirit. Dropping the clappers, it attacked Daji. The queen jumped backwards. The king hit the monkey and killed it with one blow from his fist.

Daji started to cry, saying, "That young man tried to use the monkey to kill me!"

"I did not do anything!" cried Bo Yikao.

"How can you say that?" shouted the king. "Everyone saw your monkey try to kill the queen!"

"Your Majesty, monkeys are wild animals. They do not always do as they are told. This one likes to eat fruit. When he saw the fruit in front of the queen, it tried to grab some of it. Besides, how could a little monkey harm a person? It had no weapons of any kind."

The king thought about this for a while. Gradually his anger left him. He said to Daji, "This young man is correct. The monkey was a wild animal."

Daji said, "Your Majesty, you have been kind to this man. Let him play another song. But if there is any anger or criticism at all, then you must execute him."

"Of course, my dear," said the king.

Now Bo Yikao saw that he could not escape the net thrown by Daji. He sat on the floor to play one more song.

> A king is always good to his people
> He will never be cruel to them
> Hot pillars turn flesh to ash
> Long snakes feast on bellies
> The sea is full of blood
> The forest is full of corpses
> The people are hungry
> But the Deer Terrace is full
> The farms are dying
> But the king eats well
> May the king remove evil ministers
> And bring peace to the nation

The king shouted, "Guards, grab that traitor and execute him!"

But Bo Yikao said, "Wait! I am not finished with the song." Then he sang,

> May the king let go of his lust
> May he get rid of the evil queen
> When the evil is gone
> The ministers will gladly obey
> When the lust is gone

The kingdom will be at peace
I am not afraid of death
But you must kill evil Daji

Then he stood up and threw the guqin straight at Daji's head. The queen jumped out of the way and fell to the floor.

"Guards!" shouted the king. "Trying to kill the queen with a guqin is a terrible crime. Throw him in the pit of snakes!"

"Wait," said Daji, getting up from the floor. "Give him to me. I will deal with him." She told the soldiers to nail his feet and hands to planks of wood. Then she ordered the soldiers to cut off his flesh, bit by bit. Bo Yikao continued to shout at her until he died.

When he was dead, Daji said to the king, "I have an idea. Let's cut up the flesh into little pieces. Then we will make meat pies out of it and give them to Ji Chang. If he eats the pies, that means he is just a man and you can let him go home. But if he refuses, that means that he is a sage, and you should kill him to prevent trouble."

The king agreed. Bo Yikao's flesh was sent to the kitchen, where it was made into meat pies. Then he ordered the meat pies to be sent to Ji Chang in Youli.

Chapter 20
San Yisheng Bribes the Ministers

Since ancient times, evil ministers love wealth and harm the loyal and virtuous
For a wealthy life they demand that gold and silver be put in their bag
They think only of themselves, they don't care about the pain of their country
But everything can change in a second, they don't see the sword is already coming down.

During the seven years that Ji Chang was a prisoner in Youli he never spoke in public and never caused any trouble. He spent his time studying divination. He wrote a book that would later be called the Book of Changes (I Ching). He also relaxed by playing the guqin.

One day while playing the guqin, he heard an unhappy sound coming from the lowest string. The sound was like death. He stopped playing and did a divination using gold coins. This is how he learned that his son had died. The divination also told him that the king wanted to give him his son's flesh to eat.

Soon after that, a messenger arrived carrying a plate of meat pies. The messenger told Ji Chang, "His Majesty is worried about your health. He went hunting yesterday and killed a deer, so he ordered the kitchen to make the deer meat into pies for you."

Ji Chang knew that this was a trap. If he refused to eat the pies, the king would know that he was a powerful magician and would have him killed. So he said to the messenger, "How kind is our king! Even though he was tired from hunting all day, he still found time to think of his criminal minister. Long live His Majesty!"

He ate one of the meat pies. Then he ate another, then one more. The messenger watched him eat the pies but said nothing. Then he left and returned to Zhaoge. He went to the palace and said to the king, "The criminal Ji Chang thanked you many times for the meat pies. He ate three of them. Then he kowtowed and said, 'Long live His Majesty!' He kowtowed again and asked me to deliver his words to you."

The king smiled and said to Fei Zhong, "So, Ji Chang has eaten the flesh of his own son. It looks like he is not a powerful magician at all, just an ordinary man. We think there is no danger if let him return home."

Fei Zhong replied, "Your Majesty, please be careful. I think Ji Chang is trying to trick you. He knew that you would kill him if he refused to eat the pies. It would be dangerous to allow him to return home. There is already trouble in the west, you don't want any more!"

The king said, "No man, not even a sage, could eat his own son's flesh. But maybe you are right. We will keep him in Youli."

Meanwhile, the soldiers and servants who had traveled with Bo Yikao to Zhaoge heard that their master had been killed. That night they all fled back to West Qi. When they arrived home they told Ji Fa, the younger brother of Bo Yikao, what had happened to his older brother.

Ji Fa cried and said, "How could the king do such a thing? Even though my father has been a prisoner for seven years we have remained loyal to the king. But now the king has killed my older brother. The bond between king and his people has been broken."

Then one of Ji Fa's generals stood up and shouted, "It is time for us to fight! We must send an army to Zhaoge, get rid of this evil king, and bring peace to our country!"

But the Prime Minister, a man named San Yisheng, stood up and said, "My Prince, you should cut off that man's head. He is a fool and will cause us great trouble."

Ji Fa replied, "Why should I cut off the head of my general?"

San Yisheng said, "Think of your father Ji Chang. He has been a prisoner for seven years, but he remains loyal to the king and he is alive. If you send an army to Zhaoge, the king will execute him before our army even reaches the city."

The room grew quiet as the ministers thought about this. Then San Yisheng continued, "You know that Ji Chang did a divination and told us he would be a prisoner for seven years. He told us not to send anyone to save him. But your older brother did not listen, and now he is dead. He should not have gone to Zhaoge. And he should have done things differently. He should have bribed the evil minister Fei Zhong. That way Fei Zhong would have spoken to the king and helped to free Ji Chang. Once Ji Chang was free, we could have raised an army and attacked the king."

Ji Fa said to San Yisheng, "You speak well, Supreme Minister. Tell me what should we do now?"

"Send two of your best ministers. Have them wear the clothing of merchants. One of them should give valuable gifts to Fei Zhong. The other one should give valuable gifts to another minister, a man named You Hun. Both of them have the ear of the king. By bribing them both, you will make sure that the king does what we want."

Ji Fa agreed. And so, two of his ministers were given valuable gifts to bring to Zhaoge. They traveled over five passes and across the Yellow River and arrived at Zhaoge. They did not stay in the hostel used by ministers. Instead, they stayed at a small inn that was used by merchants.

The next evening, one of the ministers went to see Fei Zhong. Fei Zhong said to him, "Who are you and why are you here at this late hour?"

The minister replied, "Sir, please forgive me for coming here so late in the evening. You have been very good to us and you have saved the life of our master Ji Chang. We are grateful to you. I have some small gifts for you. I also bring a letter from San Yisheng, the Prime Minister of West Qi."

The minister handed San Yisheng's letter to Fei Zhong. It said,

> Supreme Minister Fei Zhong. I am sorry that I have never met you. But all of us in West Qi thank you for your help. Our master Ji Chang foolishly said some things which angered His Majesty. But because of your help, he is still alive and living in Youli. Please accept these small gifts as our way of thanking you. Also, please think about our master, who is old and sick and wishes to return home. If you could speak to the king about this, we would thank you for ten thousand years.

Fei Zhong looked at the gifts, which included 2,400 taels of gold and four white jade coins. "These gifts are very valuable!" he thought to himself. He told the minister to return to West Qi. He said he needed a bit of time to him think about how to help get Ji Chang released.

Meanwhile, the other minister had a similar meeting with You Hun. Satisfied, the two ministers returned to West Qi.

Fei Zhong and You Hun were both very happy with the bribes, but of course they did not say anything to each other about the meetings or the bribes.

A few days later, the king was relaxing, playing chess with Fei Zhong and You Hun. The king won all the games. Afterwards they had a feast. The king said, "I heard that Ji Chang ate the flesh of his son. So of course, he is no magician."

Fei Zhong said, "Your Majesty, you know that I have never trusted Ji Chang. However, I sent some of my men to Youli to keep an eye on him. They tell me that Ji Chang is loyal to you. He burns incense for you on the first and the fifteenth of every month. He prays for your health and for peace in the kingdom. He has never said anything bad about you in seven years."

The king turned to You Hun and asked, "And what do you think of Ji Chang?"

You Hun had listened to Fei Zhong's words. Now he knew that Fei Zhong had also received bribes. He knew that he needed to do something more in order to earn the bribes that he had just received. So he said to the king, "I have also heard that Ji Chang has been loyal to Your Majesty. In seven years, he has done nothing to harm the country. Moreover, I think that Ji Chang could help us to win the wars that we are fighting in the east and south. Perhaps you could give him the title of Prince and put him in command of the dukes' armies. Once the rebels in the east and south hear of this, they will put down their weapons and go home."

The king was pleased to hear that his two most trusted ministers both agreed on this. He gave the order that Ji Chang be freed and should come to see him. A messenger went to Youli to tell Ji Chang.

Ji Chang said goodbye to the people of Youli and traveled to Zhaoge to see the king. He entered the palace, dressed in white because he was a criminal. He kowtowed to the king, saying, "The criminal Ji Chang should be executed for his crimes, but Your Majesty has chosen to let me go home to see my family again. May you live for ten thousand years!"

The king replied, "Ji Chang, you have been a prisoner for seven years but have never said a word against us. You are a loyal minister. We are letting you go home. We are also naming you prince, the leader of all the dukes, so you can use their armies to protect the kingdom. There will be a great feast in your honor. After the feast, you may parade through the streets for three days." Ji Chang kowtowed again.

For the next two days, Ji Chang paraded through the streets. Late on the second day, he saw a large group of men on horseback coming from the other directions. He saw that it was General Huang Feihu riding on his huge ox. Ji Chang dismounted and bowed to Huang Feihu. Huang Feihu dismounted from his ox, bowed to Ji Chang, and invited him to come to his home later that evening.

The two men ate and drank for a while. Then Huang Feihu said to Ji Chang, "My friend, I can see that you are happy today. But you must see what is happening! Our king spends all his days drinking and talking with evil ministers like Fei Zhong. He spends all his evenings playing with his concubines. He has killed many loyal ministers. He has thrown people into the pit of snakes. You must do something about this! Stop parading through the streets. Go back to West Qi immediately and do something to help your country!"

Ji Chang felt like he had just awakened from a dream. He bowed and thanked Huang Feihu. He said, "Thank you, my friend. I will leave right away. But how can I get home?"

Huang Feihu replied, "I can help you. Put on the clothes of an army officer. Take these tiger tallies," and he handed him some tallies. "You will be able to go through the five mountain passes with no trouble."

Ji Chang again bowed and thanked Huang Feihu. And that night, Huang Feihu ordered his men to open the gates of the city. Ji Chang and a small group of soldiers left the city under cover of darkness.

Chapter 21
Flight Through Five Passes

Huang saved Ji Chang, he gave him a tally allowing him leave the king's land
You and Fei asked the king to stop him, but help came from the clouds for the Qi lord
Good people usually don't live long in this world, but now the flying dragon brings auspicious news
Ji Chang vomited his son's flesh, but sweet fragrance remains in his mouth.

Ji Chang did not return to his hostel that night. The officials at the hostel waited for him. When he did not appear, they went to tell Fei Zhong.

Fei Zhong went to see the king, but he was very afraid. He went to the Star Picking Mansion and kowtowed again and again before the king. Then he said, "Your Majesty, I must tell you that Ji Chang only finished two days of parading through the city streets. Now he is gone. Nobody knows where he is, but I think he has left the city."

The king was very angry. He said, "You told us that we should name him Prince and forgive his crimes!"

Fei Zhong continued to kowtow. Without raising his head, he said, "Your Majesty, who can understand the human heart? You know the saying, 'When the sea dries up you can see the bottom, but even when a man dies nobody can know what was in his heart.' The criminal Ji Chang has been gone for less than a day. There is still time to catch him. You can send soldiers to bring him back to Zhaoge, then you can cut off his head."

The king sent an army of three thousand soldiers on horses with orders to catch Ji Chang. The soldiers left the city through the west gate.

Now Ji Chang was in no hurry. He had crossed the Yellow River and was riding towards the first mountain pass. He rode slowly west, enjoying the beautiful weather. Suddenly he heard the sound of many horses behind him. Turning around, he saw a cloud of dust rising in to the air. "Oh no!" he said to himself, "I have been very foolish. That must be the king's army. If they capture me, I will be a dead man." Then he began riding westward as fast as he could, with the king's army close behind him.

Meanwhile, on Mount Zhongnan, the Master of Clouds was sitting outside his cave. He looked down and saw the army chasing Ji Chang. Quickly he called one of his disciples and told him to fetch Thunderbolt. A few minutes later Thunderbolt arrived and kowtowed to his master.

"Disciple," said Master of Clouds, "your father is in danger. You must go quickly and save him!"

"My father? Who is that?" asked Thunderbolt.

"Don't you remember? It is Ji Chang, the Grand Duke of the West. Now go quickly to Tiger Cliff to find a weapon, then come back here to see me."

Thunderbolt left the cave and went to Tiger Cliff. He looked around but did not see any weapons. He was about to leave when he smelled something delicious. He followed the smell. He came to a little stream running down the mountain. It was a beautiful place. All around were trees and grasses. Foxes and deer wandered through the trees, and birds flew overhead. Looking up, he saw two red apricots hanging from a tree branch. He pulled the two apricots off the branch.

"I will eat one and give the other to my master," he thought. But when he ate one, it was so delicious that before he could stop himself, he ate both of them.

A moment later, there was a loud "Pop" and a long wing suddenly appeared under his left arm. Then there was another loud "Pop" and another wing appeared under his right arm. Then his body began to change. His face turned a dark blue, his hair turned red, his teeth grew long and his eyes grew large. His body became twenty feet tall.

He stood there with no idea what was happening. Just then, the disciple came up to him and said, "Brother, our master orders you to come immediately to see him."

Thunderbolt walked back to his master's cave. His head was down and his long wings dragged on the ground. Master of Clouds saw him. "Wonderful, wonderful!" he said. "Come with me."

They walked together to a nearby peach garden. Master of Clouds picked up a large golden cudgel. He handed it to Thunderbolt and started to teach him how to use it. Thunderbolt learned how to swing the cudgel up and down, left and right, how to turn like a tiger of the forest, and how to rise like a dragon from the sea. The cudgel flew through the air, filling the air with bright light.

When he was finished, Master of Clouds wrote the word "Wind" on his left wing and "Thunder" on his right wing. Then he told his disciple, "These two words will let you fly through the heavens. Now go quickly and help your father get away from the soldiers. Help him go through the five passes. But you must not hurt any of the soldiers. When you are finished, return here so you can finish your studies."

Thunderbolt flew quickly down to earth. He saw a man in a black shirt on a galloping horse, with thousands of soldiers chasing him. He shouted to the man, "Are you the Grand Duke of the West?"

Ji Chang looked up and saw a huge bird holding a golden cudgel. He was terrified, but he shouted back, "Who are you? How do you know my name?"

Thunderbolt came down to the ground and kowtowed. "Forgive me, Father, I did not mean to frighten you."

Ji Chang had many sons, but none of them looked like this. He replied, "Why do you call me Father? I don't know you."

"My name is Thunderbolt. You found me in the forest seven years ago and made me your son. Now you are in danger. I can help you get through the five mountain passes and return safely to West Qi."

"All right. But you must not hurt or kill any of the soldiers. I am already in a lot of trouble. I don't want you to make it worse."

"Of course. My master told me the same thing." Then Thunderbolt flew into the sky. He flew back towards the army and came down to earth right in front of them. Waving the golden cudgel, he shouted, "Stop right there!"

The soldiers stopped. Some of them turned back. But the two generals said, "Attack!" and charged towards Thunderbolt.

Chapter 22
The Grand Duke Returns

Ji Chang returns home after eating his son, his tears never dry
But this do not change who he is, he is still loyal to his king
No one can say what heaven has written, but crimes always bring blood and ashes
It does not matter what happens on earth, heaven decides who must leave and when.

Thunderbolt saw the two generals coming towards him. He held up his golden cudgel and said to them, "My friends, please stop. My name is Thunderbolt. I am the hundredth and youngest son of Ji Chang, the Grand Duke of the West. He has been a loyal minister for his whole life. He is filial to his parents, he is loyal to his friends, he upholds the law and does his best to be a good subject of the king. But the king made him a prisoner for seven years. Recently the king set him free and allowed him to return home. So why are you chasing him and trying to capture him? My friends, you do not need to show your courage. Go back home and leave us in peace."

One of the generals laughed loudly and said, "You ugly beast! Your words are the words of a fool!" Then he rushed towards Thunderbolt, attacking him with his sword.

Thunderbolt easily blocked the sword with his golden cudgel. Then he said, "Please stop. I would enjoy fighting you, but my master and my father both told me not to hurt your or any of your soldiers. Before you attack me again, watch this."

While the generals watched, Thunderbolt jumped up into the sky. He landed on a side of a nearby mountain. He swung his golden cudgel at another mountain. With a loud roar the mountain split in half. He said to the generals, "Do you think your heads are stronger than that mountain?"

That was all the generals needed to see and hear. They turned and led their soldiers back to Zhaoge. Thunderbolt returned to his father and said, "I spoke with the generals and asked them to go home to Zhaoge. They are leaving now. Now it's time for me to take you home to West Qi."

"Thank you," said Ji Chang. "But what about my horse? He has been my loyal servant for seven years."

"Father, the horse is not important. Let it go."

Sadly, Ji Chang patted the horse on its head. He said, "I don't want to leave you here, but the soldiers might come back again. Go now and find yourself another master." Then he climbed on Thunderbolt's back and closed his eyes. He felt the wind on his face as Thunderbolt jumped into the sky and flew quickly through the air. After a few minutes they had flown over all five mountain passes and arrived at Golden Chicken Mountain. Thunderbolt came down to earth and said, "Father, we have arrived. I must leave you here. Take care. I will see you again."

Ji Chang looked around. He said, "But son, we are not at West Qi City yet. We are still in the mountains far from the city. Why are you leaving me here?"

Thunderbolt replied, "I must leave you here, Father. My master ordered me to only take you beyond the five mountain passes. You must travel the rest of the way by yourself. I will join you later, when my magic is more powerful." He knelt down and kowtowed to his father. Then he jumped into the sky and flew back to Mount Zhongnan.

Having no horse to ride, Ji Chang turned and began walking west. He walked all day. He was an old man and was exhausted by the end of the day. Stopping at an inn by the side of the road, he ate some dinner and went to bed. But in the morning, he realized that he was not carrying any money. He could not pay for his food and his room.

The clerk, a young man, was very angry. He said, "How can you stay here and eat our food, then not pay for it?"

Ji Chang replied, "I am sorry, young man, but I have no money with me. All my money is in West Qi City. Please let me leave. I will be happy to pay you later."

The clerk said angrily, "You may not know this, but you are in West Qi. Nobody here will steal from another person. The Grand Duke of the West rules with kindness but we must obey the law. Everyone here lives in peace and happiness. Now, you need to pay what you owe, or I will take you to see the Supreme Minister."

Just then, the innkeeper came to see why the two people were arguing. He looked carefully at the visitor and saw he was Ji Chang, the Grand Duke of the West. The innkeeper kowtowed and said, "Please forgive us, Your Highness. We had eyes but did not see you. I am the owner of this small inn. It has been in my family for over a hundred years. Please sit down and have some tea."

Ji Chang was happy. He said, "Sir, I am glad to meet you. Do you have a horse that I can ride to the city? I will of course pay you for it when I return."

"Your Highness, we are not wealthy people, we have no horses. But we have an old donkey. You can ride the donkey, and I will go with you to make sure you arrive safely at the city."

Ji Chang was pleased to hear this. Soon he and the innkeeper left the inn and began traveling west. They traveled for several days until they reached West Qi City. It was late autumn. The trees were turning from green to red, and cold winds blew. Ji Chang had been gone for seven years, and he missed his family.

In West Qi City, Ji Chang's mother was sitting at home. She felt a strange wind come in through the window. She did a divination and learned that her son was returning. Quickly she told her grandchildren and the ministers. They all came out of the city and waited in the road for Ji Chang to arrive.

Soon Ji Chang arrived, riding the innkeeper's donkey. His son Ji Fa stepped forward. He said, "Father, you were a prisoner for seven years. Your children did nothing to help you. We are no better than criminals. Please forgive us. We are overjoyed to see you again!"

Ji Chang began to cry. He said, "My friends, my sons, I never thought that I would come home and see you again! I am very happy, but I can't help but feel a bit sad at the same time."

Supreme Minister San Yisheng stepped forward and said, "In ancient days, King Tang was imprisoned in Xiatai for many years. When he was finally freed, he united the entire country and became the first king of the Shang Dynasty. Now that you are home again, perhaps you will be like King Tang, and your years at Youli will be like his years in Xiatai."

But Ji Chang said, "Your words have no meaning for me. A loyal subject of the king would never do such a thing. I am a criminal, but His Majesty was kind to me and only imprisoned me for seven years. Now he has set me free, named me a prince, and ordered me to fight the rebels. I will never turn against our king. And I ask you to never speak like that again."

He returned to his home to see his wife and his mother, then he put on his official robes. He rode his coach through the streets, greeting the people of West Qi City. Everyone in the city came out to see him. They sang, danced and shouted his name.

As he looked at the people, he thought of his son Bo Yikao. He remembered eating his son's flesh. He fell to the ground, screaming. His face turned as white as paper. Then his belly made a strange sound. He opened his mouth and vomited up a piece of meat. The meat fell onto the ground. Then it grew four feet and two long ears, turning into a rabbit. The rabbit ran towards the west and disappeared.

Ji Chang saw the rabbit run away. Then he vomited up three more pieces of meat. They also turned into rabbits and ran away towards the west.

The ministers took him to see his doctors, who told him to rest for a few days. After resting, he met with his ministers and told them the whole story of his imprisonment, his release by the king, and his escape back to West Qi with the help of Thunderbolt and the innkeeper. "Please make sure that the innkeeper is given a good amount of money to thank him for helping me," he said.

Then Supreme Minister San Yisheng tried one more time to get Ji Chang to rebel against the king. He said, "Master, two thirds of the kingdom and four hundred marquises are now in rebellion against the king. Now you have returned home like a dragon returning to the sea or a tiger returning to the mountain. This is the time for us to rise up."

One of his generals spoke up, saying, "My Lord, we need to act now. We have 400,000 soldiers and sixty generals. We should attack the mountain passes, surround Zhaoge, and cut off the heads of Daji and Fei Zhong. We can name a new king and bring peace to the kingdom."

But again, Ji Chang refused to turn against the king. He said, "You both have been loyal subjects, but now you both speak like criminals. How can you forget that the king is the head of the kingdom? A minister must be loyal to the king, just like a son must be filial to his father. Without thinking I spoke words against the king, and the king was right to punish me as he did. Now I am grateful to the king for letting me return home. I wish that the rebels would put down their weapons. Please stop this talk, and I hope I never hear you speak like this again."

The general replied, "What of your son Bo Yikao? He only went to Zhaoge to help you, and you know what the king did to him. We must have a new king!"

"No, my son caused his own death. I told him that I would be a prisoner for seven years, and I told him not to come and see me. He disobeyed my orders. He did not understand the situation. That is why he lost his life. Now that I have returned, my job is to help the people of West Qi to have a better life, not to start a war."

San Yisheng and the general listened to his words. They kowtowed to Ji Chang.

"Now," continued Ji Chang, "I want to build a new building, south of the city, to be called The Spiritual Terrace. It will be used for divination, to see the future. This will help the people of West Qi. But I'm afraid it will be too expensive."

"Please don't worry about that," said San Yisheng. "You have been good to the people. They are grateful to you and would be happy to help build it. And if want, you can pay them with silver and let them come and go as they wish."

This made Ji Chang very happy. He sat down and wrote the notice that would be put up on the gates of the city.

Chapter 23
Dream of a Flying Bear

Ji Chang is the king's loyal servant, his loyal subjects are happy to work for him
They build the Spiritual Terrace, he puts money in their pockets
West Qi stands on a strong foundation, but the king's empire drowns under the sea
No need to discuss the fate of Mengjin, everything is in the dream of the flying bear.

Ji Chang's notice read:

> West Qi is a peaceful land, but from time to time we have had floods and
> droughts here. We need a way to learn what the weather will be. For this
> reason, I wish to build a Spiritual Terrace in a place just west of the city.
> Many workers are needed for this project. If anyone wishes to work on
> this project, I will pay you one tenth of a tael of silver for each day of
> work. You may start and leave whenever you wish. If you do not want to
> work on this project, I will not order you or anyone else to do this.

The people of the city read the notice. They were happy to learn that the
Spiritual Terrace would be built, and they were even happier to learn that
they would be paid in silver to work on the project. Many workers stepped
forward, and in just ten months the project was finished.

After the Spiritual Terrace was built, Ji Chang saw that the *yin* and *yang* were
not quite correct. The terrace needed a pool of water on one side. He told
this to San Yisheng. A short time later, a group of workers started to dig a
hole for the pool. As they were digging, they found a skeleton buried in the
ground. They told Ji Chang about the skeleton. He told the workers to go
and bury the skeleton somewhere else.

By this time, it was late in the day. Ji Chang ate dinner on the Spiritual
Terrace, then he decided to spend that night in a room on the terrace instead
of returning to the palace.

That night he had a strange dream. In the dream, a big white tiger flew in
from the southeast. It crashed into the room where Ji Chang was sleeping.
Then there was a loud 'Boom!' at the back of the terrace and a bright white
light shot into the sky.

Ji Chang woke up from the dream. He thought about it but he did not know
what it meant. In the morning he asked San Yisheng about the dream.

"Your Highness," said San Yisheng, "this is a very good dream. The animal in your dream was not a tiger. It was a flying bear. This means that a great minister will soon come here and enter your service. The bright white light is the future peace and happiness of West Qi."

Ji Chang thanked him. Then he returned to his palace, thinking about who the great minister might be.

Meanwhile, let's return to Jiang Ziya. After he helped the people who were trying to leave Zhaoge, he went to live in a small hut in the forest. There was a river near the hut. Every day he sat on the ground, his back against a willow tree, and he fished. As he fished he recited Daoist scriptures, and his mind was always on the Dao.

One day, as he was reciting Daoist scriptures and fishing, he heard a man nearby. The man was singing this song,

> Over the hills and across the mountains
> The air is filled with the sound of my axe
> The axe is with me all the time
> I use it to cut firewood
> Rabbits run across the fields
> Birds sing in the trees
> I am just a happy woodcutter
> I have no money but I don't care
> I sell my wood to buy food
> I have rice, vegetables and good wine
> At night I sleep beneath the trees
> My life is good, I have no worries at all

When the song was finished, the woodcutter walked up to Jiang Ziya. He dropped his firewood on the ground and sat down. He said, "Sir, I often see you fishing here. May I have a little chat with you?"

Jiang Ziya replied, "Yes, of course! A chat between a fisherman and a woodcutter, just like in the old stories!"

The woodcutter said, "Sir, my name is Wu Ji. Please tell me, what is your honorable name, and where do you come from?"

"My name is Jiang Ziya, but sometimes I am called Flying Bear."

Wu Ji laughed loudly. "My friend, great sages have two names. But you are nobody. You are just an old man who sits and fishes all day. You remind me of the man who waits all day for a rabbit to run into a tree and knock himself out. You don't look like a great sage to me."

Then the woodcutter looked closely at Jiang Ziya's fishing line. He laughed again and said, "My friend, you look old, but you have learned nothing in your years. Look at this fishing hook!" He held up the fishing hook in his hand. It was just a straight piece of iron. "You may fish for a hundred years but you won't catch anything. Let me tell you what to do. First, make this needle red hot and bend it into a hook. Then put a bit of meat on it. Wait for a fish to bite, then quickly pull the fish out of the water."

Jiang Ziya just smiled at the woodcutter. He said, "You only know half of the story, my friend. I don't care about catching fish. I am waiting to catch a duke, or perhaps a king."

"So, you want to be a duke or a king? You look like a monkey to me."

"Well, I may not look like a duke or a king. But your face doesn't look very good either. Your left eye is a little bit green and your right eye is a little bit red. That tells me that you will kill a man in the city today."

Wu Ji stood up. He said, "We were just having a friendly chat. Why did you suddenly say such a terrible thing to me?" Then he picked up his firewood, turned, and walked away.

The woodcutter arrived at the city. He walked through the marketplace, trying to sell his firewood. Just then, Ji Chang was traveling through the marketplace on his way to the Spiritual Terrace. Guards rode ahead of him, shouting, "Get out of the way! Get out of the way!" Wu Ji turned quickly to get out of the way. He still had his load of firewood on his back. One long piece of firewood had a sharp end. As Wu Ji turned around, the firewood struck a city guard in the head, killing him instantly.

Other guards quickly arrested the woodcutter. Ji Chang stopped his horse. He looked down and asked the woodcutter, "Why did you do that?"

Wu Ji said, "I did not mean to kill that guard. I was trying to get out of the way. My wood swung around and hit the guard."

"I am sorry, but you killed a man. Now you must pay with your life. That is the law here in West Qi."

He ordered his men to draw a large circle on the ground. He ordered Wu Ji to stay inside the circle and wait there until it was time for his execution. This was the custom in West Qi. Since Ji Chang could know everything through divination, nobody, not even a criminal, would dare to try and escape the circle. They knew that they would be captured, and things would be much worse for them.

Wu Ji waited inside the circle for three days. He thought of his mother, who was waiting for him at home. He started to cry. Just then, San Yisheng passed by and saw the woodcutter crying. He said, "Why are you crying? It is the custom in West Qi for a killer to pay with his life. Crying will not change that."

Wu Ji replied, "Please forgive me, sir. I know that I must pay with my life. That is not why I am crying. I am thinking of my poor mother who is waiting for me at home. When I am executed there will be nobody to take care of her. She will die at home and her bones will remain unburied. Thinking about this breaks my heart."

San Yisheng thought about this. Then he said, "Don't cry. I will talk to His Highness about this. Perhaps you can go home, take care of your mother for a while, then come back later for your execution." Wu Ji kowtowed in thanks.

San Yisheng went to the Spiritual Terrace and talked with Ji Chang about the matter. Ji Chang agreed to let the woodcutter return home for a while. Wu Ji was allowed to leave the city and go home.

When he got home, his mother said, "My dear boy! Where have you been? I was afraid that a tiger had killed you on the mountain. I have not been able to eat or sleep for several days."

Wu Ji told her what had happened. He told her about meeting the old man who fished with a straight needle. Then he told her about the old man's divination, and the killing in the marketplace.

She said to him, "My boy, that was no ordinary fisherman. He was a great sage. You must go back to him and beg him to save your life."

Wu Ji thanked his mother. Then he went looking for Jiang Ziya.

Chapter 24
From Fisherman to Prime Minister

Jiang Ziya left busy Zhaoge to rest here where green waters surround the hills.
He reads Daoist books to pass the time, three golden fish smile at him
Birdsong fills the air, and he hears the sound of the stream
The garden is covered with morning dew, it waits for the arrival of Ji Chang.

Wu Ji went to the stream where he had seen the fisherman earlier. There, sitting under a tree, was Jiang Ziya. Wu Ji walked up quietly behind him. Without turning around, Jiang Ziya said, "Aren't you the woodcutter I met a few days ago?"

"Yes sir," said Wu Ji, "I am."

"Did you kill someone that day?"

Wu Ji threw himself down on the ground and cried. He told Jiang Ziya everything that had happened in the city that day. Then he said, "When autumn comes, I must go back to the city. I will be executed for killing that man. There will not be anyone left to care for my mother, and I fear that she will die soon afterwards. I beg you, please save us!"

Jiang Ziya said, "This is your fate. Fate is hard to change. You killed a man, so now you must pay with your life. What can I do?" But Wu Ji continued to cry. Finally, Jiang Ziya said, "All right, I will save you. But you must become my disciple."

Wu Ji kowtowed and agreed. Jiang Ziya continued, "Now that you are my disciple, I must help you. Go home and dig a hole next to your bed. Make it four feet deep. Sleep in it tonight. Tell your mother to throw a few grains of rice on top of you. That's it. You will have no more trouble."

Wu Ji ran home and told his mother. "We must do as the sage commands!" she said. Wu Ji dug the hole as his master had ordered him to, his mother threw some rice on top of him, and he slept in the hole that night. That same night, Jiang Ziya said some magic words to cover up Wu Ji's star so that nobody could see it in heaven.

The next day, Wu Ji returned. Jiang Ziya said, "I don't want you to spend all your time cutting wood. Every afternoon you must study the art of war. If you do this, you will become a minister. Remember what the ancients say,

'No one is born a general or minister; a person must work hard to get ahead in life.'"

Meanwhile, San Yisheng was thinking about the woodcutter. He said to Ji Chang, "Do you remember that woodcutter, the one who killed the guard? I let him go home to care for his mother. But he has not returned. I wonder what happened to him."

Ji Chang did a divination. He said, "Ah, I see. The woodcutter threw himself into a deep pool of water and drowned. He's dead. There's nothing else we need to do now."

Winter came and went, and spring arrived. One day Ji Chang said that he wanted to get out of the city and enjoy the beautiful weather. He rode out of the east gate on his horse, accompanied by his ministers and hundreds of soldiers. As they rode, they saw colorful flowers, tall grasses, and beautiful birds. Farmers worked in the fields, and young girls picked tea leaves.

After a while they came to a hill. Ji Chang saw that his soldiers had arrived there before him and had killed a large number of deer, foxes and tigers. The ground was red with their blood. Ji Chang was very unhappy when he saw this. He said to his prime minister, "This is not right. You know that the ancient emperor Fuxi did not eat meat. Fuxi said, 'People eat meat when they are hungry, they drink blood when they are thirsty. But I only eat grain because I want all creatures to live in peace.' Here we are, enjoying the beautiful weather. How can we enjoy ourselves when animals suffer because of us?"

San Yisheng bowed. He told the soldiers to stop killing animals.

A little while later, they saw some people sitting by a stream, drinking and singing. Some of them were singing this song,

> Remember King Tang who killed the tyrant
> It was the will of heaven and the people
> King Tang brought peace to the land
> Six hundred years ago
> Today we have another tyrant
> He loves wine, women and killing
> While his people go hungry
> Deer Terrace is covered with blood
> I wash my ears clean of power and money
> Every day I sit by the stream and fish

Every night I study the stars
I will live with no worries at all
Until my hair turns white.

"That is a well written song!" said Ji Chang. "Go find out who wrote it." One of his generals rode his horse over to the group of singers and asked them who wrote the song.

One of them told him, "The song was written by an old fisherman. He lives about thirty-five *li* away, next to a stream. He fishes there every day. We heard him singing the song there."

Ji Chang said to San Yisheng, "Did you hear the words, 'I wash my ears clean of power and money'? It reminds me of a story about the ancient emperor Yao. He had a son but the son was worthless. So he searched for a good man to be the next emperor. One day he found a man sitting by a stream and playing with a golden spoon in the water. He asked the man what he was doing. The man said, 'I have walked away from fame, money and family. I only want to live here in the forest.' Yao said, 'Sir, I am the emperor. I see you are a good man. I do not want my worthless son to be the next emperor. Would you please take this job?' The man immediately jumped into the stream and started washing his ears in the water."

San Yisheng laughed, and the two men continued riding and enjoying the weather. Soon they came to a group of woodcutters singing this song,

When dragons rise in the air, clouds appear
When tigers come, the wind blows
But no one comes to see me
Remember Yi Yin who worked in the fields
He waited for King Tang to find him
Remember Fu Yue, poor and forgotten
He waited for King Gaozong to dream of him
Since ancient times, some people become famous
While others remain forgotten and poor
I spend my life here by the stream
Resting under the sunshine
While kings and dukes fall
I look to the heavens and smile
While waiting for a wise ruler.

Once again, Ji Chang thought this was a good song. He sent his general to ask who wrote it. The woodcutters told the general that the song was written by an old fisherman who lived by a nearby stream.

"We should go and see this old fisherman," said Ji Chang. But just then, a woodcutter came. He was carrying firewood and singing this song,

> In the spring, waters flow without end
> In the spring, grasses are beautiful
> I look but don't see a gold fish in the river
> The world does not know me
> They think I am just a fisherman
> Sitting by the stream all day.

"This must be the sage we were looking for!" said Ji Chang.

But San Yisheng looked at the woodcutter and said, "Your Highness, this is no sage. This is Wu Ji, the man who killed your guard in the marketplace last year."

Ji Chang said, "It cannot be. My divination said that the woodcutter killed himself last year." But he agreed that the man was Wu Ji. He ordered the woodcutter arrested. Then he said angrily, "How dare you run away and try to escape your fate!"

Wu Ji threw himself on the ground and kowtowed to Ji Chang. He said, "Your Highness, I have always been a good man. When you set me free, I went to see an old fisherman named Jiang Ziya. They also call him Flying Bear. He took me as his disciple and let me live and work without fear. Sir, even ants and worms try to live as long as they can. Shouldn't men do the same?"

Ji Chang discussed the matter with San Yisheng. Then he let Wu Ji go and asked him to take them to meet the old fisherman. They all rode to the stream, but when they arrived the old fisherman was not there. They went to his small house nearby, but the servant boy said that the old fisherman was not at home and he did not know when his master would return.

San Yisheng said to Ji Chang, "Your Highness, I think we are doing this wrong. You know that when the ancient emperors went to meet great sages, they did not just go. They selected a good day, they washed, and they did not eat meat. We should go home and do these things correctly."

Ji Chang agreed with this plan. They returned to the city. Ji Chang ordered his ministers to spend three days preparing for their second visit to the stream.

On the fourth day, they put on their best robes and returned to the stream. Ji Chang rode in his carriage.

When they got close to the stream, Ji Chang told everyone to stop and wait. He got down from his carriage and walked quietly to the stream. He saw Jiang Ziya sitting by the stream, fishing. Ji Chang stood quietly behind him. Jiang Ziya was singing this song,

> The wind blows from the west
> White clouds fly in the sky
> Where will I be at the year's end?
> Five phoenixes sing as my master comes
> Few men truly know who I am.

When he stopped singing, Ji Chang said softly, "Are you truly happy?"

Jiang Ziya turned around and saw the prince. He threw himself to the ground and said, "Please forgive me, Your Highness, I did not know you were here."

Ji Chang helped him to stand up and said, "I have been looking for you. I was here once before, but I was not prepared to meet you. Now I have prepared, and here you are. I am very happy to meet you."

"Your Highness, I am an old man. I know nothing of how to be a minister or a general. You should not have wasted your time coming to see me."

San Yisheng said, "These days, the nation is troubled. Our king spends his days drinking wine and playing with his concubines. He treats his people worse than dogs. He has killed two of the four Grand Dukes. Many of the marquises have risen up against him. My master has come today with gifts, hoping that you will help him rule the nation." Then he put the gifts on the ground in front of Jiang Ziya. "Please," he said, "get on His Highness's carriage and come with us back to the palace."

But Jiang Ziya would not get into the carriage. He said, "I am a man of low rank, how could I possibly ride in His Highness's carriage?"

Ji Chang and San Yisheng tried to get him to ride the carriage, but he refused. Finally, they asked if Jiang Ziya would ride on the horse that pulled the carriage. He agreed. In that way they all rode back to the palace.

When they arrived at the palace, Ji Chang named Jiang Ziya prime minister of West Qi. Jiang Ziya was eighty years old when he began his work as prime minister. He did his job well. West Qi was peaceful and the people were happy.

News of Jiang Ziya's new job reached the commander of one of the nearby mountain passes. He sent a messenger to Zhaoge to tell the king what was happening in West Qi.

Chapter 25
A Feast for Demons

The Deer Terrace was built for the gods, but only demons came to the feast
Ordinary people cannot escape the ordinary world, how can a mortal mind see past the
mortal trap?
If you try to trick a wise man, your evil actions will only make things worse
Only a fool like this king would obey evil Daji and kill the virtuous.

The messenger rode for several days until he arrived at the capital city. He gave his report to Bi Gan, the Prime Minister and the king's uncle. Bi Gan went immediately to see the king in the Star Picking Mansion.

"Your Majesty," said Bi Gan, "I have just heard that Ji Chang, the Grand Duke of the West, has named Jiang Ziya as his prime minister. This is bad. You know that the Grand Duke of the East and the Grand Duke of the South are already rebelling against us. In the north, Grand Tutor Wen is busy fighting rebels there. If Ji Chang also rises up against us, we will be in serious trouble."

The king listened. But before he could say anything, an attendant came in to tell the king that Chong Houhu, the Grand Duke of the North, wanted to see him. The king told the attendant to bring him in.

"Your Majesty," said Chong Houhu, "you ordered me to build the Deer Terrace. I am happy to tell you that after two years and four months, the project is finished."

"That is wonderful!" said the king. "As long as you are here, we have to tell you something. We just heard that Ji Chang has named Jiang Ziya as the prime minister of West Qi. What should we do about that?"

Chong Houhu laughed. "Don't worry about him, Your Majesty. I know that man. He is like a frog at the bottom of a well. He knows very little and he can do nothing to harm us. If you sent your army to fight him, all the marquises would just laugh at you."

"You are right of course," said the king. "Now, we would like to take a look at the Deer Terrace. We will take the queen to go and see it. You and Bi Gan may join us there."

A short time later, the king and Daji rode in the royal carriage to the Deer

Terrace, followed by dozens of servants and maids. It really was a beautiful building. The towers were tall and covered with blue roofs. Inside the building were several halls. Each hall had bright white pearls set into the ceiling, so it looked like a night sky full of stars. Everything in the halls was made of jade and gold.

The king loved it. But Bi Gan thought only about the huge cost of the project, and all the workers who had died building it. He thought, "The paintings on the walls are made from the blood of the people, and the halls are built from the spirits of the dead."

The king ordered a big feast with music and dancing. He said to Daji, "Dear, do you remember what you said to us? You said that when the Deer Terrace was finished, immortals would come down from heaven to visit us there. Now the Deer Terrace is finished. When do you think the immortals will come?"

Of course, Daji knew nothing at all about immortals, and she had no idea how to call them. She had just said this to trick the king into building the Deer Terrace. She needed some time to come up with a plan. "Your Majesty," she said to him, "the immortals cannot come now. They will come when the moon is full and the sky is clear."

"There will be a full moon in five days," he replied. "Let's come back then and meet the immortals." He was hungry for Daji, so he took her to their bed and played with her the rest of the night.

For the next four days Daji thought about how to trick the king into thinking that immortals were coming to visit. On the fourth night she gave the king a lot of wine. He fell asleep. As soon as he was asleep the fox demon came out of Daji's body. It flew on a gust of wind to the cemetery where the grave of Emperor Xuanyuan was, thirty-five *li* outside of the city. Dozens of powerful demons lived there.

One of the demons, Nine Headed Pheasant Demon, greeted her. It said, "My dear, why are you coming to visit us here? I thought you were enjoying life in the royal palace and had forgotten all about us."

"My old friend," replied the fox demon, "I have not forgotten about you. The king has built a Deer Terrace and wants to meet immortals there. I would like you and the other demons to change your appearance so you look like immortals. Then come to the Deer Terrace when the moon is full tomorrow night."

Nine Headed Pheasant Demon said, "I am sorry but I cannot come tomorrow night, I have to do some other things. However, thirty-nine of the demons here are powerful enough to change their appearance. They will all come to your Deer Terrace tomorrow night."

Daji thanked her and returned to the palace. In the morning she told the king, "Your Majesty, tonight is the full moon. Thirty-nine immortals will come to the Deer Terrace. If you meet them, you will have a long and happy life."

The king was pleased to hear this. He told Bi Gan to come to the Deer Terrace that night. Bi Gan thought this was a stupid idea, but he said he would come.

That night, the king, Daji and Bi Gan came to the Deer Terrace, accompanied by dozens of servants and maids. A great feast was prepared. They sat and waited in the cool evening with the stars shining overhead. Finally, the moon rose in the eastern sky. A great wind began to blow, thick clouds covered the sky, and the earth became cold from heavy fog. Then up in the sky, thirty-nine immortals appeared. Of course, they were not really immortals; they were demons. Some of them were hundreds of years old. These demons had eaten the *qi* of heaven, earth, sun and moon, and had the ability to change their appearance. Now they all looked like Daoist sages. They wore robes of blue, yellow, red, white and black.

One of the demons called out, "Today we are honored to come to this feast given by the King of Shang. May his dynasty last a thousand years!"

The king told Bi Gan to walk out onto the terrace and serve them wine. Bi Gan saw thirty-nine Daoist sages sitting in chairs, in three rows of thirteen chairs each. "How strange!" he thought. "They really do look like immortals."

He greeted the demons and offered them wine from a golden pitcher. They looked beautiful. But although they could change their appearance, they could not change their smell. They smelled bad, like foxes. Bi Gan smelled them and thought, "Immortals are beautiful and smell clean. These are beautiful but they smell terrible. I think these are demons."

He gave each of the demons more wine to drink. The fox demons had never tasted the king's wine before, and it was very strong. As they drank the wine, they became drunk. They began to lose their ability to change their appearance. Their fox tails reappeared and could be seen hanging out of their robes. Bi Gan saw this. "Oh no," he thought, "Here I am serving wine to a bunch of fox demons." He finished serving the wine. Then as quickly as he could, he left the Deer Terrace and mounted his horse. Two attendants rode ahead of him, holding red lanterns to show them the way.

As he rode away from the terrace, he met general Huang Feihu riding towards him. He told Huang Feihu, "My friend, I was just on the Deer Terrace with His Majesty and Daji. I was serving wine to thirty-nine immortals. But then I learned that they were not immortals at all, but evil demons. I could see their fox tails by the light of the moon. What should I do?"

"Don't worry," replied Huang Feihu, "I will take care of this matter. You go home and go to bed."

Huang Feihu ordered his men to watch the gates leading out of the city. He told them to watch for demons walking or flying away from the Deer Terrace. If they saw any, they were to follow them to see where they were going.

A short time later, the feast was over and the fox demons all left the Deer Terrace. They were very drunk and had difficulty flying. Several of them fell to the ground. They walked slowly, in groups of three and five, back to their home at the grave of Emperor Xuanyuan. The soldiers saw this and reported it back to Huang Feihu.

The next morning, Huang Feihu ordered three hundred of his soldiers to carry firewood to the grave, and to build a big fire at the hole where the fox demons had gone. They lit the fire and watched as it burned. When the fire had burned out, the soldiers pulled out the bodies of the dead fox spirits. The air was filled with smoke and the smell of burned flesh.

Huang Feihu told his men to collect the dead foxes that did not have any burns on them. He told them to skin them and make a fur robe for the king. He thought, "This will make the king happy because it will show that we are loyal. It will also be a warning to Daji."

But there is an old saying, "Mind your own business and you will have no trouble, but your nose into other people's business and disaster will follow."

Chapter 26
Daji Plots Revenge

On a windy and snowy night, Bi Gan tried to give a gift and change the king's mind
He wanted to remove evil from the king's heart, but now he is the demon's next target
The heart of Daji's demon is as cold as ice, people will speak of its evil for ten thousand years
Too bad the Shang dynasty has come to this, it has become like rain lost in springtime's flowing river.

Winter had arrived. Strong winds came from the north, and heavy snow covered the capital city of Zhaoge like a blanket of silver pearls. The wealthy sat around their stoves, eating hot soup and keeping warm. The poor had no rice to eat and no firewood for their stoves.

The king and Daji were sitting together in the Deer Terrace, drinking wine. An attendant arrived, saying, "Bi Gan is here. He wants to see you."

The king told the attendant to bring him in. When Bi Gan came into the room, the king said, "Uncle, it is cold and snowing. Why don't you stay home where it is warm?"

"Your Majesty," said Bi Gan, "the Deer Terrace is so high that it reaches all the way to heaven. It must be cold here. I brought you something to keep you warm." Then he gave the king the fox skin robe. The king put it on.

"Thank you, uncle," he said. "We have never seen such a beautiful robe." Then he invited Bi Gan to have some wine and enjoy the Deer Terrace with him.

When Daji saw the robe that was made from the skins of the fox demons, she felt like a sword had been pushed into her heart. She thought, "I will kill you, Bi Gan, you old bastard." But she did not show her anger to the king. Instead, she smiled at him and said, "Your Majesty, you are a powerful king, the dragon of this land. How can you wear a robe made from such a low animal as a fox?"

"You are right, my dear," replied the king. He took off the robe and gave it to his attendants.

Daji thought for several days about how to have her revenge on Bi Gan. Then one day she had an idea. While she was with the king, drinking wine, she changed her appearance. Now she was not as beautiful as before. The king looked at her with a confused look on his face. Daji looked up at him and asked, "Why are you looking at me like that?"

The king said, "Because you are as lovely as flowers and as beautiful as jade. We want to hold you in our arms and never let you go." But he did not mean these words. He really was wondering why his concubine was now so unattractive.

"Oh, Your Majesty, I am not beautiful. But you should meet my sworn younger sister, Hu Ximei. She is a hundred times more beautiful than I am."

"Oh, we would like to meet her!" said the king.

"She is a nun. She has spent years in a mountain cave studying the Way. She lives at the Purple Sky Nunnery. I remember that she once told me, 'If you ever want to see me, just burn some incense and speak my name. I will come to you right away.'"

"Please, my dear, burn some incense and bring her here!"

"We must do this correctly, Your Majesty. Tomorrow night I will wash my body, then I will put out tea and fruit on a table in the moonlight. Then I will burn the incense."

Later that night, at the fourth watch when the king was asleep, the fox demon slipped out of Daji's body. It went to the grave of Emperor Xuanyuan to meet Nine Headed Pheasant.

When Nine Headed Pheasant saw the Thousand Year Old Fox Demon, she was very angry. "You asked my sisters to come to your Deer Terrace, and I helped you. That night they were all killed! This is your fault."

Thousand Year Old Fox Demon cried with her and said, "I am so sorry, my sister. But don't worry, we will have our revenge." Then she told Nine Headed Pheasant her plan. Nine Headed Pheasant listened and agreed to the plan.

The next day, the king could not think of anything but meeting Daji's beautiful sister. He waited all day. Finally, the moon rose in the sky. He and Daji went up to the Deer Terrace. Daji said to the king, "Your Majesty, please understand that my sister is an immortal and also a nun. If she comes here and sees you, she might be frightened. Please go and wait in another room."

The king agreed. Daji washed her hands. Then she burned the incense and called out the name of her sister. Soon the wind began to blow, dark clouds covered the moon, and fog filled the air. It became very cold. Then they heard a sound like the tinkling of jade. "Here comes Hu Ximei, riding on the wind and the clouds!" cried Daji.

The king waited in the next room, watching through the curtains. The clouds disappeared and the moon came out again. In the moonlight he saw a Daoist nun. She wore a pink robe, a silk belt, and shoes made of straw. Her face was as white as snow, her mouth was small and red, her cheeks were like peaches. She was the most beautiful woman the king had ever seen. The king thought that Daji was pretty, but Hu Ximei was like a goddess from heaven, like Chang'e come from the Palace of the Moon. His heart beat fast and he felt hot. "If I could sleep with Hu Ximei, I would be happy to give up my throne," he thought.

The two women were talking and sipping tea. Daji ordered a vegetarian feast, and the two of them ate together. They knew that the king was watching and listening, so Hu Ximei did everything she could to increase the king's desire for her. Watching her, the king could not sit still. Finally he coughed, to tell Daji that he could not wait any longer.

"Dear sister," said Daji, "I must ask you something. Please don't be angry with me."

"Of course, my dear," replied Hu Ximei.

"I have told His Majesty of your great virtue. He would like to meet you. But he wanted me to ask you first, to see if that was all right with you."

"Oh, sister," said Hu Ximei, "I don't think I could meet him. I am a nun, as you know. It would be against the rules for me to sit at the same table with him."

"No," said Daji. "You are not just a nun, you are now an immortal. You have moved beyond the rules of the Three Realms. Besides, our king is the Son of Heaven. He has the right to meet with anyone he wants to. And remember, you and I are sworn sisters, so the king is really your brother-in-law. There's nothing wrong with meeting with a close relative!"

Hu Ximei nodded her head and said, "Then I will do as you ask."

As soon as he heard this, the king came out. He bowed to her. They greeted each other. Then he sat down, giving Daji and Hu Ximei the seats of honor.

He stared at Hu Ximei, and she looked back at him, her eyes full of desire.

Daji knew that the king was out of his mind with lust. She stood up and said, "Your Majesty, please excuse me. I must go and change my clothes. Please keep my sister company for a while."

After Daji left, the king poured wine for Hu Ximei. He gave her the cup. She said softly, "You are too kind, Your Majesty."

The king felt like he was on fire. He asked her to take a walk with him on the terrace. She agreed. They walked out in the moonlight, with Hu Ximei's hand on the king's arm. She leaned her body against him, and he could feel the heat from her body.

"My dear," said the king, "leave that nunnery and live here in the palace with your sister! Life is short, and you will be very happy here. You will have wealth, power, and pleasure." She said nothing, but continued to keep her body close to his.

Seeing no resistance, the king picked her up and carried her to a nearby room. He set her down gently on a bed and took off her clothes. Then the clouds and rain came.

Afterwards, as they put their clothes back on, Daji came in. She smiled and said to them, "Well, what have you two been doing?"

"We just made love," said the king. "This was fated by heaven. From now on, the two of you will live here with us." He ordered another feast. After they finished, he made love to both of them again.

For days, the king did not leave the room where he lay with Daji and her sister. They spent every day making love, singing, and drinking wine.

But one day, Daji cried out. She fell to the floor, spitting up blood. The king said to Hu Ximei, "We have never seen this before. What is going on?"

"Oh, her old illness has come back. When we were together in Jizhou, she had an illness of the heart. She almost died. The doctor helped her by giving her a special soup, made from a human heart that had seven openings."

"We must do that," said the king. "But where can we find someone who has a heart with seven openings?"

"Your Majesty, I can find out by divination."

"Do it at once!" said the king.

Hu Ximei moved her fingers as if she was doing a divination. After a minute she said, "Your Majesty, there is only one person in Zhaoge with this kind of heart, but I don't think he will want to give it up. It is your minister, Bi Gan."

"That is wonderful! Bi Gan is our uncle. He should be happy to give up a bit of his heart to let our queen live." He ordered Bi Gan to come see him immediately.

Bi Gan was at home when a messenger arrived to order him to come to the palace. "That's strange," he said to himself. "There is nothing going on in court. Why does the king want to see me?" Then another messenger arrived, and another. Finally, when the sixth messenger arrived, Bi Gan asked him what was going on. The messenger explained about the arrival of Hu Ximei, Daji's strange illness, and the divination.

Bi Gan was frightened. He went to say goodbye to his wife. "My dear," he said, "the evil concubine Daji is ill, and the idiot king wants to use my heart to cure her. I don't think you will see me alive again."

"Husband," said his wife, crying, "you have never done anything to cause the king to want you dead. How can he send you to such a cruel death?"

His son came in. He was also crying. He said, "Father, don't worry. Jiang Ziya knew that this would happen. He left a note for you." Then he handed the note to his father.

Bi Gan read the note. Then he burned the note and mixed the ashes with water. He drank it. Then he put on his official robes and rode his horse to the palace.

When he arrived at the palace, the other ministers asked him what was going on. He replied that the king needed his heart, but that he did not understand the real reason. Then he went up to the Deer Terrace to meet with the king.

The king said, "Uncle! Our queen is very ill. She can only be cured by drinking soup made from a special heart, one with seven openings. You are the only one in the kingdom with such a heart. Please give us a small piece of it."

Bi Gan said, "How can I live if my heart is damaged? You are a foolish dog and you are not thinking clearly. Too much wine and too much sex, I think. If you kill me, that will be the end of your dynasty!"

The king shouted at him, "If the king demands your death, you must die.

Now do as we command, or we will have our guards remove your heart!"

Bi Gan asked one of the guards for a sword. He said to the king, "When I die, I will meet the ancient kings in heaven. I have nothing to fear from them. Can you say the same?" He kowtowed towards the Ancestral Temple. Then he opened up his official robe. He pushed the sword into his own chest, making a large hole. He reached into the hole, pulled out his own heart, and threw it on the ground. Not a single drop of blood came from the hole in his chest.

Everyone stared at him. He stood up straight, closed up his robe, and left the terrace without saying another word.

As he walked out of the Deer Terrace, the other ministers shouted, "Bi Gan, how did it go with the king?" But he did not reply. He walked past them, mounted his horse, and rode towards the north gate of the capital city.

Chapter 27
The Grand Tutor Returns

The dynasty's birth and death are already written, nothing can change its fate
One minute the ministers discuss peace, the next minute the armies start fighting again
Mortals try but they cannot change fate, the gods decide which direction their lives will
go
Evildoers are always punished in the end, they try to escape but heaven does not listen.

Bi Gan rode away from the city quickly. After riding for a few *li*, he heard a woman selling cabbages by the side of the road. She called out, "Tasty cabbages, sir. They have no heart!"

Bi Gan stopped his horse. He said to her, "But what if a man has no heart?"

"A man with no heart will die at once!" she replied. As soon as Bi Gan heard this, he cried out and fell from his horse. Blood poured out from his chest. The woman ran away as fast as she could.

What happened here? Bi Gan was alive because of the magic in the note that Jiang Ziya had written. The magic protected Bi Gan from harm, but the magic only worked if Bi Gan believed that it would work. If the cabbage selling woman had said something like, "A man can live even without a heart," Bi Gan would have continued to live. But she said that he would die. He believed her, and he died.

A few minutes later, two generals arrived. They had been sent by Huang Feihu, who had ordered them to follow Bi Gan. They saw Bi Gan's dead body on the ground. They turned around and rode as fast as they could to tell Huang Feihu and the other ministers what had happened.

One of the ministers, a young Confucian scholar named Xia Zhao, was furious. "That tyrant killed his own uncle!" he cried. "That goes against the law and everything that is right. I am going to see him right now." He ran right into the Deer Terrace, not even asking permission.

The king was in the Deer Terrace, waiting for Daji's heart soup to be prepared. He looked up and saw Xia Zhao. "What do you want?" he asked.

The young scholar said, "I am here to kill you!"

The king laughed. "We don't think a junior minister is permitted to kill a

343

king."

"Oh, and is a king permitted to kill his own uncle in order to make soup? Bi Gan was your uncle, the younger brother of your father. You and that bitch Daji have broken the law. You are an evil tyrant, and I will kill you now!"

He grabbed a sword and ran towards the king. But the king was a very good fighter. He easily stepped aside, and Xia Zhao's sword only stabbed the air. The king's guards ran towards Xia Zhao. But before they could grab him, Xia Zhao ran to the edge of the terrace and jumped to his death.

Meanwhile, Bi Gan's body had been brought back to the city. Funeral preparations were being made.

At the same time, the great general Grand Tutor Wen was returning to the city, riding his great black unicorn. He had just defeated rebels at the North Sea. As he approached the city, he saw the flags of a funeral procession. "Whose funeral is this?" he asked.

"Bi Gan," said someone.

Grand Tutor Wen entered the city. He looked around. He saw the huge Deer Terrace. He saw the two tall yellow pillars. Then he entered the Grand Hall of the palace and saw the dust on the king's desk. "Everything has changed around here!" he said. "What are those yellow pillars?"

Huang Feihu replied, "They are called burning pillars. They are hollow and made of brass. If anyone does something that the king does not like, a great fire is built inside the pillars. When the pillars are red hot, the prisoner is tied against the pillars, face first. They are quickly burned to ash. In this way, many good men have died, and many more have left the city."

Grand Tutor Wen has furious. He had a third eye in his forehead. All three of his eyes became bright with anger, and a white light came out of his third eye. He shouted, "Strike the bells and ask His Majesty to come to the main hall!"

Back at the Deer Terrace, the king was resting with Daji. She had drunk the heart soup and quickly recovered from her illness. An attendant came in and said, "Your Majesty, Grand Tutor has returned from the North Sea. He wants you to come to the main hall."

The king was silent for a minute. Then he said, "I will go."

An hour later, the king entered the main hall. He said to Grand Tutor, "You have defeated the rebels at North Sea. We are truly grateful to you."

"Thank you, Your Majesty," Grand Tutor Wen replied. "For fifteen years I have fought monsters, demons, rebels and bandits. You know that I will do anything to serve my king and my country. But I have heard that there is trouble here in Zhaoge. I have also heard that several dukedoms have rebelled. This worried me, and that's why I have returned. Please tell me what's going on."

"Two of the grand dukes, Jiang Huanchu and E Chongyu, were working together to kill us and take the throne. So we had them executed. Now their sons have risen up in rebellion."

"Who else heard Jiang Huanchu and E Chongyu saying that they wanted to kill you?" The king had no answer to this.

"What are those yellow pillars?"

"We use them when ministers are disloyal."

"What is that huge new building?"

"We go up there in the heat of summer. It is cool there and we have a nice view of the city."

Grand Tutor Wen became angry. He said, "Now I understand why the dukedoms are rebelling against you. You have failed in your duty to the nation. You do not listen to good ministers. You spend all your time playing with your concubines and plotting with evil ministers. You have spent the nation's money on foolish projects like the Deer Terrace and those brass pillars."

Grand Tutor Wen continued, "I remember when your father was king. The people were happy and our kingdom was peaceful. Now there is trouble everywhere. I need to think about this. I will give you a report in a few days."

The king got up and returned to the Deer Terrace. Grand Tutor Wen went to see the other ministers. He said, "Please, tell me everything."

Huang Feihu bowed and began to speak. He told Grand Tutor Wen everything that had happened since Daji arrived at Zhaoge. When he was finished, Grand Tutor Wen said, "This is all my fault. I have been away from Zhaoge for too long and I have allowed this to happen. Now I must do something. In four days, I will give my report to the king."

The ministers all went to their homes. Grand Tutor Wen stayed in his house for three days, writing a memorial to the king. On the fourth day, he went to see the king. He said, "Your Majesty, I have a memorial for you." Then he laid the memorial on the desk in front of the king. The king read it. The memorial started off by discussing the king's failures. Then it made ten proposals:

1. Destroy the Deer Terrace
2. Destroy the burning pillars
3. Fill in the Pit of Snakes
4. Fill in the Wine Pool and destroy the Meat Forest
5. Banish Daji from the capital
6. Cut off the heads of Fei Zhong and You Hun
7. Open the granaries to feed the hungry people
8. Send ministers to the East and South dukedoms to discuss peace
9. Search the mountains and forests for wise sages
10. Encourage the people to speak freely without fear

When the king was finished reading, Grand Tutor Wen handed him an ink brush. He said, "Your Majesty, please sign your name."

The king replied, "We must think about the first item. The Deer Terrace is a beautiful building, and we spent much time and money building it. As for the fifth item, we will not send Daji away, because she is a good queen with many virtues. And as for the sixth item, we do not want to execute Fei Zhong and You Hun, they have served us well and committed no crimes. So, I approve all your proposals except for the first, fifth and sixth."

Grand Tutor Wen told the king that all ten proposals were important. "The people are very unhappy about the Deer Terrace. The ghosts of the dead are weeping because of Daji. And the gods in heaven are angry because of Fei Zhong and You Hun. You must do all ten of these things, to save the nation."

The king stood up. "That's enough for now. The two of us must discuss this again later. We will agree to seven of these proposals, but not all ten of them."

As the king started to leave, Fei Zhong and You Hun came into the room. They did not realize what was happening. Fei Zhong tried to speak to the king, but Grand Tutor Wen stepped in between them, saying, "Who are you?"

"I am Fei Zhong."

Grand Tutor Wen said, "Ah, so you are the one who has turned the king against his own people!" And he smashed his fist into Fei Zhong's face, knocking him to the floor.

"What did you do?" cried You Hun.

"And who are you?" asked Grand Tutor Wen.

"I am You Hun."

"So! The two of you are working together to make yourselves rich and powerful, while the nation suffers!" And with that, he raised his fist and knocked You Hun to the floor. He called to the guards, "Seize these two traitors and hold them for execution!"

The king said, "Those two have insulted you, but that is not bad enough to have them executed. They both will be put on trial according to law, and we will see what punishment they receive."

Grand Tutor Wen thought that he may have gone too far. He knelt before the king and said, "Your Majesty, I only want happiness for the people and peace for the nation. I want nothing else."

That was the end of the meeting. But shortly afterwards, a messenger arrived to tell Grand Tutor Wen that there was a new rebellion in the East Sea district.

Grand Tutor Wen went to see the king. He said, "There is a new rebellion in the East Sea district. I must deal with this. I need to go there with 200,000 soldiers. We can continue discussing the memorial when I return."

The king was very happy to learn that Grand Tutor Wen was leaving the capital. He quickly approved the plan.

A couple of days later, the army was ready to leave. The king went outside the east gate with Grand Tutor Wen and General Huang Feihu. The king raised a cup of wine to Grand Tutor Wen. But Grand Tutor Wen gave the cup to Huang Feihu. He said, "Let General Huang drink this wine. General, you must take care of the state while I am gone. Don't be afraid to do what must be done."

Then he turned to the king and said, "I hope you will take better care of the nation. Listen to your loyal ministers and don't do anything to make things worse. I will be back in a year, maybe less." Then he rode his horse to the front of the huge army, and they rode eastward.

Chapter 28
Punishing the North Grand Dukedom

The Grand Tutor returns in victory, but he does not know the evil in the kingdom
The king has failed in his duty, the nation is broken and falls into chaos
The Grand Tutor offers ten proposals to save the kingdom, he wants to remove all the evil ministers
The nation should be happy and prosperous, he makes plans but knows that nothing will happen quickly.

Of course, the king was delighted when he found out that Grand Tutor Wen was leaving the capital. He immediately ordered that Fei Zhong and You Hun be released from prison and given their jobs back. Then he ordered a party for himself and invited all of his ministers to come to the royal garden.

It was a beautiful spring day. The garden was filled with flowers and birds. Green water flowed underneath a golden bridge into a blue pool full of goldfish. There was a white stone path through the garden, with two carved stone dragons on either side. Lovely palace maids walked through the garden bringing food and drinks.

The king sat in the library, with Daji and Hu Ximei sitting on either side of him. The other ministers were in the garden. As he ate, Huang Feihu said to the ministers, "I'm sorry but I cannot enjoy this banquet. The country is being torn apart by rebellions, how can I enjoy the flowers? The king must change his ways, or I'm afraid this dynasty will end soon." The other ministers nodded their heads in agreement.

The banquet ended at noon. But when the ministers went into the library to thank the king, he said, "It is such a beautiful spring day, why are you leaving? Stay, and we will come and drink with you." The ministers had no choice, they had to remain.

The drinking, singing and dancing continued. When darkness fell, the king ordered that candles be lit. In the library, Daji and Hu Ximei had become drunk from too much wine. The two women fell asleep. Then the fox demon inside Daji flew out of her body. It flew away on a gust of cold wind, looking for human flesh.

Everyone in the party felt the cold wind. Someone called out, "A demon is coming! A demon is coming!" Huang Feihu was half drunk, but he jumped up. He saw the fox demon coming towards him. In the darkness he saw that it had eyes like golden lamps, a long tail and very sharp claws. Huang Feihu had no weapon, so he broke off a piece of wood from the railing and swung it at the demon. He missed, and the demon attacked him.

"Fetch my hunting hawk!" shouted Huang Feihu. His guards went and got the hunting hawk, which was large and had golden eyes. The hawk flew up in the sky. It saw the fox demon and attacked it with its claws. The fox demon cried out and dove under some rocks on the side of a nearby hill.

The king saw this. He ordered his attendants to dig out the rocks to get to the fox demon. They dug down two or three feet. They did not find the fox demon, but they found a huge pile of human bones. The king saw the pile. He said, "The Daoist sage told us that there was an air of evil in the palace, but we did not believe it. But now we see that he was right."

That was the end of the party. The ministers thanked the king and went home. Daji was still in bed, but she had bad scratches on her face. In the morning the king saw her face and asked what happened. "Your Majesty," she said, "last night after you left to drink with your ministers, I went for a walk in the garden. I walked into a tree branch and got this scratch on my face."

"Dear, you should be more careful!" said the king. "There are fox demons in the palace." Then he told her the story of what happened. But he did not realize that he was telling the story to a fox demon, and he did not know that he had been sleeping with that fox demon for the past several years.

Meanwhile, Jiang Ziya was serving as the prime minister for Ji Chang. One day he read a report that there was another rebellion against the king, and that Grand Tutor Wen had been sent to stop the rebellion. Then another report came, saying that the king had ordered Bi Gan's heart to be cut out of his body to be made into a medicinal soup for Daji. Then a third report came, saying that Chong Houhu was plotting with Fei Zhong and You Hun, and was making himself wealthy while the people went hungry.

Jiang Ziya went to see Ji Chang and told him everything he had learned recently. He said, "In my opinion, we must get rid of Chong Houhu. If he stays at His Majesty's side, disaster will follow. As you know, His Majesty gave you the power to fight traitors and rebels. Well, Chong Houhu is a traitor. If you get rid of him, you will help His Majesty be a powerful ruler again."

Ji Chang replied, "Tell me, if we send an army against Chong Houhu, who will lead it?"

"I shall serve you like a dog or a horse."

Ji Chang was happy to hear this, but he was also afraid that Jiang Ziya might be too eager to attack the city. So he said, "Good. But I will go with you, so we can discuss important matters together."

They gathered an army of 100,000 soldiers. Ji Chang carried an ox-tail hammer and a yellow axe, both given to him by the king to show that he had the authority to fight traitors and rebels. The Zhou army left West Qi City with the cheers of the people ringing in their ears.

A few days later, the Zhou army reached Chong City and set up a large camp just outside the city. Chong Houhu was not there, but the city was under the command of his son Chong Yingbiao. Chong Yingbiao said to his generals, "So, Ji Chang has decided to attack us. You remember that he fled Zhaoge a few years ago. Now he attacks us for no reason. Well, if he wants to throw away his life, that's fine with me." Then he told his generals to capture Ji Chang and bring him to Zhaoge.

The first battle was between one of Ji Chang's generals, a man named Nangong Kuo, and a general of the Flying Tiger army. The two of them fought on horseback, horses circling and swords flying. The Flying Tiger general was strong, but Nangong Kuo was stronger. They fought for thirty rounds. Then Nangong Kuo knocked the other man from his horse. Some soldiers ran up and cut the man's head off. They brought the head back to their camp and gave it to Jiang Ziya.

Chong Yingbiao saw this, and he was furious. He hit his desk with his fist and shouted, "Get the entire army ready. Tomorrow we will fight!"

The next day, the gates of Chong City opened and a huge army rushed out. They rushed towards the other army, then stopped a short distance away. They saw an old Daoist riding his horse towards the front lines. He had white hair and a long silver beard. He wore a gold hat and a robe tied with a silk belt, and he carried a sword in his hand. It was Jiang Ziya. Jiang Ziya shouted, "Commander of the Chong army! Meet me at once!"

Chong Yingbiao rode his horse forward. He wore gold armor over a red robe. He shouted, "Who dares to attack my city?"

"I am prime minister Jiang Ziya. You and your father are as evil as the sea is deep. You have taken the people's wealth like hungry tigers, and you have harmed them like wild wolves. You are not loyal to His Majesty. Now my master, Ji Chang, is doing the job that His Majesty has given him."

Then Ji Chang rode up next to Jiang Ziya and shouted, "Chong Yingbiao! Get down off your horse and come with us. We will bring you back to West Qi and execute you and your father. There is no need for your soldiers to die for you."

Chong Yingbiao shouted back, "Jiang Ziya, you speak big words but you are just a weak and foolish old man. And Ji Chang, you are a traitor to our nation!" Then he turned to his generals and asked, "Who will remove these fools for me?"

One general from Chong City rode forward, swinging his axe. He could not defeat either of his opponents, so Chong Yingbiao sent two more generals into the fight. Jiang Ziya saw the situation and ordered six of his dukes to join the battle. Outnumbered, Chong Yingbiao rode forward himself and joined the battle.

They fought for twenty rounds. Two of Chong Yingbiao's generals were killed. Seeing that he was badly outnumbered, Chong Yingbiao fled back to the city with the generals and the rest of his army. They closed the city gates. Chong Yingbiao sat down with his generals to decide how to fight the Zhou army.

On the Zhou side, Jiang Ziya wanted to attack the city immediately. But Ji Chang said, "If we attack the city, jade and stone will be destroyed together. Many people will die. We have no reason to kill the people of the city; we want to rescue them."

Jiang Ziya thought to himself, "My master is as virtuous as Yao and Shun." He decided to wait. He sent Nangong Kuo to Caozhou with a letter for the Marquis of Caozhou, the brother of Chong Houhu and the man known as Black Tiger. He hoped that Black Tiger would come and help them. Then he waited.

Chapter 29
Death of Two Grand Dukes

Chong Houhu is cruel and greedy, he takes the people's wealth and makes it his own
He meets the king and wants to control him, he uses a thousand different tricks to
help himself
He works the people almost to death, then he makes plans to remove the king
Jiang Ziya has virtue though his king has none, he knows the dynasty will fall and
many people will die.

Nangong Kuo left for Caozhou. He spent the night in a hostel, and the next day he went to see Chong Heihu.

"What brings you here to see me?" asked Chong Heihu.

"My lord, I have a letter for you. It's from prime minister Jiang Ziya."

Chong Heihu opened the letter and began to read.

> Dear Chong Heihu,
>
> A minister should be loyal to his king, helping him so that the people and the state will benefit. But if the king is evil, or if the king does things that are harmful to the people and the state, then a minister must not help him. You know that your brother has been doing evil. His crimes are as great as a mountain. For that, he is hated by the gods and the people.
>
> My master, the Grand Duke of the West, has the authority to punish your brother. But if he does this, may people might die. So I am asking you to do the right thing. Arrest Chong Houhu and bring him to the Zhou camp.
>
> If you do this, you will be known as a virtuous and courageous man. If not, people will think you are the same as your brother. They will not be able to tell the difference between jade and stone. Please think about this and give us your reply as soon as possible.
>
> Jiang Ziya, Prime Minister

Chong Heihu read the letter, then he read it again. He sat and thought about it. Then he said quietly, talking to himself, "Jiang Ziya is correct. Even a filial brother should know when to do the right thing. If I arrest my brother, I will save the Chong family from certain death. If this is unfilial, then I will apologize to my parents after my death." Then he looked up at Nangong

Kuo and said, "I will do as your prime minister asks. There is no need for me to reply to this letter. Tell Jiang Ziya that I will arrest my brother and bring him to the Zhou camp."

The next day he left for Chong City with 3,000 Flying Tiger soldiers. When he arrived at the city, his nephew Chong Yingbiao came out to meet him.

"Forgive me, uncle!" he said. "I am wearing armor so I cannot give you a proper bow."

"Dear nephew, I heard that Chong City is being attacked. I bring 3,000 of my best soldiers to help you defend the city. But tell me, why is Ji Chang attacking the city?"

"I don't know, uncle. But I am certainly happy that you are here to help us!"

Early the next morning, Chong Heihu led his Flying Tiger soldiers out of the city to face the Zhou army. He was wearing golden armor over a red dragon robe, and he rode a fire-eyed monster. His face was as black as the bottom of a pot, he had yellow eyebrows, golden eyes, and a long red beard. Jiang Ziya saw him, and he understood what was happening. He sent Nangong Kuo out to face him.

"Chong Heihu," shouted Nangong Kuo. "Your brother is a criminal. He has harmed many good people. We have the right to arrest him!" Then he raised his sword and attacked Chong Heihu. They began fighting. The two of them were close to each other, slashing with their weapons. They fought for twenty rounds. Then Chong Heihu said quietly, "Let's stop fighting now. I'll see you again when I have arrested my brother."

Nangong Kuo slashed at his opponent one more time, then he turned his horse and retreated, calling out, "Chong Heihu, you are too strong. Please don't come after me!"

Chong Heihu turned and rode back to the city. Chong Yingbiao had been watching the fight. He asked Chong Heihu, "Uncle, when your enemy ran away, why didn't you use your magic eagle?"

Chong Heihu replied, "My dear nephew, you forgot that Jiang Ziya is a powerful magician from Kunlun Mountain. He would have killed my eagle. But don't worry, we won the fight. Now we must make plans. We need your father here. Please send a messenger to him and tell him to return here immediately."

Chong Yingbiao sent a messenger to Zhaoge, telling Chong Houhu of the situation and asking him to return to Chong City.

Chong Houhu read the letter. He immediately went to the king and said, "Your Majesty, we are having problems with Ji Chang. He does not wish to live in peace. He has brought a large army to Chong City and he has attacked my brother. Please, I beg you to help!"

"Ji Chang is a criminal," replied the king. "Go to Chong City right away. Take three thousand men and seize that traitor."

A few days later, Chong Heihu saw his brother approaching the city with his army of three thousand soldiers. He said to one of his soldiers, "Take twenty men and wait just inside the city gate. When you hear me rattling my sword, arrest Chong Houhu and take him to the Zhou camp." Then he said to another soldier, "As soon as I leave the city, arrest Chong Houhu's family. Take them to the Zhou camp." Then he rode out of the city to Chong Houhu's camp.

Chong Houhu saw his brother approaching the camp. He came out to greet his brother. Chong Yingbiao was also there and he came out to greet his uncle. Then the three of them rode back together to the city. As soon as they rode through the gate, Chong Heihu pulled his sword halfway out, then he pushed it back in and gave it a loud rattle. Immediately, twenty soldiers ran out. They seized Chong Houhu and his son Chong Yingbiao.

"Dear brother," cried Chong Houhu, "what are you doing?"

Chong Heihu replied, "Brother, you are not a good minister. You have caused the people great suffering. You have made yourself wealthy while the people go hungry. But our Grand Duke is wise. He can tell the difference between good and bad. As for me, I would rather offend our ancestors than see our clan destroyed. I must arrest you."

Chong Houhu and his son were brought to the Zhou camp, where his wife and daughter were already waiting for him. He said to her, "Ah, my brother is so cruel to me. Who would have thought he would do something like this?"

Chong Heihu also entered the camp. He dismounted and went to see Jiang Ziya and Ji Chang.

"Chong Heihu," said Jiang Ziya, "you are a loyal minister. You have placed the well-being of the people above your own family. You are truly a hero."

But Ji Chang looked at Chong Heihu in surprise. He asked, "What are you doing here?"

Chong Heihu replied, "My brother has committed crimes against heaven. I have brought him here for trial."

"But he is your older brother!"

Jiang Ziya spoke up. He said to Ji Chang, "The people hate Chong Houhu. Even little children hate him. But now they know that Chong Heihu is a virtuous man, and much better than his brother."

Then he ordered Chong Houhu and Chong Yingbiao to be brought in. The two of them kneeled in front of Ji Chang, Jiang Ziya and Chong Heihu. Jiang Ziya said, "Chong Houhu, you have committed so many crimes, I cannot name them all. It is time for you to be punished by heaven. Guards! Take them outside and cut off their heads."

Ji Chang was too surprised to say anything. The guards grabbed the two prisoners and took them outside. A few minutes later, the guards returned, holding two heads in their hands. Ji Chang had never seen a head cut off like that. He covered his eyes with his sleeve and cried out, "This is terrible! I will surely die because of this."

Later, after Chong Houhu's family was released, Ji Chang returned to his home in West Qi. He felt sick. He could not eat or drink anything. Every time he closed his eyes, he saw Chong Houhu standing before him, crying out to Ji Chang to give him his life back. Doctors came to see him, but their medicines did not help him at all.

All the lands that were ruled by Chong Houhu were now ruled by Chong Heihu. They became a new country ruled by the king in West Qi City. The king learned of this and was furious. He ordered his army to go to West Qi and arrest Ji Chang and Chong Heihu.

But his ministers knelt before him and said, "Your Majesty, please think about this. Many people hated Chong Houhu and thought he was cruel and did not care about the people. They are happy that he has been arrested and killed. Perhaps this is not be a good time for you to take action." The king agreed to wait.

Ji Chang's health continued to worsen day by day. He called Jiang Ziya to his bedside. Jiang Ziya came in and kneeled by the bedside. Ji Chang said to him, "I must tell you something important. I am grateful to His Majesty for making me Grand Duke of the West. I should have remained loyal to him. I was wrong to allow the deaths of Chong Houhu and Chong Yingbiao. He and I were the same rank, so I did not have the authority to execute him. Now I hear him weeping all the time. When I close my eyes, I see him standing by my bed. I don't think I can live much longer."

He continued, "After I die, you must not rise up against the king. If you do, it will be a difficult situation for you to meet me after you die."

Tears ran down Jiang Ziya's face. He said, "It was you who made me prime minister. I dare not disobey you now."

Just then, Ji Fa came in. Ji Chang said to him, "My dear son, you must take my place after I die. You are young. Do not listen to anyone who says anything against our king. It is true that our king has no virtue, but he is still our king, and we must be loyal to him. Now, kneel before the prime minister and accept him as your father."

Ji Fa knelt down and kowtowed to Jiang Ziya.

Ji Chang continued, "My dear son, remember to love your brothers, and be kind and helpful to the people. If you do as I say, I can die in peace." Ji Fa kowtowed to him.

Then Ji Chang said, "His Majesty was kind to me. I am sad to think that I will never see him again. And I will not be able to go back to Youli and help the people there." Then he died. He was 97 years old. It was the twentieth year of the reign of King Di Xin of the Shang Dynasty.

After the funeral, Jiang Ziya proposed that Ji Fa become the new Grand Duke of the West, with the title of King Wu. Ji Fa's first order was to increase the rank of all officials by one grade. All 200 marquises and all the tribal leaders came to the city and kowtowed to him.

News of this reached the palace secretary in Zhaoge. He decided that he needed to tell His Majesty that there was a new king in West Qi. He went to the Star Picking Mansion to see the king.

Chapter 30
Huang Feihu's Rebellion

When the king tries to play with the minister's wife, he weakens the throne and lets evil triumph
He listens only to the demon Daji, he turns away from the wise words of Lady Huang
This virtuous woman stands tall, while the foolish king brings disaster to all
Now the rebels push against the strong pillars of heaven, they want the save the kingdom from the king.

The king's guards let the palace secretary into the Star Picking Mansion. The secretary kowtowed to the king. He said, "Your Majesty, I have bad news. Ji Chang is dead. His son, Ji Fa, is now calling himself King Wu. This could be a big problem. I suggest that you send an army to punish him immediately."

The king laughed and said, "Ji Fa just recently stopped drinking his mother's milk. What can he do to us?"

"Yes, he is young. But remember that he is getting help from Jiang Ziya, San Yisheng, and Nangong Kuo. Together, they are dangerous."

"Jiang Ziya? He is just a sorcerer, nothing more."

The palace secretary bowed and left the mansion. He said to himself, "This king is a fool. I'm afraid the dynasty will end soon."

Time flew by. Soon it was New Year's Day, the twenty-first anniversary of the start of the king's reign. All the ministers came to greet the king, and their wives came to greet Queen Daji. This is when trouble started.

Lady Jia was the wife of Huang Feihu. She came to greet Queen Daji. When Daji heard that Jia was coming, she thought, "So, Huang Feihu, you sent your eagle to kill me. Now your pretty little wife comes to see me. She will walk right into my trap!"

Daji's palace maids brought Lady Jia in to see her. Daji said, "My dear Lady Jia, it is so good to meet you! You are a few years older than I am. You should become my sworn sister."

Jia replied, "Oh, Empress, how could I? You are a queen, but I am just an ordinary woman. It would be like a pheasant in the woods becoming the sister of a beautiful phoenix."

Daji said, "Oh no, my dear. I am just the daughter of a marquis. But you are the wife of a prince, a relative of His Majesty."

The two of them sat and drank a few cups of wine. Then a palace maid entered and said, "His Majesty is coming."

"Oh no!" cried Jia. "It is not right for me to meet him here. I am a minister's wife. This would be a violation of the law. Where can I hide?"

Daji smiled and said, "Don't worry, sister. Go there," and she pointed to the rear of the hall. Jia ran and hid in the rear of the hall. Then the king came in. He saw cups and plates on the table.

He said to Daji, "Who were you drinking with, my dear?"

"I was sitting and talking with Lady Jia, the wife of Prince Huang Feihu. Have you ever seen her, Your Majesty?"

"Of course not. We cannot visit with the wife of our minister. That would be a violation of the law."

"But Your Majesty, remember that Huang Feihu's sister is your concubine. So, Lady Jia is actually your relative. You may see her without violating the law." The king thought about this. Then Daji continued, "She is really quite beautiful. I think you would really like her. Please allow me to bring her up to the Star Picking Mansion. Then you can meet her there."

The king was excited about seeing the beautiful Jia. So he left to wait. Daji went to find Jia. She saw that Jia was uncomfortable and wanted to leave, so she said, "Sister, please don't leave yet. Come with me to the Star Picking Mansion. You can see the entire kingdom from up there!"

Jia had no choice, so she followed Daji to the top of the Star Picking Mansion. Looking down, she saw a pit. The pit was filled with piles of human bones and thousands of snakes.

"What is that?" she asked.

Daji replied, "That is the pit of snakes. It is difficult to keep evil people out of the palace. So, if we find any evil people here, they are stripped and thrown into the pit to feed the snakes." Daji saw that Jia was frightened, but she just smiled and told the palace maids to bring wine.

While they were drinking, a palace maid came and told the two women that the king was coming. Daji said to Jia, "Don't worry, sister. Go over there," she pointed to the railing, "and wait for me."

The king came in. He sat down next to Daji. Then he looked to where the beautiful Lady Jia was standing by the railing. "Who is that?" he asked.

"That is the wife of Prince Huang Feihu," said Daji. Jia had no choice. She turned and bowed to the king. The king looked at her with desire in his eyes.

"Please sit down," he said to her.

Jia remained standing. Daji said to her, "You are my sister-in-law. There is nothing wrong with you sitting with us."

Now Lady Jia saw the trap. She became frightened, but she said to the king, "Your Majesty, I came here to visit with my sister. Now please allow me to obey the law and leave at once."

The king smiled at her and said, "Please sit. If you don't sit down, we will have to stand up." He poured a cup of wine and handed it to her.

Now Jia saw that she was trapped. She knew that she would not be able to leave the Star Picking Mansion alive. She took the cup of wine and threw it in the king's face. She shouted, "Idiot king! My husband has been your loyal servant. But instead of thanking him, you insult me and violate all the laws of heaven and earth. You and your evil queen will soon meet your deaths!"

The king shouted to his guards to seize Lady Jia. But before they could grab her, she ran to the railing. She shouted, "Dear husband, I will protect our honor with my life. Please take care of our children!" Then she jumped to her death.

Soon, news of Jia's death reached Concubine Huang, the sister of Huang Feihu and the sister-in-law of Lady Jia. She ran to the Star Picking Mansion and went upstairs to find the king. She pointed her finger at him and said, "You damned tyrant! You owe your life to my brother. He has fought pirates on the eastern ocean. He has fought rebels in the south. Every member of my family has been loyal to you. Today, Lady Jia came to greet your queen. But you could not control your queen or your own lust. Now my sister-in-law is dead. Years from now, when people tell the story of our kingdom, your name will be dirt!"

Then she turned to Daji and said, "And you, you bitch. You have poisoned the king's mind and brought chaos to our kingdom. And now you have brought death to my sister-in-law!" She ran over and punched Daji in the face, as hard as she could. Daji fell to the ground. Concubine Huang hit her twenty or thirty more times.

Now, Daji was really a fox demon and could have easily fought back against Huang. But she knew that the king was watching. She cried, "Help me, help me, Your Majesty!"

The king ran over and pulled Huang off Daji. But Huang, blind with rage, turned and hit the king in the face. "You tyrant!" she shouted, "How can you defend that bitch. I'll make her pay for killing my sister!"

Now the king was angry. With one hand he grabbed her hair; with the other hand he grabbed the front of her robe. Then he picked her up and threw her over the railing. She fell to the ground and died instantly.

The king looked down from the railing. He saw Huang's broken body, lying next to Jia's body. He felt bad about what he'd done, but he did not say anything to Daji.

Lady Jia's attendants were still waiting for her in a nearby hall. A couple of palace maids came and told them what had happened. The attendants ran to General Huang Feihu, who was enjoying a feast with his brothers and generals. They cried, "Disaster, Your Highness! Disaster!" Then they told him that Lady Jia threw herself from the railing of the Star Picking Mansion, and that the king had then thrown Concubine Huang to her death.

Huang Feihu heard their words but could not think of anything to say. His brother, Huang Ming, jumped up and said, "Brother, I think I know what happened. The king saw your wife's beauty and wanted her for himself. Your wife had no choice but to jump to her death. Concubine Huang probably heard of this and argued with the king, causing him to throw her off the Star Picking Mansion."

He continued, "You know that the sages say, 'If the king does not rule properly, the people may seek a new king.' We are all loyal to the kingdom. We have fought for our country in the north, south, east and west. But now we are no longer loyal to this tyrant. We must rebel!" He and the others jumped up, holding their swords in their hands.

Huang Feihu said, "Stop! What does the death of my wife have to do with you? Remember, the Huang family has served the kingdom for hundreds of years. How can you rebel against the king now, just because a woman has died?"

The others stood still, surprised at this. They did not know what to do. Then Huang Ming laughed and said, "You're right, brother. This has nothing to do with us at all. Why be angry?" Then he and the others went back to eating, drinking and talking.

Huang Feihu was still angry. He said to them, "Why are you all laughing?"

One of the generals looked at him coldly and replied, "To tell you the truth, brother, we are all laughing at you." Huang Feihu was speechless. The general continued, "We all know that you have earned your rank as the top general in the kingdom. But other people, who knows what they think? They might think that your high rank is because the king really liked your wife."

Now Huang Feihu was turning red from rage. He shouted, "Enough! We are leaving Zhaoge!" Then he paused and added, "But where should we go?"

Huang Ming replied, "You know what the ancients say, 'A good man chooses a good master.' The king of West Qi already controls two thirds of the kingdom. He is a good man. Let's go there."

Then Huang Ming thought, "My brother might change his mind. I'd better make sure that doesn't happen." He said to his brother, "We should get our revenge now and not wait until later. Let's fight the king right now."

The men all rode to the king's palace. Huang Feihu rode his ox while the other men rode their horses. They all wore armor and held swords in their hands. They arrived at the palace gate just as the sun was coming up. One of the generals shouted, "Tell the tyrant to come out right away. Otherwise, we will smash the gate and come in anyway!"

The king was sitting alone in the palace, thinking about what had happened the previous night. A guard ran in and told him that Huang Feihu and his men were waiting outside, swords in hand. The king put on his armor and rode out on his horse to meet them.

One of the generals raised his sword and shouted, "Tyrant! You have insulted the wife of your minister!" Then he rushed at the king, slashing with his sword. The king easily blocked the blow. Then Huang Ming rode forward and also attacked with his sword. Seeing this, Huang Feihu rode his ox forward and joined the fight.

The king was big and strong and a good fighter, but he could not win against the three opponents. It was like a dragon fighting three wild tigers. He fought for thirty rounds, then turned and rode back through the palace gate. His guards closed the gate and locked it.

Huang Feihu and his men turned around. They rode out of Zhaoge through the west gate. There, they met up with their families, and together they rode towards Mengjin.

The king sat in his court, saying nothing. His ministers came in to find out what was happening. They asked him, "Your Majesty, why did Huang Feihu rebel against you?"

The king replied, "Lady Jia insulted our queen. Then she felt guilty, so she threw herself over the railing. Concubine Huang arrived and also insulted our queen. While they were arguing, she accidentally fell over the railing." He did not explain why he was fighting with Huang Feihu and his men.

The ministers did not know what to say about this. The story sounded false, but of course they could not say that to the king. Then Grand Tutor Wen arrived. He had just returned from the Eastern Sea district. He also asked what was going on. The king told him the same story that he'd just told the ministers.

Grand Tutor Wen said, "I know Huang Feihu. He is a good man, loyal to you and to the kingdom. He and his wife came to the palace because it was New Years Day. But the Star Picking Palace is your private home, not part of the main palace. Why was Lady Jia there?"

The king did not answer. Grand Tutor Wen continued, "Then Concubine Huang must have heard of her sister in law's death and come here. But I think you were angry at her and threw her off the balcony. These deaths were not the fault of Jia and Huang. They are your fault! You know what the ancients say, 'If the king rules badly, the people may seek a new king.' I am not surprised that Huang Feihu rose up against you. Your Majesty, you should forgive him. I will go and find him, and ask him to return."

One of the ministers spoke up. He said, "Grand Tutor Wen, you are right that His Majesty should have treated Madam Jia and Concubine Huang better. But on the other hand, Huang Feihu was wrong to attack the king."

Grand Tutor Wen thought about it. Then he said, "Perhaps you are right. Send messengers quickly to the commanders at the mountain passes. Tell them to close their gates and not allow the rebels to pass through. That will give me time to catch up to them."

362

Chapter 31
Flight and Pursuit

The loyal and virtuous depart, there is no rain and the people are hungry
The wise Grand Tutor quickly takes control, while evil ministers continue to bring
misery to the people
Don't even think about crossing the three passes, the enemy is approaching from all
four directions
The enemy chases the army but it disappears in the bright sun, don't worry, their fate
is already written.

Huang Feihu and his men left Zhaoge through the west gate. They passed through Mengjin, crossed the Yellow River, and rode until they were close to Lintong Pass. Huang Feihu heard sounds of shouting and saw a cloud of dust rising into the air. Looking back, he saw a great army approaching. Then he looked to his right and left and saw two more armies coming from both sides. Then he looked backwards and saw that yet another army was coming towards him from Lintong Pass.

He sighed deeply and thought, "How can I fight all four of these armies? All I can do is wait for death for myself and my family."

In heaven, the immortals had nothing to do. In the past, the Daoist masters had enjoyed going to listen to lectures at the Jade Palace. But these days there were no lectures. Everything was on hold until Jiang Ziya finished creating the new gods. So the immortals passed the time touring the nearby mountains and picking flowers.

One of the immortals, Master Pure Void Virtue, was traveling over Lintong Pass when he heard the sounds of sadness coming from a man on earth. Looking down, he saw Huang Feihu and his men surrounded by four armies. "Well," he thought, "it looks like someone needs to rescue these people." He told one of his servants, a genie, to wrap up the men in a flag and hide them deep in the mountains. The genie did as he was ordered.

Grand Tutor Wen led his army towards the place where Huang Feihu had been. He looked around but did not see anyone. He met with the generals who were leading the other three armies, and they said that they had not seen Huang Feihu's men either. Wen thought, "This is strange. I was told that Huang Feihu crossed the Yellow River and was headed towards Lintong

Pass. We came at him from all four directions, but he is not here. Where is he?"

Master Pure Void Virtue saw that Wen had stopped. He thought, "I have to make these soldiers go away, so that Huang Feihu can continue through the pass." He took a handful of magic dirt out of his robe and threw it towards the southeast. The sand turned into a group of men riding fast towards Zhaoge. Grand Tutor Wen saw them and sent all four of the armies in pursuit. The armies rode all the way to Mengjin, but they never caught up.

When the armies had gone, Master Pure Void Virtue ordered his genie to return Huang Feihu and his men to the road. The men looked around, confused. They saw that the armies had disappeared. "Heaven has surely helped us!" said Huang Ming.

But they still had to get through Lingtong Pass. The pass was guarded by a group of soldiers led by Zhang Feng, an older man who was a sworn brother of Huang Feihu's father.

Huang Feihu led his men up to the gate of Lingtong Pass. Zhang Feng came out, leading a group of soldiers. "Listen to me," he said, "Your father and I are sworn brothers, and you are a loyal subject of the king. Do not bring shame to your ancestors. Get down from your ox and let me take you back to Zhaoge. Perhaps some ministers will speak up for you, and you and your family will not have to be executed."

Huang Feihu replied, "Uncle, you know that our king spends all of his time drinking and playing with his concubines. He listens to evil men, he does not listen to his loyal ministers, he ignores affairs of state, and he is cruel to the people. I have done hundreds of things to help him, yet he forgets all that and insults me. How can I remain loyal to him? Please, let us pass through."

When he heard these words, Zhang Feng became angry. "Traitor!" he shouted. He slashed at Huang Feihu with his sword, but Huang Feihu blocked the blow. He struck again. Now Huang Feihu became angry and attacked. They fought for thirty rounds. Zhang Feng was a good fighter but he was an old man. He became tired and could not fight anymore. He turned around and rode away on his horse.

Zhang Feng looked back and saw that Huang Feihu was chasing him. He put away his sword. He reached into his robe and threw a chained hammer at his pursuer. But Huang Feihu knew about this weapon. As the hammer flew towards him, he slashed upwards with his sword, cutting the chain. Then he grabbed the flying hammer with his other hand.

Seeing this, Zhang Feng fled back to the pass. The soldiers locked the gate behind him. He sat down, breathing heavily. He thought for a while about what to do next. Then he ordered General Xiao Yin to come see him.

Xiao Yin came in and awaited his orders. Zhang Feng said, "We cannot beat Huang Feihu in a fight. So tonight, I want you to take three thousand men with bows and arrows. Surround his camp. Then have all your men shoot their arrows at the same time. Kill every one of the rebels, then cut off their heads and bring them to me."

Xiao Yin left. But he remembered that several years earlier, he served in the army under Huang Feihu and was promoted to general. He did not want to repay this kindness by killing Huang Feihu and his family. So he secretly went to Huang Feihu's camp and met with the rebel leader.

"Sir," he said, "you remember that I served under you several years ago. You made me a general. I must tell you that Zhang Feng has ordered me to kill all of you tonight with bows and arrows. I cannot do that. It would be a crime against heaven."

Huang Feihu replied, "I cannot thank you enough for coming and telling me this. If not for you, my entire family would die tonight. Tell me, though, is there anything you can do to help us get out of here?"

"Wait a few minutes for me to return to the pass. Then attack as soon as you can. I will open the gates for you."

Huang Feihu immediately gathered his men. They rode towards the pass, shouting and waving their swords. The gates opened and they rushed through.

Zhang Feng heard the sound of galloping horses. He saw what happened, and set off to chase Huang Feihu. But as he passed through the gate, he did not see Xiao Yin standing on the other side. Xiao Yin slashed at him with his sword. Zhang Feng fell from his horse, dead.

"Thank you!" Huang Feihu shouted to Xiao Yin as he rode away. "I don't know when I can repay you for what you did today."

They rode about eighty *li* and stopped when they got to the next pass, Tongguan Pass. The commander of this pass was Chen Tong. This man also knew Huang Feihu. Several years earlier, he had served under Huang Feihu in the army. He disobeyed a command and was sentenced to death. But several other generals asked Huang Feihu to show mercy, so he was not executed. Still, Chen Tong disliked Huang Feihu and was happy to have a chance to punish him now.

He put on his armor and prepared for battle.

When he saw Huang Feihu he shouted, "Hello, General! You used to be a high ranking general, but now you are just another criminal on the run. Grand Tutor Wen told me that you would be coming here. Get down off your ox. I will take you back to Zhaoge. There is nothing else you can do."

Huang Feihu replied, "You are wrong, General. Once you were under my command and I treated you like my own brother. You disobeyed my orders, but I showed you mercy and did not execute you. But even after that, you insult me. Very well. Get down off your horse and fight me now. If you win, I will go with you to Zhaoge."

Then Huang Feihu attacked with his sword. Chen Tong blocked with his own sword, and they fought for more than twenty rounds. Huang Feihu was the stronger fighter, though, so Chen Tong turned, jumped up on his horse, and rode away as fast as he could.

Huang Feihu chased him. But then Chen Tong pulled out a magic javelin. This javelin had been given to him by an immortal. It never missed its target. He threw it. Huang Feihu was struck in the chest. He cried out and fell to the ground.

Huang Ming and another general saw this. They rushed forward to attack Chen Tong. But Chen Tong threw the javelin again and killed the other general. Then, not wanting to fight Huang Ming, he turned around and fled.

The men in Huang Feihu's camp were filled with sadness when they saw the two dead fighters. They had no leader, no plan, no place to go towards, no place to return to.

In heaven, Master Pure Void Virtue was on Mount Green Peak, meditating on a cloud. Suddenly his heart jumped. He looked down and saw that Huang Feihu had been killed. Immediately he called for one of his disciples to come and see him.

The disciple was a young man, nine feet tall, with smooth skin, bright eyes and a body that was as strong as a tiger. He wore a robe with a hemp belt, and simple straw sandals. "What can I do for you, Master?" he asked.

"Your father needs your help," replied Master Pure Void Virtue.

"Who is my father?"

"He is Huang Feihu, a prince of Shang. He has been killed by a magic javelin. Bring him back from the dead. Then introduce yourself. You will serve together in the battle that is to come."

"I don't understand, Master. How can this man be my father?"

"Thirteen years ago, I was riding a cloud. Suddenly I saw a bright beam of light. I looked down and saw that the light was coming from your head. You were only three years old at the time. I knew immediately that you had a bright future, so I brought you here to be my disciple. Your name is Huang Tianhua."

Then Master Pure Void Virtue gave the boy a sword and a flower basket, and told him how to bring his father back from the dead. The boy kowtowed to his master. Then he picked up a handful of dust, threw it in the air, and rode it swiftly to Tongguan Pass.

Chapter 32
Huang Tianhua Meets His Father

Using the power of the five Dao, you can become like air and be carried far on the wind

You can travel through the lands of the living and the dead, and fly high over Mount Tai and Mount Mang

Don't fail to save your father even if it is difficult, have a strong heart and don't fear the wolves

Father and son meet at Tongguan Pass, they are both pillars of virtue for Qi and Zhou.

Huang Tianhua flew down from Mount Green Peak. He arrived at the Huang camp around five in the afternoon. Nearby a group of men and horses stood around a lamp. The men saw him and reached for their swords. "Who are you?" they called.

Tianhua replied, "This poor Daoist is from Mount Green Peak. I have heard that His Highness is in trouble. I can help him. Bring me to him quickly!"

The men looked at him carefully. He had long black hair that was coiled up on top of his head. He wore a long robe with big sleeves that fluttered in the wind. In one hand he held a strange flower basket, and he had a sword tied on his back. He looked like a powerful tiger.

They led him to Huang Feibiao, the brother of the dead general Huang Feihu. Huang Feibiao could immediately see that the boy looked a lot like his own brother. He said to the boy, "Can you bring my brother back from the dead? If you can, you would be like a father or mother who brings new life into the world."

The boy was led to the back of the camp. There he saw Huang Feihu lying on the ground, cold and dead. His face was white, his eyes were closed. Next to him was another body. "Who's that?" he asked.

"That is our sworn brother. Both of them were killed by Chen Tong's magic javelin."

"Bring me some water," said Huang Tianhua. When the water arrived, he took some elixir out of his flower basket and mixed it with the water. He opened up Huang Feihu's mouth and poured the liquid into his mouth. The liquid ran into the dead man's body, reaching all his internal organs and all 84,000 hairs on his body.

"Now we wait," said Huang Tianhua. They waited for an hour or two. Then the dead man cried out and opened his eyes.

"Where am I?" asked Huang Feihu, looking around. "Is this the land of the dead? Why are you all here with me?" The others told him what happened. Huang Feihu stood up and thanked the boy.

The boy knelt down and said, "Father, don't you know me? I am your son, Huang Tianhua! You remember that when I was just three years old, you sent me away to study with Master Pure Void Virtue on Mount Green Peak. I have been there for thirteen years." His father looked at him and cried with joy.

Tianhua looked around and saw his two uncles and his three brothers. But he did not see his mother. "Father, why didn't you bring my mother with you? If the tyrant king captures her, it will be a terrible day for our family!"

Huang Feihu began to cry. He told his son how his mother had jumped from the Star Picking Mansion to stop the king from dishonoring her. Then he told the boy that the king had also thrown his father's sister from the Star Picking Mansion. When the boy heard this, he said, "Father, I will not go back to Mount Green Peak. I will stay here on earth and take revenge for my mother's death!"

Just then, a messenger rushed in to tell them that Chen Tong was outside the camp, calling for a fight. Huang Feihu was so frightened that his face turned the color of ash. But his son said, "Father, don't worry. Go and fight him. I will protect you."

Huang Feihu put on his armor and rode his ox out to meet Chen Tong. Chen Tong was surprised to see the man who he thought was dead. Huang Feihu shouted, "You hit me with your javelin, but heaven did not want me to die." Then he attacked Chen Tong. The two of them began to fight. After fifteen rounds, Chen Tong turned and rode away.

Huang Feihu followed him. Suddenly Chen Tong turned and threw another magic javelin at him. But Huang Tianhua pointed his flower basket at the javelin. The javelin turned in mid-air and fell into the basket. Chen Tong threw more javelins, but each one was captured by the flower basket.

Chen Tong saw that the Daoist boy was capturing all his javelins. He raised

369

his sword and charged towards the boy. But Tianhua pointed his own sword at Chen Tong. A beam of starlight flew from the tip of the sword towards Chen Tong. When it hit Chen Tong, his head flew off his body and rolled onto the ground.

"Chen Tong is dead!" shouted the men. They charged towards the gate. They broke open the gate and rushed through to the other side.

Huang Tianhua stopped and called out, "Father, I must return to Mount Green Peak to talk with my master. But we will meet again. I will see you in West Qi. Be careful!"

Huang Feihu was sad to see his son leave. But he continued with his men, riding towards the next pass. This was Chuanyun Pass and it was guarded by Chen Wu, the brother of Chen Tong.

When Huang Feihu and his men arrived at the pass, Chen Wu came out to meet them. He wore no armor and carried no weapons. "Welcome, Your Highness!" he called out.

"Greetings," replied Huang Feihu. "We have committed a crime against the king and are fleeing from Zhaoge. I am sorry to say that your brother died yesterday when he tried to stop us from passing through Tongguan Pass."

Chen Wu replied, "Your family has been loyal to the king for many, many years. But we all know that this king is a tyrant and has treated you badly. My brother did not understand the situation. He deserved his death. You may pass through with no problem. But won't you please come in and rest with us for a little bit."

Huang Feihu did not know that Chen Wu already knew of his brother's death. When he heard that his brother had died, Chen Wu was so angry that he spouted smoke from his seven orifices.

The men dismounted from their horses and went through the gate. Chen Wu invited them to come into the main hall and have something to eat. When they'd finished eating, Huang Feihu said, "Thank you, my friend. Now we must be going. Would you please open the other gate and let us pass."

"Of course," Chen Wu replied. "But we have prepared some wine for you. Please join us and have a few drinks." Huang Feihu could not refuse, so he and his men sat down again and drank some wine. They sat and talked for hours. Soon it was evening.

"Please don't go yet," said Chen Wu. "You have been traveling for many days, you must be very tired. We would be happy to give you and your men beds for the night."

Huang Feihu was not comfortable with this, but he could not find a reason to say no. So he and his men brought the luggage inside, then they all went to bed. The men fell asleep right away. But Huang Feihu could not sleep. He kept thinking about the many years that his family had served the kings of Shang. "Who would have thought that we would now be rebels against the king!" he thought.

First watch came, then second watch, then third watch. Still Huang Feihu could not sleep. He thought, "I used to have power and wealth. Now here I am, fleeing for my life!"

Suddenly a cold wind came into the room. The candle blew out, leaving the room in darkness.

> Invisible and cold, a ghost enters and blows out the candle
> It sends the white clouds away, it lets the yellow leaves fall
> The rain wants to comes, the boat wants to sail away
> Filled with sad tears, one hears the sound of rain

A voice called softly, "My lord, don't be afraid. It's your wife, Lady Jia. You are in great danger! Your hosts are preparing a big fire that will burn all of you to death. Get up and get out of there immediately! Now I must return to the land of the dead."

Huang Feihu jumped up. He woke up the others. They ran to the door but found that it was locked from the other side. They smashed the door. They saw that the other side of the door was piled high with firewood. Quickly they pushed their luggage out of the building, jumped on their horses, and left the building. As they rode away, they looked back. They saw Chen Wu and his generals running towards the building, holding burning torches.

Chen Wu saw that he was too late. He and his men jumped on their horses and rode towards Huang Feihu and his men. He shouted, "You rebel! I was hoping to kill you and your whole family. You are still alive for now, but you will not escape my net!"

The two groups of fighters came together, and they battled hand to hand, sword to sword. Huang Feihu fought against Chen Wu. After a few rounds, he stabbed Chen Wu in the heart, killing him.

371

The other fighting soon ended. Chen Wu's men were defeated. Some were killed, the rest returned to Chuanyun Pass.

The next pass was Jiepai Pass, eighty *li* away. "Well, at least we won't have to fight at Jiepai Pass," said Huang Ming to Huang Feihu. "The commander there is your father, old Huang Gun."

At Jiepai Pass, Huang Gun waited for his son to arrive. He was very angry when he heard that his son had rebelled against the king and killed so many generals and soldiers. He ordered three thousand soldiers to arrest his son and the others. He also prepared ten prison carts to carry them back to Zhaoge.

Chapter 33
The Battle at the Pass

Evil ministers have evil hearts, they bring a hundred problems and a thousand disasters
They talk about their powerful magic, they don't know that all their plots will fail
Yu Hua tried to succeed but failed, Han Rong's new rank is nothing compared to my dream
Heaven's will is already set, when I think of the naming of the gods my heart fills with tears.

Huang Feihu and his men approached Jiepai Pass. They saw thousands of soldiers waiting for them, and they saw the prison carts. "Things don't look good," said one of the generals.

When Huang Feihu rode his ox close to the gate, he said to Huang Gun, "Father, your worthless son begs your pardon, I cannot kowtow to you."

"Who are you?" asked Huang Gun.

"I am your eldest son. How can you ask a question like that?"

Huang Gun shouted, "This family has been loyal to the king for hundreds of years. Never have we done anything evil, never have we committed treason. But now you have left your king because of a woman. You have cut off your precious jade belt from your waist. You are a rebel. You have dishonored your ancestors and your father. I don't know how you can even face me."

Tears came to Huang Feihu's eyes. He could not speak. Huang Gun continued, "If you want to be a filial son, get down off your ox. I will take you to Zhaoge. You will die an honorable death as a true minister of the king. Or if are truly unfilial, just go ahead and kill me. Then you can do what you wish, and I will not have to see or hear any of it."

By now, Huang Feihu was crying. He said, "Don't say anything more, Father. Take me to Zhaoge now." Then he prepared to get down from his ox. But before he could get down, his younger brother Huang Ming spoke.

"Brother, don't do it!" he said. "The king is a tyrant. Why should we be loyal to a tyrant? And why are you willing to commit suicide just because of what this old man says?"

Now Huang Feihu did not know what to do. He just sat on his ox, thinking but not speaking. Huang Ming turned to Huang Gun and said, "General, listen to me. You are wrong. Even a tiger would never kill its own child. Don't you know that the tyrant killed your daughter and made your son's wife commit suicide? Don't you care about them, don't you want to avenge their deaths? The ancients say, 'If a ruler is evil, the people may seek a new ruler. If a father is unkind, his sons may leave him.' "

Hearing these words, Huang Gun became furious. He attacked Huang Ming, slashing at him with his sword. Huang Ming blocked his blows. He shouted to Huang Feihu, "Brother, I am keeping your father busy. Get out of the pass now, as fast as you can."

Huang Feihu and the others rushed out of the pass. When Huang Gun saw this, he jumped off his horse. He was so upset that he tried to kill himself with his sword. But Huang Ming jumped off his horse and grabbed him. He said, "Sir, please wait and listen to me. Your son has made me very angry. He has insulted me and has tried to kill me several times. I could not say anything to you because I was afraid your son would hear me. But now that he is gone, I can speak freely. I have a plan."

"What is your plan?" asked Huang Gun.

"Go quickly and catch up to your son. Tell him that I was right, and a tiger would never kill its child. Invite him to come back and have dinner with you. Tell him you will go with him to West Qi. But as soon as he comes back, have your soldiers take their weapons. You can then put them all in the prison carts and take them to Zhaoge. As for me, I just hope that you and the king will forgive me."

Huang Gun said, "General, you are a good man. I will do as you say." He jumped on his horse and went to catch up with Huang Feihu. He called out, "My son, I have decided to come with you to West Qi after all. Please come back. We can all eat some food and drink some wine, then we will go to West Qi."

Huang Feihu did not know why his father changed his mind. But he came back to the pass. He kowtowed to his father. Then they all sat down to eat and drink.

While they were eating dinner, two of Huang Feihu's men set fire to the buildings that held all the grain. Huang Gun saw the fire and ran outside. Immediately, Huang Feihu and the others rode out of the gate. "I've been fooled!" said Huang Gun.

"General," said Huang Ming, "I must tell you the truth now. The king is an evil tyrant. But Ji Chang is a wise and good ruler. We are going to West Qi to join up with him and his army. You are welcome to join us."

He waited for a few seconds to let the old man think about this. Then he said, "Of course, we have just burned all your grain. If you don't join us, you won't be able to pay your taxes and you will certainly be executed by the king."

Huang Gun thought about it. Then he said, "All right. My family has been loyal for hundreds of years. But we are all rebels now." He kowtowed to Zhaoge eight times. Then he left Jiepai Pass, taking all his soldiers and guards with him.

Huang Gun said to Huang Ming, "I hope you know that you are leading the whole Huang family to its death. The next pass is Sishui Pass. There is a magician there named Yu Hua. They call him the seven-headed general. He has never lost a battle. If I'd taken you to Zhaoge I might have lived. But now it looks like we will all die at Sishui Pass."

They rode for about eighty *li*, and they reached Sishui Pass late in the afternoon. The commander of the pass, a man named Han Rong, blocked the gate and prepared for battle.

The next day, General Yu Hua came out, shouting that he was ready to fight. Huang Feihu rode forward on his ox, saying, "I will fight him."

Yu Hua had a golden face, red hair and beard, and two golden eyes. He wore a tiger-skin robe under his armor, and a jade belt. "Who are you?" he shouted to Huang Feihu.

"I am prince Huang Feihu. I am rebelling against the wicked tyrant. We are going to West Qi to join up with the sage ruler there. Who are you?"

"I am Yu Hua. I'm sorry we have never met before. Tell me, why are you rebelling against our king?"

"It's a long story. But the short story is this. The king is a cruel tyrant who does not care about the people. But the leader of West Qi is a good and wise man, and he already controls two thirds of the Shang kingdom. It is the will of heaven that the king will fall. Now, will you please let us through?"

"Your Highness, I cannot possibly let you through. You are trying to climb a tree to catch a fish. You are rebelling against the king, and that makes us enemies. Dismount now. I will take you back to Zhaoge and the king can decide what to do with you. There is no way that you will get through this pass."

"I have already gotten through four passes. Yours is the last one. Let's see if you can stop me!" And with that, Huang Feihu raised his sword and attacked. He was a very good fighter. His sword was like a silver snake coiling around Yu Hua. Yu Hua could not fight back. He turned and fled. But as he fled, he turned and raised his Soul Killing Flag. A black cloud came out of it. It wrapped around Huang Feihu and threw him to the ground. The soldiers grabbed him and took him prisoner.

Huang Gun saw this. He said, "You fool! You did not listen to me. Now these men will get the reward for capturing you, instead of me."

The next day, Yu Hua came out again, ready for battle. Huang Ming and another general rode out to meet him. They fought for about twenty rounds. Then, just as before, Yu Hua rode away. Then he turned around and raised his Soul Killing Flag. The two men were surrounded by black smoke. They fell off their horses and were taken prisoner.

The next day, two more general fought Yu Hua. Both were surrounded by black smoke and were captured. And the day after that, the last two Huang generals more met the same fate. Now Yu Hua had seven prisoners. Huang Gun was alone with his three young grandsons.

Yu Hua came out once more, ready for battle. One of the three grandsons went out to fight him. The grandson was able to stab Yu Hua in the leg, but then he also was captured.

Huang Gun could not wait any longer. The old general took off his armor, then his jade belt and his robe. He put on white robes of mourning. Then he walked with his two grandsons to the gate. He said to the guard, "Please tell your commander that Huang Gun wishes to see him."

Then Huang Gun knelt at the gate and waited.

Chapter 34
The Rebel Meets the Prime Minister

There is chaos by the side of the road, because a foolish king causes trouble
The king is ruled by lust and does not care about his duties, and so the nation suffers
Generals and ministers decide to serve a virtuous ruler, why does Han Rong try to stop them?
Nezha stands in the middle of the road, be careful when he picks up his gold brick!

Huang Gun saw Han Rong coming out. Generals stood on the commander's right and left sides. Huang Gun said, "Sir, this criminal kowtows to you. The Huang family has committed many crimes, and we must be punished. But I beg you to please spare the life of my seven-year-old grandson. If you let him live, the Huang family will survive. Would you please consider this, General?"

Han Rong replied, "General, I cannot do that. I am the commander here and I must obey the law. Your family enjoyed great wealth and honor, yet you chose to rebel against the king. Now I must send all of you, including your grandsons, to Zhaoge. The court will decide who is a criminal and who is not. If I did as you ask, I would be a rebel just as much as you."

"Your Excellency," cried Huang Gun, "how can there be harm in sparing a small child? The ancients say, 'If you can help someone but you don't, it's like returning from a treasure mountain with empty hands.' I beg you to show mercy to this small child."

But still Han Rong refused. He put Huang Gun and his grandsons in prison along with the rest of the Huang family.

Afterwards, Han Rong sat down for a banquet with Yu Hua and the other generals. He said, "Yu Hua, I want you to go with the prisoners to Zhaoge. Only then will I be sure that they will arrive with no trouble."

The next day, Yu Hua took three thousand soldiers and left for Zhaoge with his eleven prisoners.

Meanwhile, on Qianyuan Mountain, the immortal named Fairy Primordial was sitting on his bed. Suddenly his heart began to beat rapidly. He did not know why. He did a divination and saw that Huang Feihu and his family were in danger.

He called for his disciple Nezha. He said, "Disciple, I see that Huang Feihu and his family are in danger. Go and help them to get past Sishui Pass. When you are finished, come back here at once."

Nezha was very happy to get this order. He picked up his Fire Tip Lance and flew away on his Wind Fire Wheels to just outside Chuanyun Pass. There he waited until he saw an army coming towards him. There was a great cloud of dust. Flags fluttered in the wind, and swords shone in the sun.

Nezha stood on his Wind Fire Wheels in the middle of the road and began to sing,

I have lived so long, I don't know my age
I obey my master, I do not fear heaven
No matter who comes this way
They must pay me in gold.

A soldier rode up to Yu Hua and said, "General, there's a strange man standing on a cart in the middle of the road. He is singing."

Yu Hua told his men to stop. He rode forward towards the man. "Who are you?" he shouted.

"You don't need to know my name. I have lived here for a long time. Anyone who passes by must pay me in gold. It does not matter if you are a king or a common man, you still must pay."

Yu Hua laughed and said, "I am a general, taking prisoners to Zhaoge. Get out of my way if you want to live."

"Fine. Just pay me ten gold coins and you can pass."

Yu Hua was furious. He attacked the man, not knowing that he was attacking an immortal. Nezha easily blocked his sword. Unable to win, Yu Hua fled. Then he turned and waved his Soul Killing Flag. But Nezha just laughed. He waved his hand and the flag flew into his hand. He put it in his bag. "Do you have any more of these?" he laughed.

Yu Hua came back and attacked Nezha again. Nezha threw his gold brick into the air. It came down, hitting Yu Hua on the head. The general almost fell off his horse. He rode away. Nezha threw the gold brick in the air again. All of Yu Hua's soldiers turned and rode away as fast as they could.

Nezha went over to the prison carts. He looked at the tired and dirty men in the carts. He said, "I am Li Nezha, disciple of Fairy Primordial. My master saw that you were in trouble and sent me to help you." Then he used his gold brick to smash open the prison carts, freeing the men. He continued, "I will go back to Sishui Pass and open the gates. You can go through with no problem." Huang Feihu and the other men fell to the ground and kowtowed to Nezha.

At Sishui Pass, Han Rong was drinking with his generals when Yu Hua returned. "What are you doing here?" he asked. Yu Hua told him about his fight with the immortal. Han Rong said, "We must bring those rebels back to Zhaoge. If we don't, the king will never forgive me."

A few minutes later, a soldier rushed in and said, "There's a man outside the gate. He is riding on his Wind Fire Wheels. He wants to fight the seven-headed general."

"That's the man who beat me!" cried Yu Hua. They all went out to see.

"Who are you?" asked Han Rong.

"I am Li Nezha, disciple of Fairy Primordial. My master sent me to help Huang Feihu. The Shang dynasty will fall soon, and Heaven has decided that the Huang family help the new dynasty. I am here to help them get to West Qi. Why would you act against the will of heaven?"

Han Rong and his soldiers attacked Nezha, but Nezha was as strong as a dragon and as fast as lightning. Many soldiers fell from their horses. The rest of them fled for their lives.

Yu Hua mounted his monster and attacked Nezha. Nezha blocked his blows. Then he hit Yu Hua, breaking his arm. Yu Hua turned and fled.

That was the end of the battle. Sishui Pass was now open. Huang Feihu and his men passed through the gates and continued towards West Qi. They thanked Nezha, who said, "Take care of yourselves. We will meet again." Then Nezha returned to Qianyuan Mountain.

The Huang family and their army continued towards West Qi. They climbed many mountains and crossed many rivers. They stopped just outside West Qi City and set up camp.

Huang Feihu went alone into the city. He saw that the people in the city were healthy, wore good clothes, and were polite. There was lots of food in the marketplaces. He asked where the prime minister's mansion was. A man pointed to a gold-colored bridge and told him that the mansion was on the other side of the bridge.

He walked up to the mansion gate and told the guard that he was there to see the prime minister. A short time later, Jiang Ziya came out to meet him. "Please forgive me for not riding out of the city to meet you," he said.

"I am a man without a country now," replied Huang Feihu. "I am like a bird who has lost its trees. Would you be so kind as to take me in?"

"Of course. But tell me, why did you turn against the Shang Dynasty?" Huang Feihu told him everything that happened, and why became a rebel.

Jiang Ziya said, "Our king would be happy to have you here. Please rest a while. I need to talk with him."

Jiang Ziya went to the king's palace to meet with Ji Fa. He explained what had happened. Ji Fa was happy to hear the news. He asked that Huang Feihu be brought to see him.

The next day, Huang Feihu was brought in to see Ji Fa. He said, "Your Majesty, I am not alone. I am with my father, my brothers, my sons, my sworn brothers, a thousand guards and three thousand soldiers. They are all waiting at Mount Qi. Please tell me what to do with them."

"Bring them all to the city," replied Ji Fa. "Each will keep their old rank, with no changes." Huang Feihu thanked him. His family and his army entered West Qi City, and they all became part of West Qi.

But soon war threatened the whole land.

If you want to know what happened, you must read the next book.

Glossary

These are all the Chinese words other than proper nouns that are used in this book, listed alphabetically by their pinyin spelling.

Names of people, gods and demons are listed in the "Cast of Characters" section in the beginning of the book. Other proper nouns such as the names of mountains and cities can be found in the English translation section.

Chinese	Pinyin	English
啊	a	ah
爱(情)	ài (qíng)	love
安静	ānjìng	quiet
安排	ānpái	arrange
安全	ānquán	safety
按照	ànzhào	according to
吧	ba	(interjection particle)
把	bǎ	(particle marking the following noun as a direct object)
把	bǎ	(measure word for things with handle)
八	bā	eight
百	bǎi	hundred
白(色)	bái (sè)	white
白菜	báicài	cabbage
白天	báitiān	day, daytime
半	bàn	half
搬	bān	to move
办法	bànfǎ	method
棒	bàng	rod, stick, wonderful
绑	bǎng	to tie
帮(助)	bāng (zhù)	to help
帮忙	bāngmáng	to help
包	bāo	bag
抱(住)	bào (zhù)	to hold, to carry
宝贝	bǎobèi	treasure
报仇	bàochóu	revenge involving life and death

报答	bàodá	to repay
报复	bàofù	revenge involving insult or hurt
报告	bàogào	report
保护	bǎohù	to protect
暴君	bàojūn	tyrant
包括	bāokuò	including
宝山	bǎoshān	treasure mountain
保卫	bǎowèi	to defend
包围	bāowéi	to encircle
保证	bǎozhèng	to make sure
宝座	bǎozuò	throne
背	bèi	back
被	bèi	(particle before passive verb)
北	běi	north
背	bēi	to carry
杯(子)	bēi (zi)	cup
笨	bèn	stupid, a fool
本	běn	(measure word for books)
币	bì	coin, currency
臂	bì	arm
比	bǐ	compared to
闭(上)	bì (shàng)	to shut, to close up
变	biàn	to change
边	biān	side
变成	biànchéng	to become
变化	biànhuà	variety
标枪	biāoqiāng	javelin
表示	biǎoshì	to indicate
别	bié	do not
别的	bié de	other
病	bìng	sick, illness
饼	bǐng	cake
冰	bīng	ice
兵法	bīngfǎ	art of war

并且	bìngqiě	and
宾馆	bīnguǎn	hotel
比赛	bǐsài	contest
陛下	bìxià	Your Majesty
必须	bìxū	must
必要	bìyào	necessary
剥	bō	to flay, to peel
不	bù	no, not, do not
不过	búguò	but
不仅	bùjǐn	not only
不想	bùxiǎng	in no mood
才	cái	only
采	cǎi	to pick, to gather
才能	cáinéng	can only, abilily
参加	cānjiā	to participate, to join
残忍	cánrěn	cruel
草	cǎo	grass, straw
册	cè	book, volume
策划	cèhuà	scheme, plot
茶	chá	tea
长	cháng	long
场	chǎng	(measure word for events, performances, occasions)
唱(歌)	chàng (gē)	to sing
缠绕	chánrào	twine
朝	cháo	dynasty
超出	chāochū	beyond
朝廷	cháotíng	royal court
车	chē	car, cart
城(市)	chéng (shì)	city
成(为)	chéng (wéi)	to become
惩罚	chéngfá	to punish
成功	chénggōng	success
丞相	chéngxiàng	prime minister
臣民	chénmín	subjects

衬衫	chènshān	shirt
尘土	chéntǔ	dust
尺	chǐ	Chinese foot
吃(饭)	chī (fàn)	to eat
池(塘)	chí (táng)	pool, pond
翅膀	chìbǎng	wing
吃惊	chījīng	to be surprised
虫	chóng	insect, worm
冲	chōng	to rise up, to rush, to wash out
充满	chōngmǎn	to fill
重新	chóngxīn	again
出	chū	out
除掉	chú diào	get rid of
传	chuán	to pass on, to transmit
船	chuán	boat
穿	chuān	to wear, to put on
床	chuáng	bed
窗(户)	chuāng (hù)	window
窗帘	chuānglián	curtain
穿过	chuānguò	through
出发	chūfā	to set off
厨房	chúfáng	kitchen
吹	chuī	to blow
锤(子)	chuí (zi)	hammer, (measure word for blows)
除了	chúle	beside
春(天)	chūn (tiān)	spring
出现	chūxiàn	to appear
刺	cì	to stab
次	cì	next in a sequence, (measure word for time)
从	cóng	from
从来没有	cónglái méiyǒu	there has never been
聪明	cōngmíng	clever
错	cuò	wrong
错误	cuòwù	mistake

答	dá	answer
大	dà	big
打	dǎ	to hit, to play
大将军	dà jiàng jūn	military general
大圣人	dà shèngrén	great saint
打败	dǎbài	to defeat
大臣	dàchén	minister
打倒	dǎdǎo	defeat, knock down
大殿	dàdiàn	main hall
打发	dǎfā	to pass (time)
带	dài	to carry, to lead, to bring
戴	dài	to wear
代价	dàijià	cost (of a sacrifice)
大家	dàjiā	everyone
打开	dǎkāi	to turn on, to open
打猎	dǎliè	hunt
但(是)	dàn (shì)	but
当	dāng	when
当然	dāngrán	certainly
当时	dāngshí	then
挡(住)	dǎngzhù	block
担心	dānxīn	to worry
倒	dào	to pour
到	dào	to arrive, towards
道	dào	path, way, Dao, to say, (measure word for lines, orders)
倒	dǎo	to fall
刀	dāo	knife
道士	dào shì	Daoist priest
到处	dàochù	everywhere
道教	dàojiào	Daoism
悼念	dàoniàn	mourn
大声	dàshēng	loud
大师	dàshī	grandmaster
大约	dàyuē	approximate

地	de	(adverbial particle)
的	de	of
得	dé	(particle showing degree or possibility)
得到	dédào	get
的话	dehuà	if
等	děng	wait
灯	dēng	lamp
等等	děng děng	etc.
灯笼	dēnglóng	lantern
得罪	dézuì	to offend
第	dì	(prefix before a number)
底	dǐ	bottom
低	dī	low
滴	dī	drop
点	diǎn	point
殿下	diànxià	Your Highness
店员	diànyuán	clerk
掉	diào	to fall, to drop, to lose, (express completion, fulfillment, removal, etc.)
钓	diào	to fish
雕刻	diāokè	to carve, sculpture
弟弟	dìdi	younger brother
地方	dìfāng	place
地基	dìjī	foundation
顶	dǐng	top, withstand, (measure word for things with tops)
钉	dīng	nail
叮当	dīngdāng	jingle
敌人	dírén	enemy
地上	dìshàng	on the ground
低头	dītóu	head bowed
丢	diū	to throw out
丢脸	diūliǎn	lose face
动	dòng	move
洞	dòng	cave, hole
懂	dǒng	to understand

东	dōng	east
冬天	dōngtiān	winter
动物	dòngwù	animal
东西	dōngxi	thing
都	dōu	both, all
读	dú	to read
断	duàn	have been broken, to break
段	duàn	(measure word for sections)
短	duǎn	short
毒害	dúhài	to poison
都会	dūhuì	metropolis
对	duì	correct, towards someone or something
堆	duī	heap, to pile on, pile
对不起	duìbùqǐ	I am sorry
对面	duìmiàn	opposite
顿	dùn	(measure word for non-repeating actions)
朵	duǒ	(measure word for flowers and clouds)
躲	duǒ	to hide
多	duō	many
多么	duōme	how
多少	duōshǎo	how many, how much
读书人	dúshūrén	scholar
肚子	dùzi	belly, abdomen
饿	è	hungry
而	ér	and
二	èr	two
耳(朵)	ěr (duo)	ear
儿(子)	ér (zi)	son
而是	ér shì	but
而且	érqiě	and
额头	étóu	forehead
发	fà	hair
发出	fāchū	to send, to issue
法律	fǎlǜ	law

犯	fàn	to commit
饭	fàn	meal
幡	fān	banner
反(对)	fǎn (duì)	be opposed to
放	fàng	to put
方(向)	fāng (xiàng)	direction
放开	fàng kāi	to let go
方法	fāngfǎ	method
放过	fàngguò	let go
放火	fànghuǒ	set fire
房间	fángjiān	room
放弃	fàngqì	to give up, surrender
放心	fàngxīn	rest assured
房子	fángzi	house
烦恼	fánnǎo	trouble
犯人	fànrén	prisoner
发起	fāqǐ	to initiate
发生	fāshēng	to occur
发现	fāxiàn	to find out
法则	fǎzé	law
发展	fāzhǎn	to develop
飞	fēi	to fly
妃(子)	fēi (zi)	concubine
非常	fēicháng	very
份	fèn	(measure word for gift, work, dish, share)
分	fēn	penny, fraction, to divide
封	fēng	to seal, (measure word for letters, mail)
风	fēng	wind
凤凰	fènghuáng	phoenix
风景	fēngjǐng	landscape
粉红	fěnhóng	pink
分离	fēnlí	separate
愤怒	fènnù	anger
分钟	fēnzhōng	minute

分子	fènzi	member
否则	fǒuzé	otherwise
付	fù	to pay
富	fù	rich
服从	fúcóng	obey
附近	fùjìn	nearby
父亲	fùqīn	father
夫人	fūrén	lady, madam, polite title
斧头	fǔtóu	ax
负责	fùzé	to take responsibility, being responsible
盖	gài	to build, to cover
该	gāi	should
改变	gǎibiàn	change, to change
该死	gāisǐ	damn
敢	gǎn	to dare
干	gān	dry
干杯	gānbēi	cheers
感到	gǎndào	feel
刚	gāng	just, just a moment ago
干旱	gānhàn	drought
感激	gǎnjī	thankful, gratitude
干净	gānjìng	clean
感觉	gǎnjué	feel
感谢	gǎnxiè	grateful
高	gāo	high
高级	gāojí	advanced
告诉	gàosù	to tell
高兴	gāoxìng	happy
个	gè	(measure word, generic)
各	gè	each
歌	gē	song
哥哥	gēge	elder brother
给	gěi	to give
根	gēn	root, (measure word for long objects)

跟(着)	gēn (zhe)	with, to follow
更	gèng	more
更	gēng	watch for timekeeping
跟随	gēnsuí	follow
宫(殿)	gōng (diàn)	palace
攻城	gōng chéng	siege
攻打	gōngdǎ	attack
攻击	gōngjī	to attack
弓箭	gōngjiàn	bow and arrow
公子	gōngzǐ	prince
工作	gōngzuò	work
够	gòu	enough
狗	gǒu	dog
勾引	gōuyǐn	to seduce
钩(子)	gōuzi	hook
古	gǔ	ancient
股	gǔ	to share, (measure word for wind or atmosphere)
骨(头)	gǔ (tou)	bone
挂	guà	to hang
管	guǎn	to control, to manage
关	guān	to turn off, to close, to lock up
官(员)	guān (yuán)	official
光	guāng	light
光滑	guānghuá	smooth
关口	guānkǒu	pass
管理	guǎnlǐ	to manage
关系	guānxì	relation
关心	guānxīn	care
关于	guānyú	about
贵	guì	expensive
跪	guì	to kneel
鬼	guǐ	ghost
规定	guīdìng	regulation
贵重	guìzhòng	precious

鼓励	gǔlì	to encourage
滚	gǔn	to roll
过	guò	to pass, (after verb to indicate past tense)
锅	guō	pot
国(家)	guó (jiā)	country
过来	guòlái	come over
过去	guòqù	past, to pass by
国王	guówáng	king
过夜	guòyè	to stay overnight
古琴	gǔqín	guqin musical instrument
故事	gùshì	story
谷物	gǔwù	grain
故意	gùyì	deliberately
还	hái	still, also
海	hǎi	ocean
还有	hái yǒu	also
害怕	hàipà	fear
还是	háishì	still
孩子	háizi	child
喊	hǎn	to call, to shout
号	hào	number
好	hǎo	good, very
好吃	hào chī	tasty
好像	hǎoxiàng	seemingly, similar to
和	hé	and, with
河	hé	river
喝	hē	to drink
黑(色)	hēi (sè)	black
黑暗	hēi'àn	dark
很	hěn	very
和平	hépíng	peace
合适	héshì	suitable, proper
轰	hōng	boom sound
红(色)	hóng (sè)	red

候	hòu	waiting
厚	hòu	thick
后	hòu	back
侯爵	hóujué	marquis
后来	hòulái	later
猴子	hóuzi	monkey
壶	hú	jug
虎	hǔ	tiger
狐(狸)	hú (lí)	fox
画	huà	to paint, painting
话	huà	word, speak
花(朵)	huā (duǒ)	flower
坏	huài	bad, broken
换	huàn	to change
黄(色)	huáng (sè)	yellow
黄铜	huáng tóng	brass
皇帝	huángdì	emperor
晃动	huàngdòng	shake
黄蜂	huángfēng	wasp
欢迎	huānyíng	welcome
花园	huāyuán	garden
虎符	hǔfú	tiger tally
回	huí	to return
会	huì	will, to be able to
挥	huī	to wield
灰	huī	gray, dust, ash
毁(坏)	huǐ (huài)	to smash, to destroy
灰(色)	huī (sè)	grey
回答	huí dá	to reply
贿赂	huìlù	bribe
回头	huítóu	to turn back
会议	huìyì	meeting
混合	hùnhé	to mix
混乱	hǔnluàn	chaos

混账	hùnzhàng	bastard
火	huǒ	fire
活(着)	huó (zhe)	alive, to live
或(者)	huò (zhě)	or
火把	huǒbǎ	torch
呼吸	hūxī	to breathe
互相	hùxiāng	each other
胡子	húzi	beard
几	jǐ	several
己	jǐ	self
记(住)	jì (zhù)	to remember
集市	jí shì	marketplace
家	jiā	home
件	jiàn	(measure word for clothing, matters)
剑	jiàn	sword
见	jiàn	to see, to meet
尖	jiān	pointed, tip
间	jiān	in between
建(造)	jiàn (zào)	to build
贱人	jiàn rén	bitch
坚持	jiānchí	to insist
简单	jiǎndān	simple
讲	jiǎng	to speak
将	jiāng	shall
将军	jiāngjūn	general, high ranking officer
将来	jiānglái	future
奖赏	jiǎngshǎng	reward
将要	jiāngyào	will
健康	jiànkāng	healthy
见面	jiànmiàn	to meet, meet
建议	jiànyì	to suggest, suggestion
叫	jiào	to call, to shout
脚	jiǎo	foot
交	jiāo	to hand in

教	jiāo	to teach
家人	jiārén	family, family members
级别	jíbié	rank
接	jiē	to catch
姐姐	jiějie	elder sister
解决	jiějué	to solve, settle, resolve
介绍	jièshào	to introduce
解释	jiěshì	to explain
接受	jiēshòu	to accept
结束	jiéshù	end, finish
接着	jiēzhe	and then
集合	jíhé	to gather, gathering
几乎	jīhū	almost
计划	jìhuà	a project
近	jìn	tight, close
进	jìn	to advance, to enter
金(子)	jīn (zi)	gold
静	jìng	quiet
经常	jīngcháng	often
经过	jīngguò	after, through
经历	jīnglì	experience
精灵	jīnglíng	spirits
尽管	jǐnguǎn	although
经文	jīngwén	scripture
进入	jìnrù	to enter
今天	jīntiān	today
进行	jìnxíng	to perform (a task)
既然	jìrán	now that
及时	jíshí	just in time, being just in time
即使	jíshǐ	even though
就	jiù	just, right now
救	jiù	to save, to rescue
久	jiǔ	long
九	jiǔ	nine

酒	jiǔ	wine, liquor
救活	jiù huó	revive
就要	jiù yào	will be, about to
酒店	jiǔdiàn	hotel
吉祥	jíxiáng	auspicious
继续	jìxù	to continue
具	jù	(measure word for dead bodies, coffins and tools)
句	jù	(measure word for word, sentence)
举(起)	jǔ (qǐ)	to lift
觉得	juédé	to feel
决定	juédìng	to decide
鞠躬	jūgōng	to bow down
拒绝	jùjué	to reject
军(队)	jūn (duì)	army
举行	jǔxíng	to hold
开	kāi	to open
开放	kāifàng	to blossom, to lift a restriction
开始	kāishǐ	to start, beginning
开心	kāixīn	happy
看	kàn	to see, to look
砍	kǎn	to chop, to hack
看看	kàn kàn	to have a look
看见	kànjiàn	to see
靠	kào	to depend on, to lean on
靠近	kàojìn	near
考虑	kǎolǜ	to consider
课	kè	class, lesson
渴	kě	thirsty
棵	kē	(measure word for trees, vegetables, some fruits)
可爱	kě'ài	lovely, cute
可怜	kělián	pitiful
肯定	kěndìng	to affim
可能	kěnéng	maybe, a possibility
坑	kēng	pit

可怕	kěpà	frightening, terrible
客人	kèrén	guest
可是	kěshì	but
咳嗽	késòu	to cough, coughing
磕头	kētóu	to kowtow
可笑	kěxiào	laughable
可以	kěyǐ	can
空	kōng	empty
恐怕	kǒngpà	I am afraid that
空气	kōngqì	air
控制	kòngzhì	to control
空中	kōngzhōng	in the air
口	kǒu	mouth
口袋	kǒudài	pocket
哭	kū	to cry
块	kuài	(measure word for chunks, pieces)
快	kuài	fast
快点	kuài diǎn	hurry up
快乐	kuàilè	happy
宽(大)	kuān (dà)	loose
盔甲	kuījiǎ	armor
骷髅	kūlóu	skeleton
困	kùn	to trap, sleepy
捆	kǔn	to tie, tied up, (measure word for bundles and bunches)
苦难	kǔnàn	suffering
困惑	kùnhuò	puzzled
困难	kùnnán	difficulty
拉	lā	to pull
来	lái	to come, come
来回	láihuí	back and forth
蓝(色)	lán (sè)	blue
狼	láng	wolf
栏杆	lángān	railing
浪费	làngfèi	to waste

篮子	lánzi	basket
老	lǎo	old
老板	lǎobǎn	boss
老虎	lǎohǔ	tiger
蜡烛	làzhú	candle
了	le	(indicates completion or a status)
雷	léi	thunder
泪	lèi	tears
累	lèi	tired
冷	lěng	cold
冷静	lěngjìng	calm
离	lí	to leave
粒	lì	(measure word for grains)
里(面)	li (miàn)	inside
俩	liǎ	both
连	lián	even, to connect
脸	liǎn	face
亮	liàng	bright
辆	liàng	(measure word for vehicles)
两	liǎng	two
粮仓	liángcāng	granary
凉快	liángkuai	cool
脸颊	liǎnjiá	cheek
脸色	liǎnsè	complexion
链子	liànzi	chain
聊(天)	liáo (tiān)	to chat
了解	liǎojiě	to learn, to understand, understanding, learning
猎鹰	liè yīng	falcon
厉害	lìhài	impressively good
离婚	líhūn	divorce
理解	lǐjiě	understand
离开	líkāi	to leave
礼貌	lǐmào	manner, polite
林	lín	forest

岭	lǐng	ridge
灵魂	línghún	soul
另外	lìngwài	other, another, in addition
历史	lìshǐ	history
流	liú	to flow
留	liú	to keep, to leave behind, to stay
六	liù	six
柳树	liǔshù	willow
礼物	lǐwù	gift
理由	lǐyóu	reason
龙	lóng	dragon
楼	lóu	building, floor of a building
搂	lǒu	to pull in for a hug
楼台	lóutái	terrace
路	lù	road
鹿	lù	deer
驴	lǘ	donkey
绿(色)	lǜ (sè)	green
乱	luàn	chaos
露水	lùshuǐ	dew
炉子	lúzǐ	stove
吗	ma	(indicates a question)
马	mǎ	horse
麻烦	máfan	trouble
埋	mái	to bury
卖	mài	to sell
买	mǎi	to buy
慢	màn	slow
满	mǎn	full
忙	máng	busy
满意	mǎnyì	satisfaction, to satisfy
毛笔	máobǐ	writing brush
茅屋	máowū	cottage
帽子	màozi	hat

马上	mǎshàng	immediately
没	méi	not
每	měi	every
美好	měihǎo	wonderful
美丽	měilì	beauty
眉毛	méimáo	eyebrow
妹妹	mèimei	younger sister
没有	méiyǒu	not have, did not
们	men	(indicates plural)
门	mén	door
梦	mèng	dream
米	mǐ	rice
面	miàn	side, surface, noodles, face, (measure word for flat things)
面对	miàn duì	to face
面前	miànqián	before
灭	miè	to extinguish
米饭	mǐfàn	cooked rice
秘密	mìmì	secret
明	míng	bright
命	mìng	life
名(字)	míng (zì)	name
名声	míng shēng	reputation
明白	míngbái	clear
命令	mìnglìng	order
命名	mìngmíng	to give a name
明天	míngtiān	tomorrow
命运	mìngyùn	destiny
魔(法)	mó (fǎ)	magic
魔法师	mófǎ shī	magician
魔鬼	móguǐ	devil
木板	mùbǎn	wooden board
目标	mùbiāo	target
墓地	mùdì	cemetery
母亲	mǔqīn	mother

母乳	mǔrǔ	breast milk
木头	mùtou	wood
嗯	ń	(indicates agreement)
拿	ná	to take, to lift
那	nà	that
哪	nǎ	where, which
哪里	nǎ lǐ	where
那里	nàlǐ	there
那么	nàme	so
南	nán	south
难	nán	difficult, difficulty
难道	nándào	could it be
难过	nánguò	sad
男孩	nánhái	boy
难看	nánkàn	ugly
那样	nàyàng	like that
呢	ne	(indicates a question)
内	nèi	inner
内脏	nèizàng	internal organs
能	néng	can
能力	nénglì	ability
你	nǐ	you
你好	nǐ hǎo	hello
年	nián	year
念	niàn	to read out loud
娘娘	niángniang	empress
年龄	niánlíng	age
年轻	niánqīng	young
鸟	niǎo	bird
尼姑	nígū	nun
您	nín	you (respectful)
宁愿	nìngyuàn	would rather
牛	niú	cow, ox
纽带	niǔdài	link

弄	nòng	to do, to perform
农民	nóngmín	farmer
农田	nóngtián	farm
女	nǚ	female
暖(和)	nuǎn (hé)	warm
女儿	nǚ'ér	daughter
女孩	nǚhái	girl
努力	nǔlì	effort, to work hard
女神	nǚshén	goddess
哦	ó, ò	oh
爬	pá	to climb
怕	pà	to be afraid
啪	pā	(snapping sound)
排	pái	row
拍	pāi	to tap, to slap
盘(子)	pán (zi)	plate, tray
旁	páng	beside
叛乱	pànluàn	rebel, rebellion
叛徒	pàntú	traitor
跑	pǎo	to run
陪	péi	to accompany
碰	pèng	to touch
朋友	péngyǒu	friend
匹	pǐ	(measure word for horses, cloth)
皮(肤)	pí (fū)	skin
片	piàn	(measure word for flat objects)
骗	piàn	to trick, to cheat
篇	piān	articles
飘(动)	piāo (dòng)	to flutter
漂亮	piàoliang	pretty
平	píng	flat
破	pòsuì	to break
仆人	púrén	servant
普通	pǔtōng	ordinary

骑	qí	to ride
气	qì	gas, air, breath
七	qī	seven
前	qián	forward, in front of
钱	qián	money
欠	qiàn	to owe
千	qiān	thousand
签	qiān	to sign
墙	qiáng	wall
强	qiáng	powerful
强盗	qiángdào	robber
前面	qiánmiàn	front
前往	qiánwǎng	go to
桥	qiáo	bridge
敲	qiāo	to strike
祈祷	qídǎo	prayer
切	qiē	to slice, to cut
奇怪	qíguài	strange
起来	qǐlái	(after verb, indicates start of an action)
麒麟	qílín	unicorn, kirin
琴弦	qín xián	strings
亲爱的	qīn'àide	dear
晴	qíng	clear
请	qǐng	please
清楚	qīngchǔ	clear
情况	qíngkuàng	condition
请求	qǐngqiú	request
轻松	qīngsōng	efortless, effortlessly
青蛙	qīngwā	frog
请问	qǐngwèn	excuse me
亲戚	qīnqi	relative
穷	qióng	poverty
其实	qíshí	in fact
其他	qítā	other

求	qiú	to beg
球	qiú	ball
秋(天)	qiū (tiān)	autumn
旗帜	qízhì	banner, flag
其中	qízhōng	among them
妻子	qīzi	wife
去	qù	to go
取	qǔ	to take
权(力)	quán (lì)	power, authority
圈(子)	quān (zi)	circle
全部	quánbù	all, entire
拳头	quántóu	fist
却	què	but
确实	quèshí	indeed
群	qún	(measure word for group)
去年	qùnián	last year
然而	rán'ér	however
让	ràng	to let, to cause
然后	ránhòu	then
燃烧	ránshāo	burning
热	rè	heat, hot
人	rén	person, people
仁慈	réncí	kindness
扔	rēng	to throw
仍然	réngrán	still
任何	rènhé	any
人民	rénmín	people
任命	rènmìng	appointment
人群	rénqún	crowd
认识	rènshí	to understand
认为	rènwéi	to believe
日(子)	rì (zi)	day, days of life
荣幸	róngxìng	pleasure, honored
肉	ròu	meat

入	rù	enter
如果	rúguǒ	if
儒教	rújiào	Confucianism
三	sān	three
散步	sànbù	walk
三界	sānjiè	three realms in Buddhism
嫂嫂	sǎosao	sister-in-law
色	sè	color
森林	sēnlín	forest
杀	shā	to kill
傻瓜	shǎguā	fool
扇	shàn	(measure word for door)
山	shān	mountain
闪电	shǎndiàn	lightning
上	shàng	on, up
伤(害)	shāng (hài)	harm
商店	shāngdiàn	shop, store
商量	shāngliang	to discuss
上天	shàngtiān	god, heaven
伤心	shāngxīn	sad
少	shǎo	less
烧	shāo	to burn
勺子	sháozi	spoon
蛇	shé	snake
射	shè	to shoot, to emit
设计	shèjì	design
伸	shēn	to stretch out, to expand
深	shēn	late, deep
身(体)	shēn (tǐ)	body
神(仙)	shén (xiān)	spirit, god
升	shēng	lift, rise
生	shēng	to give birth, to grow out, life
生(活)	shēng (huó)	life
圣(人)	shèng (rén)	saint, holy sage

声(音)	shēng (yīn)	sound
剩下	shèng xià	remain
身高	shēngāo	height
胜利	shènglì	victory
生命	shēngmìng	life
生气	shēngqì	angry
生物	shēngwù	creature
生意	shēngyì	business
身后	shēnhòu	behind
深蓝	shēnlán	dark blue
什么	shénme	what
审判	shěnpàn	trial
甚至	shènzhì	even
十	shí	ten
是	shì	is, are, yes
使	shǐ	to make
时(候)	shí (hòu)	time, moment, period
事(情)	shì (qing)	thing
石(头)	shí (tou)	stone
食(物)	shí (wù)	food
失败	shībài	fail
士兵	shìbīng	soldier
侍从	shìcóng	attendant
侍奉	shìfèng	to serve
师父	shīfu	master
事后	shìhòu	afterwards
实际上	shíjì shang	actually
时间	shíjiān	time
世界	shìjiè	world
失去	shīqù	to lose
尸体	shītǐ	dead body
侍卫	shìwèi	bodyguard
使用	shǐyòng	use
实在	shízài	really

受	shòu	to suffer, to receive
手	shǒu	hand
收	shōu	to receive, to collect
受伤	shòu shāng	injured
收下	shōu xià	to accept, to take
手臂	shǒubì	arm
首都	shǒudū	capital city
首领	shǒulǐng	chief, leader
收拾	shōushí	tidy
守卫	shǒuwèi	guard
首先	shǒuxiān	first
手心	shǒuxīn	palm
手指	shǒuzhǐ	finger
书	shū	book
输	shū	to lose
树(木)	shù (mù)	tree
双	shuāng	pair
蔬菜	shūcài	vegetable
舒服	shūfú	comfortable
谁	shuí	who
税	shuì	tax
水	shuǐ	water
睡(觉)	shuì (jiào)	to sleep
水坑	shuǐ kēng	puddle
水池	shuǐchí	pool
水果	shuǐguǒ	fruit
数量	shùliàng	quantity
树林	shùlín	forest
顺利	shùnlì	smoothly
说(话)	shuō (huà)	to say
叔叔	shūshu	uncle
树枝	shùzhī	branch
四	sì	four
死	sǐ	to die, death

丝绸	sīchóu	silk cloth
死亡	sǐwáng	death
送(给)	sòng (gěi)	to give a gift
松树	sōngshù	pine tree
算	suàn	to calculate, to count
算命	suànmìng	fortune telling
速度	sùdù	speed
随	suí	with
岁	suì	years of age
碎	suì	broken
随便	suíbiàn	casual
随着	suízhe	along with
孙子	sūnzi	grandson
锁	suǒ	lock
所以	suǒyǐ	so
所有	suǒyǒu	all
素食	sùshí	vegetarian food
他	tā	he, him
她	tā	she, her
它	tā	it
台	tái	tower
抬	tái	to lift up
太	tài	too
太师	tài shī	grand master
太过	tàiguò	too much
抬头	táitóu	look up
太阳	tàiyáng	sunlight
谈	tán	to talk
毯(子)	tǎn (zi)	blanket
弹奏	tán zòu	to play
躺	tǎng	to lie down
汤	tāng	soup
贪婪	tānlán	greedy
叹气	tànqì	sigh

桃(子)	táo (zi)	peach
逃(走)	táo (zǒu)	to escape
逃离	táolí	to escape
讨论	tǎolùn	to discuss
逃命	táomìng	to escape a deadly situation
讨厌	tǎoyàn	to dislike
特别	tèbié	special
填	tián	to fill
甜	tián	sweet
天	tiān	day, sky
天地	tiāndì	world
天花板	tiānhuābǎn	ceiling
天空	tiānkōng	sky
天气	tiānqì	weather
条	tiáo	(measure word for narrow, flexible things)
跳	tiào	to jump, to stomp
跳舞	tiàowǔ	to dance
提出	tíchū	to propose
铁	tiě	iron
贴	tiē	to keep close to, stick
提供	tígòng	to supply, to offer, to provide
廷	tíng	royal court
听	tīng	to listen
停(止)	tíng (zhǐ)	to stop
听起来	tīng qǐlái	sounds like
听说	tīng shuō	it is said that
提醒	tíxǐng	to remind, reminder
提议	tíyì	proposal, to propose, to suggest
同	tóng	same
铜	tóng	copper
通(过)	tōng (guò)	to pass through
同时	tóngshí	in the meantime
同意	tóngyì	agree
统一	tǒngyī	unite

统治	tǒngzhì	to rule
通知	tōngzhī	to notify
头	tóu	head
偷	tōu	to steal
头发	tóufà	hair
偷偷	tōutōu	secretly
吐	tǔ	to vomit
土	tǔ	dirt, earth
兔(子)	tù (zǐ)	rabbit
团	tuán	(measure word for lump, ball, mass)
徒弟	túdì	apprentice
土地	tǔdì	land
腿	tuǐ	leg
推	tuī	to push
拖	tuō	to drag
脱(下)	tuō (xià)	to take off clothes
突然	tūrán	suddenly
挖	wā	to dig
外	wài	outside
完	wán	over
玩	wán	to play
万	wàn	ten thousand
晚	wǎn	night, late
碗	wǎn	bowl
弯	wān	to bend
完成	wánchéng	complete
晚饭	wǎnfàn	dinner
往	wǎng	towards
网	wǎng	net
忘(记)	wàng (jì)	to forget
往前	wǎng qián	to move forward
王朝	wángcháo	dynasty
王国	wángguó	kingdom
王后	wánghòu	queen

王位	wángwèi	throne
王爷	wángyé	prince
王子	wángzǐ	prince
完全	wánquán	completely
晚上	wǎnshàng	night
为	wéi	as
为	wèi	for
位	wèi	place, (measure word for people, polite)
喂	wèi	to feed, hello
尾巴	wěibā	tail
味道	wèidào	smell
违反	wéifǎn	violation, to violate
为什么	wèishénme	why
危险	wēixiǎn	danger
威胁	wēixié	threaten
闻	wén	to smell
问	wèn	to ask
温度	wēndù	temperature
问好	wènhǎo	greetings, to greet
文书	wénshū	paperwork
问题	wèntí	problem, question
我	wǒ	I, me
无	wú	none
五	wǔ	five
舞蹈	wǔdǎo	dance
无论	wúlùn	regardless
雾气	wùqì	fog
武器	wǔqì	weapon
侮辱	wǔrǔ	insult
洗	xǐ	to wash
溪	xī	creek
西	xī	west
下	xià	down, under
吓	xià	to scare

夏(天)	xià (tiān)	summer
下棋	xià qí	to play chess
线	xiàn	wire
仙	xiān	immortal
先	xiān	first
仙药	xiān yào	elixir
像	xiàng	like, to resemble, statue
向	xiàng	towards
响	xiǎng	loud
想	xiǎng	to want, to miss, to think of
香	xiāng	incense, fragrant
想要	xiǎng yào	would like to
想法	xiǎngfǎ	idea
相反	xiāngfǎn	on the contrary
想起	xiǎngqǐ	remember
享受	xiǎngshòu	to enjoy
相同	xiāngtóng	same
相信	xiāngxìn	to believe, to trust
陷阱	xiànjǐng	trap
先生	xiānshēng	sir, gentleman
现在	xiànzài	just now
笑	xiào	to laugh
小	xiǎo	small
笑话	xiàohuà	joke
小时	xiǎoshí	hour
消失	xiāoshī	to disappear
孝顺	xiàoshùn	filial
消息	xiāoxi	news
小心	xiǎoxīn	cautious
下午	xiàwǔ	afternoon
谢	xiè	to thank
写	xiě	to write
些	xiē	some
邪(恶)	xié ('è)	evil

邪气	xiéqì	evil spirit
谢谢	xièxiè	thanks
膝盖	xīgài	knee
习惯	xíguàn	habit
喜欢	xǐhuān	to like
信	xìn	letter
心	xīn	heart/mind
新	xīn	new
行	xíng	to travel, to walk, OK
星	xīng	star
醒(来)	xǐng (lái)	to wake up
杏(子)	xìng (zi)	apricot
行动	xíngdòng	action
兴奋	xīngfèn	excited
幸福	xìngfú	happiness
星光	xīngguāng	starlight
行李	xínglǐ	luggage
兴趣	xìngqù	interest
信任	xìnrèn	trust
熊	xióng	bear
胸(口)	xiōng (kǒu)	chest
兄弟	xiōngdì	brother
休息	xiūxi	rest
袖子	xiùzi	sleeve
希望	xīwàng	hope
洗澡	xǐzǎo	to bath
选	xuǎn	to select, to elect
许多	xǔduō	many
学	xué	to learn
雪	xuě	snow
血	xuě, xuè	blood
学习	xuéxí	to study
虚弱	xūruò	weak
需要	xūyào	to need

牙(齿)	yá (chǐ)	tooth, teeth
淹	yān	to drown
宴(会)	yàn (huì)	feast
眼(睛)	yǎn (jīng)	eye
烟(雾)	yān (wù)	smoke
阳	yáng	masculine principle in Daoism, sun
严格	yángé	strict
阳光	yángguāng	sunlight
样子	yàngzi	to look like, appearance
研究	yánjiū	to study
框眼眶	yǎnkuàng	eye socket
眼泪	yǎnlèi	tears
严重	yánzhòng	serious, severe
药	yào	medicine
要	yào	to want
咬	yǎo	to bite, to sting
妖(怪)	yāo (guài)	monster, demon
腰带	yāodài	belt
邀请	yāoqǐng	to invite
要求	yāoqiú	to request
叶	yè	leaf
也	yě	also
野	yě	wild
野地	yě dì	field
野鸡	yějī	pheasant
夜晚	yèwǎn	night
也许	yěxǔ	maybe, not sure
已	yǐ	already
一	yī	one
衣(服)	yī (fu)	clothes
已故	yǐ gù	late, deceased
易经	yì jīng	I Ching
一定	yídìng	must
以后	yǐhòu	after

一会儿	yīhuǐ'er	a while
以及	yǐjí	as well as
意见	yìjiàn	opinion
已经	yǐjīng	already
阴	yīn	feminine principle in Daoism, shadow
因(为)	yīn (wèi)	because
银(子)	yín (zi)	silver
银色	yín sè	silver
赢	yíng	to win
硬	yìng	hard
鹰	yīng	hawk, eagle
应(该)	yīng (gāi)	should
营地	yíngdì	camp
英雄	yīngxióng	hero
音乐	yīnyuè	music
一起	yìqǐ	together
以前	yǐqián	before
一切	yíqiè	everything
一生	yìshēng	lifetime
医生	yīshēng	doctor
意思	yìsi	meaning
以为	yǐwéi	once thought
一样	yíyàng	same
意愿	yìyuàn	will
一直	yìzhí	always, continuously
椅子	yǐzi	chair
用	yòng	to use
勇敢	yǒnggǎn	brave
永远	yǒngyuǎn	forever
由	yóu	from, by, because of
又	yòu	again, also
右	yòu	right (direction)
有	yǒu	to have
有的时候	yǒu de shíhòu	sometimes

有权	yǒu quán	to have power
有点	yǒudiǎn	a bit
有关	yǒuguān	related
友好	yǒuhǎo	friendly
有力	yǒulì	powerful
有名	yǒumíng	famous
有些	yǒuxiē	some
优秀	yōuxiù	best
有意思	yǒuyìsi	interesting
有用	yǒuyòng	useful
有罪	yǒuzuì	guilty
鱼	yú	fish
御	yù	royal
玉	yù	jade
与	yǔ	and, with
语	yǔ	words, language
雨	yǔ	rain
远	yuǎn	far
愿(意)	yuàn (yì)	willing
元旦	yuándàn	new year
原来	yuánlái	turn out to be
远离	yuǎnlí	keep away, away
原谅	yuánliàng	to forgive
原因	yuányīn	cause, origin
月(亮)	yuè (liang)	month, moon
越长越好	yuècháng yuèhǎo	the longer the better
阅读	yuèdú	to read
遇见	yùjiàn	meet
云	yún	cloud
允许	yǔnxǔ	allow
于是	yúshì	then
欲望	yùwàng	desire
砸(碎)	zá (suì)	to smash
再	zài	again

在	zài	in, at
在位	zài wèi	reign
在我看来	zài wǒ kàn lái	in my opinion
再也	zài yě	never again
再见	zàijiàn	goodbye
灾难	zāinàn	disaster
在逃	zàitáo	at large
脏	zāng	dirty
葬礼	zànglǐ	funeral
造	zào	to make
早	zǎo	early
造成	zàochéng	cause
早上	zǎoshang	morning
增加	zēngjiā	increase
怎么	zěnme	how
怎么办	zěnme bàn	what to do
怎么回事	zěnme huí shì	what happened
怎么样	zěnme yàng	how about it?
怎么了	zěnmele	what's wrong
怎样	zěnyàng	how
责任	zérèn	responsibility
摘	zhāi	to pick
站	zhàn	to stand
战斗	zhàndòu	to fight
长	zhǎng	to grow
张	zhāng	open, (measure word for pages, flat objects)
章	zhāng	chapter
丈夫	zhàngfu	husband
战士	zhànshì	warrior
战争	zhànzhēng	war
找	zhǎo	to search for
照顾	zhàogù	take care of
着火	zháohuǒ	on fire
着急	zhāojí	in a hurry

着	zhe	(indicates action in progress)
这	zhè	this
这里	zhèlǐ	here
这么	zhème	so
朕	zhèn	I (royal)
真	zhēn	true, real
针	zhēn	needle
真正	zhēn zhèng	truly
正	zhèng	just
正是	zhèng shì	exactly
整天	zhěng tiān	all day long
正要	zhèng yào	about to
正在	zhèng zài	(-ing)
整个	zhěnggè	entire
争论	zhēnglùn	to argue
正确	zhèngquè	correct
正式	zhèngshì	formal
真相	zhēnxiàng	truth
珍珠	zhēnzhū	pearl
这样	zhèyàng	such
只	zhǐ	only
指	zhǐ	to point at
纸	zhǐ	paper
之	zhī	of
只	zhī	(measure word for animals)
支	zhī	(measure word for stick-like things, armies, songs, flowers)
直(接)	zhí (jiē)	directly, directly
只不过	zhǐ bùguò	except that...
之上	zhī shàng	above
纸条	zhǐ tiáo	note
直到	zhídào	until
知道	zhīdào	to know
之后	zhīhòu	after, later
指挥	zhǐhuī	to command

指挥官	zhǐhuī guān	commander
之间	zhījiān	between
治疗	zhìliáo	treat
之前	zhīqián	before
至少	zhìshǎo	at least
制造	zhìzào	to create
侄子	zhízi	nephew
重	zhòng	heavy
中	zhōng	in, middle
钟	zhōng	bell
忠臣	zhōngchén	loyal minister
忠诚	zhōngchéng	loyalty
中午	zhōngwǔ	noon
重要	zhòngyào	important
终于	zhōngyú	eventually
州	zhōu	district
周围	zhōuwéi	surround at a distance
住	zhù	to live, to hold, (verb complement)
抓(住)	zhuā (zhù)	to arrest, to grab
转	zhuǎn	to spin, to turn around
爪子	zhuǎzi	claw
追	zhuī	to chase
准备	zhǔnbèi	to prepare
桌子	zhuōzi	table
主人	zhǔrén	owner, master
住手	zhùshǒu	to stop doing or fighting
主要	zhǔyào	main
注意	zhùyì	to notice, caution
主意	zhǔyì	idea
柱子	zhùzi	pillar
字	zì	written character
紫	zǐ	purple
自己	zìjǐ	oneself
仔细	zǐxì	meticulous

自由	zìyóu	freedom
总是	zǒng shì	always
走	zǒu	to go, to walk
最	zuì	the most
醉	zuì	drunk
嘴	zuǐ	mouth
罪(行)	zuì (xíng)	crime
罪人	zuìrén	criminal
尊敬	zūnjìng	respect
做	zuò	to do
坐	zuò	to sit
座	zuò	seat, (measure word for mountains, temples, big houses)
左	zuǒ	left (direction)
昨晚	zuó wǎn	last night
做事	zuòshì	work
昨天	zuótiān	yesterday
左右	zuǒyòu	about
阻止	zǔzhǐ	to stop, to prevent
组织	zǔzhī	to organize

Original Poems

Each chapter in this story begins with a short poem that gives a preview of the events that are about to occur in that chapter. The format for each of the poems (except for the short one that starts Chapter 18) is exactly the same: four lines, with each line consisting of two seven-character phrases.

It is quite difficult for non-native speakers to understand Chinese poetry, due mostly to its very concise use of language and the lack of all the little helpful words that exist in English. To make things even more difficult, the poems in this story were written in the 16th century and include Chinese words and cultural references that are unfamiliar to modern readers.

We've decided not to just skip the poems entirely, as others have usually done when translating this story. Instead, we've reimagined the poems completely. We have rewritten them to use, as much as possible, words that are already part of the working vocabulary of this series. We have also abandoned the 4x2x7 meter of the original poems to give us the flexibility to make the language as clear as possible.

The result of all this is that the poems have changed, sometimes quite a bit. So if you are interested in seeing the original, unmodified poems, here they are. The poems shown below are written in Simplified Chinese characters but otherwise unchanged. We invite you to try your hand at reading them and coming up with your own interpretation. Don't be surprised if your English translations will be quite different from ours! That's part of the fun of translating Chinese.

If you want to compare your translations to ours, you'll find ours at the start of each chapter in the Chinese and English sections of this book.

Chapter	Original Poem
18	渭水潺潺日夜流，子牙从比独垂钩。 当时未入飞熊梦，几向斜阳叹白头。
19	忠臣孝子死无辜，只为殷商有怪狐。 淫乱不羞先荐耻，贞诚岂畏后来诛。 宁甘万刃留青白，不受千娇学独夫。 史册不污千载恨，令人屈指泪如珠。
20	自古权奸止爱钱，构成机彀害忠贤。 不无黄白开生路，也要青蚨入锦缠。

	成己不知遗国恨，遗灾那问有家延。 孰知反复原无定，悔却吴钩错倒捻。
21	黄公恩义救岐主，令箭铜符出帝疆。 尤费谗谋追圣主，云中显化济慈航。 从来德大难容世，自此龙飞兆瑞祥。 留有吐儿名誉在，至今齿角有余芳。
22	忍耻归来意可怜，只因食子泪难干。 非求度难伤天性，不为成忠贼爱缘。 天数凑来谁个是，劫灰聚处若为愆。 从来莫道人间事，自古分离总在天。
23	文王守节尽臣忠，仁德兼施造大工。 民力不教胼胝碎，役钱常赐锦缠红。 西岐社稷如磐石，纣王江山若浪从。 谩道孟津天意合，飞熊入梦已先通。
24	别却朝歌隐此间，喜观绿水绕青山。 「黄庭」两卷消长昼，金鲤三条了笑颜。 柳内莺声来呖呖，岸傍溜响听潺潺。 满天华露开祥瑞，赢得文王仙驾扳。
25	鹿台只望接神仙，岂料妖狐降绮筵。 浊骨不能超浊世，凡心怎得出凡笙。 希徒弄巧欺明哲，孰意招尤觅秽膻。 惟有昏君殷纣拙，反听苏氏杀先贤。
26	朔风一夜碎琼瑶，丞相乘机进锦貂， 只望回心除恶孽，孰知触忌作君妖。 刳心已定千秋业，宠妒难羞万载谣。 可惜成汤贤圣业，化为流水逐春潮。
27	天运循环有替隆，任他胜算总无功。 方才少进和平策，又道提兵欲破戎。 数定岂容人力转，期逢自与鬼神同。 从来逆孽终归尽，纵有回天手亦穷。
28	太师兵回奏凯还，岂知国内事多奸。 君王失政乾坤乱，海宇分崩国政艰。 十道条陈安社稷，九重金阙削奸顽。

	山河旺气该如此，总用心机只等闲。
29	崇虎贪残气更枭，剥民膏髓自肥饶。 逢君欲作千年调，买窟惟知百计要。 奉命督工人力尽，乘机起衅帝图消。 子牙有道征无道，国败人亡事事凋。
30	君戏臣妻自不良，纲常污蔑枉成王。 只知苏后妖言惑，不信黄妃直谏匡。 烈妇清贞成个是，昏君愚昧落场殃。 今朝逼反擎天柱，稳助周家世世昌。
31	忠良去国运将灰，水旱频仍万姓灾。 贤圣太师旋斗柄，奸谗妖孽丧盐梅。 三关漫道能留辔，四径纷纭唱草莱。 空把追兵迷白日，彼苍定数莫相猜。
32	五道玄功妙莫量，随风化气涉沧茫， 须臾历遍阎浮世，顷刻遨游泰岳邙。 救父岂辞劳顿苦，诛谗不怕勇心狼。 潼关父子相逢日，尽是岐周美栋梁。
33	百难千灾苦不禁，奸臣贼子枉痴心， 漫夸幻术能多获，不道邪谋可易侵。 余化图功成画饼，韩荣封拜有差参。 总然天意安排定，说到封神泪满襟。
34	左道傍门乱似麻，只因昏主起波查。 贪淫不避彝伦序，乱政谁知国事差。 将相自应归圣主，韩荣何故阻行车。 中途得遇灵珠子，砖打伤残枉怨嗟。

423

About the Authors

Jeff Pepper (author) is President and CEO of Imagin8 Press, and has written dozens of books about Chinese language and culture. Over his forty year career he has founded and led several successful computer software firms, including one that became a publicly traded company. He's authored two software related books and was awarded three U.S. patents.

Dr. Xiao Hui Wang (translator) has an M.S. in Information Science, an M.D. in Medicine, a Ph.D. in Neurobiology and Neuroscience, and 30 years experience in academic and clinical research. She has taught Chinese for over 15 years and has extensive experience in translating Chinese to English and English to Chinese.

Printed in Great Britain
by Amazon